SEM
NEURA

SEM NEURA

O Segredo para Lidar com as Emoções no Trabalho

Liz Fosslien e Mollie West Duffy

Rio de Janeiro, 2020

Sem Neura – O segredo para lidar com as emoções no trabalho
Copyright © 2020 da Starlin Alta Editora e Consultoria Eireli. ISBN: 978-85-508-1475-9

Translated from original No Hard Feelings. Copyright © 2019 by Liz Fosslien and Mollie West Duffy. ISBN 9780525533832. This translation is published and sold by permission of Penguim Random House LLC, the owner of all rights to publish and sell the same. PORTUGUESE language edition published by Starlin Alta Editora e Consultoria Eireli, Copyright © 2020 by Starlin Alta Editora e Consultoria Eireli.

Todos os direitos estão reservados e protegidos por Lei. Nenhuma parte deste livro, sem autorização prévia por escrito da editora, poderá ser reproduzida ou transmitida. A violação dos Direitos Autorais é crime estabelecido na Lei nº 9.610/98 e com punição de acordo com o artigo 184 do Código Penal.

A editora não se responsabiliza pelo conteúdo da obra, formulada exclusivamente pelo(s) autor(es).

Marcas Registradas: Todos os termos mencionados e reconhecidos como Marca Registrada e/ou Comercial são de responsabilidade de seus proprietários. A editora informa não estar associada a nenhum produto e/ou fornecedor apresentado no livro.

Impresso no Brasil — 1ª Edição, 2020 — Edição revisada conforme o Acordo Ortográfico da Língua Portuguesa de 2009.

Publique seu livro com a Alta Books. Para mais informações envie um e-mail para autoria@altabooks.com.br

Obra disponível para venda corporativa e/ou personalizada. Para mais informações, fale com projetos@altabooks.com.br

Produção Editorial Editora Alta Books **Gerência Editorial** Anderson Vieira	**Produtor Editorial** Illysabelle Trajano Juliana de Oliveira Thiê Alves **Assistente Editorial** Ian Verçosa	**Marketing Editorial** Livia Carvalho marketing@altabooks.com.br **Vendas Atacado e Varejo** Daniele Fonseca Viviane Paiva comercial@altabooks.com.br	**Editor de Aquisição** José Rugeri j.rugeri@altabooks.com.br Márcio Coelho marcio.coelho@altabooks.com.br	**Ouvidoria** ouvidoria@altabooks.com.br
Equipe Editorial	Adriano Barros Ana Carla Fernandes Keyciane Botelho Larissa Lima	Laryssa Gomes Leandro Lacerda Maria de Lourdes Borges	Paulo Gomes Raquel Porto Rodrigo Dutra	Thais Dumit Thales Silva Thauan Gomes
Tradução Vivian Sbravatti	**Copidesque** Alessandro Thomé	**Revisão Gramatical** Thais Pol Hellen Suzuki	**Diagramação** Lucia Quaresma	

Erratas e arquivos de apoio: No site da editora relatamos, com a devida correção, qualquer erro encontrado em nossos livros, bem como disponibilizamos arquivos de apoio se aplicáveis à obra em questão.

Acesse o site www.altabooks.com.br e procure pelo título do livro desejado para ter acesso às erratas, aos arquivos de apoio e/ou a outros conteúdos aplicáveis à obra.

Suporte Técnico: A obra é comercializada na forma em que está, sem direito a suporte técnico ou orientação pessoal/exclusiva ao leitor.

A editora não se responsabiliza pela manutenção, atualização e idioma dos sites referidos pelos autores nesta obra.

Dados Internacionais de Catalogação na Publicação (CIP) de acordo com ISBD

F752s	Fosslien, Liz 　　Sem Neura: o segredo para lidar com as emoções no trabalho / Liz Fosslien, Mollie West Duffy ; traduzido por Vivian Sbravatti. - Rio de Janeiro : Alta Books, 2020. 　　304 p. : il. ; 16cm x 23cm. 　　Inclui índice 　　Tradução de: No Hard Feelings 　　ISBN: 978-85-508-1475-9 　　1. Autoajuda. 2. Desenvolvimento pessoal. 3. Psicologia social. 4. Trabalho. I. Duffy, Mollie West. II. Sbravatti, Vivian. III. Título.
2020-250	CDD 158.1 CDU 159.947

Elaborado por Odilio Hilario Moreira Junior - CRB-8/9949

Rua Viúva Cláudio, 291 — Bairro Industrial do Jacaré
CEP: 20.970-031 — Rio de Janeiro (RJ)
Tels.: (21) 3278-8069 / 3278-8419
www.altabooks.com.br — altabooks@altabooks.com.br
www.facebook.com/altabooks — www.instagram.com/altabooks

A nossas famílias, com a melhor emoção de todas: o amor.

SUMÁRIO

CAPÍTULO 1   **O Futuro É Emotivo**   1

CAPÍTULO 2   **Saúde**
Seja menos apaixonado por seu trabalho:
Porque relaxar deixa você mais saudável   17

CAPÍTULO 3   **Motivação**
Inspire-se: Por que está empacado e como sair do lugar   47

CAPÍTULO 4   **Tomada de Decisões**
A emoção é parte da equação: Por que as boas decisões
dependem da análise de suas emoções   77

CAPÍTULO 5   **Equipes**
Segurança psicológica em primeiro lugar:
Por que o como é mais importante do que o quem   105

CAPÍTULO 6   **Comunicação**
Seus sentimentos não são fatos: Por que você não
deveria se emocionar com suas emoções   135

CAPÍTULO 7   **Cultura**
A cultura emocional emana de você: Por que pequenas
ações fazem uma grande diferença   173

CAPÍTULO 8: LIDERANÇA
Seja seletivamente vulnerável: A maneira como você
compartilha é importante   205

Conclusão   231
Novas Regras da Emoção no Trabalho   235
Mais Fontes Sobre as Emoções   239
Avaliação de Tendências Emocionais   247
Agradecimentos   253
Notas   257
Índice   281

UM DIA NO ESCRITÓRIO

CAPÍTULO 1

O Futuro É Emotivo

Quando Howard Schultz voltou a liderar a Starbucks em 2008, depois de um hiato de oito anos, ele chorou. Não sozinho, escondido no banheiro ou trancado em seu escritório, mas na frente da empresa inteira.

As vendas diárias estavam caindo com uma marca de dois dígitos. Os dois CEOs que precederam Schultz haviam feito a empresa crescer em uma velocidade alarmante, mas, quando a recessão veio em 2007, as fundações desse império imprudentemente construído começaram a oscilar.

Antes de seu retorno, Schultz passou muitas noites em claro, preocupado com o que diria em seu novo primeiro dia como CEO. Ele queria garantir a dezenas de milhares de empregados que suas vidas não estavam em risco. Mas aumentar o moral não era apenas uma jogada estratégica; ele se sentia pessoalmente responsável pelo bem-estar das pessoas que trabalhavam na Starbucks. Schultz, que teve uma infância pobre e via seus pais com dificuldades para fazer as contas baterem, sabia o quanto eles dependiam dos empregos.

Quando subiu no palco, percebeu que os empregados precisavam ver vulnerabilidade na pessoa em quem estavam depositando a confiança para resolver seus problemas. A verdade é que ele estava perturbado com a direção que os negócios haviam tomado enquanto esteve fora, e os funcionários mereciam saber disso. Schultz escolheu tirar uma máscara que poucos empregados — muito menos CEOs — removem em frente a seus colegas de trabalho. Deixando a formalidade de lado, ele deixou as lágrimas escorrerem pelo seu rosto.

O choro pode, algumas vezes, parecer manipulativo ou calculado, mas Schultz tinha a inteligência emocional para unir esse momento de vulnerabilidade com uma tranquilizadora garantia: mostrou seu plano de retorno à empresa e pediu feedback aos trabalhadores. Naquele mês, Schultz recebeu uma enxurrada de mais de 5 mil e-mails com elogios. Em 2010, a maré havia mudado: o preço das ações da Starbucks estava maior do que nunca.

A maioria de nós subestima o tamanho e a capacidade das necessidades emocionais que carregamos para o trabalho. Além do relacionamento líder-empregado, as dinâmicas emocionais afetam nossa motivação, saúde, comunicação, tomada de decisões e muito mais. Ainda assim, muitos de nós ignoram essas emoções. Por que, quando pensamos em profissionalismo, imediatamente temos a ideia de que deveríamos suprimir tudo o que sentimos?

Este é um livro de duas amigas que tiveram que aprender, de certa forma dolorosamente, a importância de ter consciência das emoções no trabalho. Quando nós[1] começamos em nosso primeiro emprego, pensávamos que profissionais não erravam, não brigavam e certamente não sentiam. Mas logo percebemos que essa visão não é realista e é um obstáculo para nosso senso de realização e, principalmente, nosso sucesso.

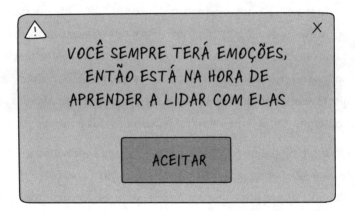

Jovem analista em uma empresa de consultoria financeira, Liz tinha conseguido o emprego que achava que sempre quis. Mas longas noites analisando depósitos sob luzes fluorescentes a deixaram cada vez mais deprimida e ansiosa. Ela finalmente pediu demissão, sem nenhum plano B. Aceitou um emprego na

---

[1] **Uma nota sobre "nós"**: Este livro foi escrito por duas autoras. Você encontrará a primeira pessoa do plural na maior parte dele, exceto quando contamos uma história, pois mudaremos para a primeira pessoa do singular e nomearemos a seção com *Liz* ou *Mollie*.

Starbucks para pagar as contas e começou a investigar o porquê de ter ficado tão infeliz e o que poderia fazer para melhorar seu estado de espírito.

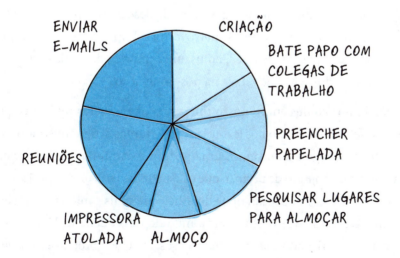

Nesse meio tempo, Mollie era gerente de produtos em um emprego estressante em uma startup. Ela acordou um dia e percebeu que a área acima do seu olho direito estava dormente. A sensação não passou, e, depois de alguns dias, Mollie foi ao médico. O diagnóstico? Ansiedade. A dormência foi causada pela tensão em seus ombros e pescoço. Nesse momento, Mollie percebeu que precisava encontrar outro emprego. Ela queria trabalhar em um escritório no qual não precisasse sofrer altos níveis de medo, ansiedade e frustração, que lhe causavam dor física.

Mas Mollie não conseguiu pedir demissão logo de cara, e demorou seis meses para encontrar um novo emprego. Conforme procurava, começou a ler sobre emoção, cultura corporativa e ambiente profissional, porque sabia como seria estar presa em uma conjuntura nada saudável. Liz continuou a fazer o mesmo. Nosso objetivo era entender melhor nossos sentimentos: quando eles são úteis e quando são apenas ruído? Podemos modelá-los para mudar a maneira como nos sentimos no trabalho? Acreditamos que você abriu este livro procurando respostas a perguntas similares.

Nossa história começou em 2014, quando um amigo em comum nos apresentou em um encontro às cegas platônico. Nossa ligação foi imediata: somos introvertidas, temos um humor irreverente, precisamos usar máscaras de dormir para descansar bem à noite e gostamos de desenvolver projetos criativos. Naquele momento, trabalhávamos em Nova York; Liz havia decidido se mudar da Costa Oeste para trabalhar na Genius, uma empresa de mídia musical (que estava começando), e Mollie estava na pós-graduação.

Quando nos conhecemos, nosso interesse nas inúmeras maneiras que as emoções afetam o trabalho nos levou a escrever juntas artigos ilustrados sobre o assunto. Mas logo encontramos uma pedra no caminho: nunca havíamos trabalhado em conjunto de perto, o que causou falhas na comunicação. Mollie sentia que Liz estava obcecada por detalhes que mais ninguém perceberia, enquanto Liz sentia que Mollie estava indo depressa demais. Nossas trocas de e-mail foram ficando cada vez mais tensas, até que o projeto empacou. Na esperança de salvar nosso relacionamento pessoal e profissional, marcamos um jantar para resolver nossos problemas pessoalmente.

Foi dificílimo! Nenhuma de nós queria dizer nada por medo de fazer com que a outra se sentisse mal. Mas nossas diferenças iam além do debate superficial café versus chá, e precisávamos falar sobre elas. E, para isso, tínhamos que superar o instinto de fingir que os sentimentos não eram importantes.

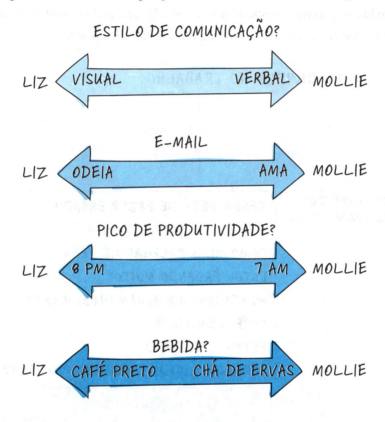

Se não estivéssemos pesquisando emoções no trabalho, provavelmente não daríamos muita razão a nossos sentimentos — e nunca teríamos percebido que a construção da confiança sempre precedeu nossa melhor equipe criativa. Mas, como estávamos prestando atenção nisso, percebemos quanta emoção afetava cada pedaço de nossa colaboração *e* o resto de nossa vida profissional, como tomada de decisões e comunicação empregado-gerente.

Isso porque o futuro do trabalho é emotivo. Não há roteiro para nossas interações profissionais mais difíceis. Quando ouve a frase "emoção no trabalho", pode ser que você pense em marcos da carreira: entrevistas de emprego, negociações de salário e revisões anuais. Mas você provavelmente sente emoções igualmente intensas no dia a dia, com eventos aparentemente banais. Você ficou empolgado ao receber um ✌ do CEO em resposta a seu comentário no Slack; ficou furioso quando um colega o interrompeu pela quinta vez; e ficou em dúvida se precisava responder imediatamente àquele e-mail de trabalho que apareceu em sua caixa de entrada em um sábado à noite.

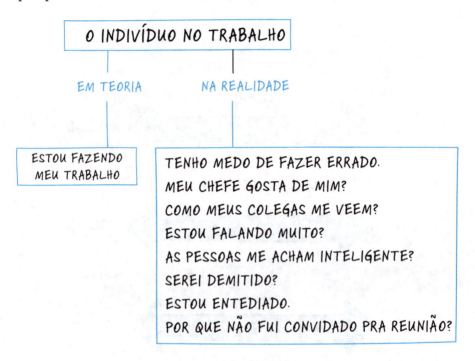

As forças que nos compelem a ignorar nossas emoções no trabalho devem ser combatidas. O emprego moderno exige uma habilidade de nos armarmos com nossas emoções — mas a maioria de nós nunca aprendeu a fazer isso na vida profissional. À medida que começamos a perceber a importância das *soft skills*, nos perguntamos: é possível ser emotivo *demais*? Quanta emoção podemos expressar e continuar profissionais? E se nosso "eu autêntico" for confuso e ansioso — deveríamos estar abertos a esses sentimentos? De que modo o que somos (por exemplo, nosso gênero[2], raça ou idade) afeta as respostas a essas perguntas?

Suprimir e evitar podem parecer as respostas mais fáceis. "Vamos voltar a deixar nossas emoções do lado de fora." Mas essa atitude é contraproducente. Os humanos são criaturas emotivas, não importa a circunstância. Ao ignorar nossos sentimentos no trabalho, ignoramos dados importantes e arriscamos cometer erros que poderiam ser evitados. Enviamos e-mails que causam ansiedade desnecessária, não encontramos um significado no nosso emprego e acabamos sofrendo de *burnout*.

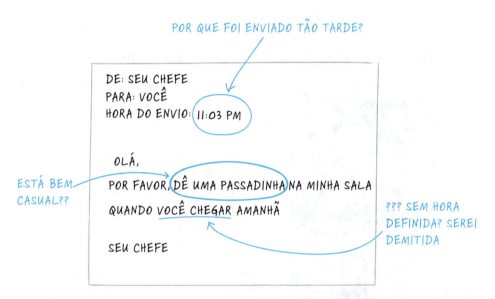

Imaginamos que já tenha ouvido falar de inteligência emocional (IE), a habilidade de reconhecer e entender o que você e o que os outros a seu redor estão sentindo. Talvez você saiba que a IE é um indicador de sucesso profissional melhor do que o QI. Mas conquistas reais no trabalho requerem ir além da inteligência emocional: é necessário aprender a ser razoavelmente emotivo.

---

[2] **Nota:** Embora pesquisas recentes tratem o gênero como não binário, a maioria dos estudos focam somente as diferenças entre homens e mulheres. Discutimos diferenças biológicas em um contexto binário, mas reconhecemos que isso exclui algumas pessoas e esperamos que elas sejam incluídas em pesquisas futuras. Quando falamos sobre as diferenças entre emoções masculinas e femininas e estilos de comunicação, nos referimos ao gênero como um papel não biológico.

Isso quer dizer que deve adequar a maneira como comunica seus sentimentos a uma situação específica. Para isso, é necessário ter fluência emocional — a capacidade de sentir emoções produtivamente — e saber quando traduzir o que sente em ações saudáveis.

Uma amiga nossa lamentou recentemente: "Preciso dar um feedback difícil a minha equipe, mas não faço ideia de como começar a conversa." Quando entramos em uma empresa, recebemos um treinamento extensivo sobre como marcar reuniões e preencher nossos relatórios de gastos. Mas ninguém diz o que fazer se está chateado com um colega ou como se recuperar após uma reunião tensa com seu chefe.

CASA DE HORRORES CORPORATIVOS REALISTAS

1. RESPONDER A TODOS ACIDENTALMENTE
2. PROBLEMAS COM LOGIN
3. TRÂNSITO HORRÍVEL
4. TÉDIO MORTAL
5. 14 HORAS DE TRABALHO
6. "PODEMOS CONVERSAR?"
7. MELHOR AMIGO É DEMITIDO
8. COLEGAS INTROMETIDOS
9. COLEGA CLARAMENTE DOENTE QUE NÃO VAI PRA CASA

Duas mudanças principais precisam de um maior entendimento das emoções no trabalho. A primeira é como interagimos com nossos colegas. Hoje, as habilidades que os empregadores buscam são a destreza de trabalhar em equipe e a capacidade de se comunicar verbalmente com outras pessoas. Como *The Economist* registrou: "Nos negócios modernos, a colaboração está perto da divindade." Mas o lado negativo de mais colaboração é mais conflito. Todos nos vemos na famosa fala de Elaine em *Seinfeld:* "Tive que tirar um dia de folga. Estou cansada dessas pessoas." A segunda mudança é nosso relacionamento com nossos empregos. Trabalhamos mais do que nunca, valorizamos trabalhos significativos e, cada vez mais, deixamos que nossas funções nos definam enquanto pessoas. Essas mudanças influenciam tudo, desde nossa saúde até nossa motivação para tomar decisões.

Embora emoção no trabalho não seja um tópico novo, geralmente ouvimos que sentimentos no ambiente profissional são inimigos que precisam ser combatidos. Era assim que lidávamos com nossos sentimentos no emprego, também. Agora sabemos que eles podem ser nossos guias, e tentamos aprender com eles e expressá-los com eficácia. Queremos que você comece a olhar para as emoções como algo que pode ser tratado com carinho e afeto. Afinal de contas, você traz seus sentimentos para o emprego todos os dias.

Criamos as Sete Novas Regras das Emoções no Trabalho com o intuito de servir como um guia para quando e como confiar em seus sentimentos. O sucesso depende de aprender como liberar as emoções no trabalho sem que isso saia de controle. Ao confrontar nossa inveja, aprendemos o que nos move. Ao aceitar nossa ansiedade, podemos remodelá-la como entusiasmo e ser mais bem-sucedidos. Ao aprender como as emoções afetam nossas decisões, criamos um ambiente profissional mais justo e acolhedor. Em outras palavras, este livro ensinará como se apropriar e analisar suas emoções — o que, sim, às vezes significa manter uma distância saudável delas. Ao encerrá-lo, você entenderá o *porquê* de sentir o que está sentindo e saberá o que fazer com esse sentimento.

SEJA MENOS APAIXONADO POR SEU TRABALHO

INSPIRE-SE

EMOÇÃO É PARTE DA EQUAÇÃO

SEGURANÇA EMOCIONAL EM PRIMEIRO LUGAR

SEUS SENTIMENTOS NÃO SÃO FATOS

A CULTURA EMOCIONAL COMEÇA COM VOCÊ

SEJA SELETIVAMENTE VULNERÁVEL

Processar efetivamente o que está sentindo lhe dá o poder de fazer mais do que trazer seu eu inteiro para o trabalho: permite que traga a melhor versão de si mesmo. Por "melhor versão" não queremos dizer "versão perfeita". Sua melhor versão ainda terá pavio curto, ficará roxa de inveja, chorará de frustração. Mas sua melhor versão sabe quais desses sentimentos contêm sinais importantes e quais são apenas ruídos. Sua melhor versão sabe como aprender e falar sobre essas emoções sem ficar emotiva. Sua melhor versão é autêntica e não brinca com os sentimentos das outras pessoas.

Em cada capítulo, analisaremos como a emoção afeta um dos sete aspectos centrais do trabalho: saúde, motivação, tomada de decisão, trabalho em equipe, comunicação, cultura corporativa e liderança. Nosso objetivo não é oferecer uma receita de bolo. Afinal de contas, isso é impossível: cada ambiente profissional é diferente, e cada pessoa traz contextos e experiências únicas para o emprego. Em vez disso, traçamos frameworks gerais com os quais você pode identificar, interpretar e aplicar o poder da emoção a diferentes situações. Em cada capítulo, também listamos pequenas mudanças práticas que podem ser iniciadas hoje.

Escrevemos este livro para quem já se sentiu sozinho, entediado, frustrado, confuso ou inseguro no emprego. Forneceremos dicas para quem quiser parar de ficar empacado em padrões doentios e para gerentes que queiram construir uma equipe e cultura corporativa de sucessos. Tentamos escrever um livro que aborde o máximo de experiências corporativas possível (incluindo os trabalhadores remotos, introvertidos e minorias) sem tentar falar *por* nenhum grupo ou indivíduo. Embora tenhamos (Liz e Mollie) diferentes experiências profissionais e estilos, somos mulheres norte-americanas brancas de 30 e poucos anos. Entendemos as dificuldades, por exemplo, de ser uma mulher na tecnologia, mas *não* sabemos como é ser uma pessoa não branca em um escritório cheio de pessoas brancas. Como você verá, em algumas seções indicaremos recursos adicionais escritos por pessoas que podem descrever e aconselhar melhor certas experiências no ambiente profissional.

UM CANIVETE SUÍÇO PARA EMOÇÕES

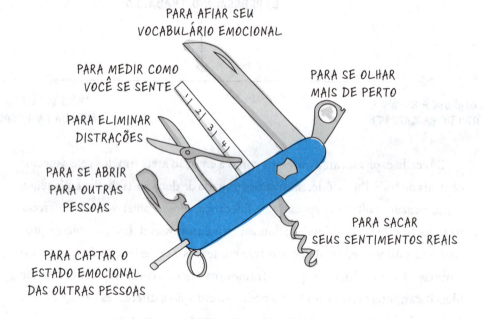

Se você alguma vez roeu as unhas antes de uma apresentação, ficou tão frustrado que acabou encarando a mesma planilha a tarde inteira ou desejou que pudesse desligar tudo e ser um robô por alguns dias, sabemos o que é isso. E estamos aqui para ajudar.

Liz e *Mollie*

PS: Para ajudar você a colocar as habilidades deste livro em ação, criamos uma avaliação acerca das tendências emocionais. Consulte a página 247 para uma versão resumida ou faça o teste completo em nosso site lizandmollie.com/assessment [conteúdo em inglês].

CAPÍTULO 2

Saúde

Seja menos apaixonado por seu trabalho:
Porque relaxar deixa você mais saudável

Quantas dessas afirmações se aplicam a você?

- Fica ansioso se faz dez minutos que não verifica o e-mail.
- Quando seus amigos perguntam como está, você começa a detalhar um pequeno inconveniente do trabalho.
- Depois sonha com tal inconveniente.
- Você fica obcecado pelo trabalho durante o jantar, na academia e quando está tentando dormir.
- Seu estado de espírito depende quase exclusivamente de como está o trabalho.

Se respondeu "muitas", talvez seja hora de seguir o conselho do Drake: "Você precisa parar de se preocupar com trabalho."

Importar-se muito com o emprego não ajuda nem é saudável. Faz com que problemas pequenos pareçam gigantes e comentários desnecessários ganhem importância. E não são só líderes, mulheres ou virginianos que se importam muito: é possível ser extremamente apegado a qualquer emprego em qualquer cargo. É por isso que desenvolvemos a primeira nova regra da emoção no trabalho: ***Seja menos apaixonado pelo trabalho.***

Importar-se *menos* é a solução para grande parte da angústia. Você não hiperventila antes de uma grande apresentação. Não fica tão frustrado que até chora por causa de colegas incompetentes. Desliga seu telefone em encontros e não sofre de FOMO[1] enquanto faz um mochilão em Machu Picchu.

---

[1] Medo de ficar por fora [do inglês, *fear of missing out*]. Agora você não precisar ter FOMO com relação ao FOMO.

SOFRIMENTOS DO AMBIENTE DE TRABALHO ATUAL

BURNOUT DE
TERCEIRO GRAU

FEBRE DE
E-MAILS

DOR DA PROPOSTA
CONJUNTA

DOR DE CABEÇA
COM ADIAMENTO

"Seja menos apaixonado por seu trabalho" não significa "pare de se importar com seu trabalho". Significa se importar *mais* com você. Significa encontrar tempo para quem ama, para fazer exercícios e para férias sem culpa. Significa se lembrar de que poucas pessoas olham para o passado e pensam que deveriam ter ficado no escritório até às 10 horas da noite.

Seria difícil ensiná-lo se importar menos sem antes chegar à raiz do problema. *Por que* nos tornamos mártires no emprego?

1. Pensamos que a única maneira de sermos bem-sucedidos é nunca parar de trabalhar. Temos medo de que nos desconectarmos até mesmo brevemente tirará nossa carreira do rumo.

2. Acreditamos que a felicidade é resultado de nossas conquistas profissionais, e não o contrário. "A vida será maravilhosa assim que eu for promovido", dizemos a nós mesmos. "Quando eu ganhar milhões, tudo valerá a pena."

SAÚDE | 21

OS 7 ESTRESSORES CORPORATIVOS MORTAIS

Neste capítulo, analisaremos essas crenças. Mostraremos que elas são mais mito do que norma, mesmo que algumas vezes você *tenha* que trabalhar por horas insanas ou para um chefe que envia e-mail 24 horas por dia.

SÓ TRABALHO, SEM DIVERSÃO

Em 1996, Steelcase, uma grande fábrica de móveis, instalou um painel de vidro de 1,20m X 1,80m na entrada da matriz em Manhattan. Dentro dele havia uma colônia de formigas colhedoras que queria dizer: "As formigas vivem para trabalhar e trabalham para viver."

Infelizmente para a Steelcase, o público não ficou nada feliz com a analogia, e o *Wall Street Journal* escreveu que, como as formigas colhedoras vivem apenas três ou quatro meses, o lema da empresa deveria ser: "Você trabalha, depois morre." Mas a Steelcase estava certa: avanços na tecnologia obscureceram os limites entre nossa vida pessoal e profissional. Estamos constantemente acessíveis, o que significa que somos constantemente responsáveis.

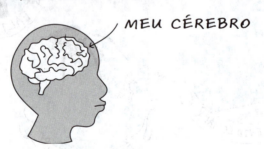

Alguns de vocês podem estar pensando: espera um pouco, isso é muito estranho — não posso ser apaixonado pelo meu trabalho? Sim! É claro, em alguns momentos da sua carreira você *deve* adiar planos para o jantar porque precisa resolver um problema para seu chefe. Mas trabalhar em excesso é ruim para sua saúde e — contraintuitivamente — para seu sucesso. Na verdade, a produtividade começa a cair depois de 50 horas de trabalho por semana. Talvez já tenha ouvido o velho ditado "O trabalho se expande de modo a preencher o tempo disponível para sua realização". Em outras palavras, dar menos tempo de si pode fazer com que seja mais produtivo.

"Queria poder voltar no tempo e falar comigo mesma mais jovem: 'Arianna, seu desempenho vai melhorar se você se comprometer não somente com o trabalho, mas com se desconectar, recarregar e se renovar'", reflete a fundadora do *Huffington Post*, Arianna Huffington. Então, como posso desapegar emocionalmente até mesmo da profissão mais exigente?

Como o Estresse Afeta o Corpo

Você sabia que a mera antecipação de um evento ou período que pode causar ansiedade tem chances de se tornar um estressor? Por exemplo, Liz fica estressada com problemas de viagem (filas demoradas para o controle de segurança, atrasos, voos longos) semanas antes de ir ao aeroporto. E Mollie fica preocupada ocasionalmente com o pagamento de hipoteca, embora ela não esteja nem perto de comprar uma casa.

Estressores desequilibram o estado interno de seu corpo; sua resposta ao estresse é a tentativa de seu corpo de voltar ao normal. Para rapidamente transportar nutrientes e oxigênio para seus músculos, sua pressão sanguínea, seus batimentos cardíacos e sua respiração aumentam. Ao mesmo tempo, quaisquer processos que sejam menos importantes no curto prazo — como digestão, crescimento e reprodução — diminuem.

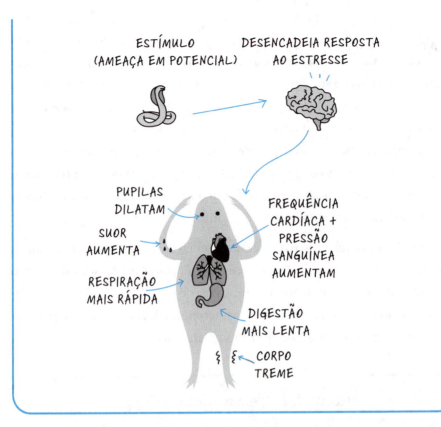

Tire uma folga para si mesmo

Saia de férias: um tempo maior fora do emprego nos mantém saudáveis e produtivos, principalmente se tivermos pouco ou nenhum contato com nossos colegas nesse tempo. No entanto, mais da metade dos norte-americanos não tira todas as férias pagas. É difícil ir para uma ilha deserta quando a ideia de ficar longe do e-mail por um dia faz com que você fique cheio de culpa. Liz tinha medo até mesmo de pedir férias, porque temia que seus chefes a vissem como uma pessoa em quem não poderiam confiar. Gerentes, a maneira como vocês falam sobre as férias é importante. Importa muito. A maioria dos empregados diz que os gerentes não falam nada, passam mensagens negativas ou ambíguas sobre sair de férias. Com um pouco mais de encorajamento, quase todo mundo usaria mais tempo de férias. Para vocês cujos gerentes os *desencorajam* a sair de férias, os próximos parágrafos serão úteis.

MAPA TURÍSTICO DE PARIS

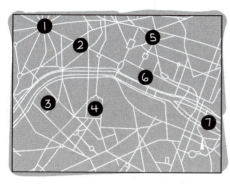

1. ARCO DO TRIUNFO
2. CHAMPS-ÉLYÉES
3. TORRE EIFFEL
4. LES INVALIDES
5. ÓPERA
6. LOUVRE
7. NOTRE-DAME

MAPA DE PARIS PARA VICIADOS EM TRABALHO

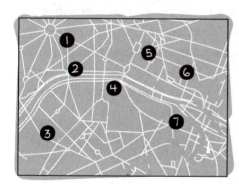

1. ESCRITÓRIOS DA EMPRESA EM PARIS
2. CAFÉ COM VÁRIAS TOMADAS
3. ÁREA SEM SINAL DE SERVIÇO TELEFÔNICO!
4. WI-FI GRÁTIS (BOM CAFÉ)
5. ÓTIMO LUGAR SILENCIOSO PARA LIGAÇÕES
6. WI-FI GRÁTIS (CAFÉ RUIM)
7. RESTAURANTE CHIQUE PARA SATISFAZER SEU PARCEIRO

Tire uma noite de folga: agendar um momento de lazer no meio da semana é tão importante quanto sair de férias — e mais fácil de conciliar. Quando o Boston Consulting Group instituiu uma política de folga previsível (PTO) que dava a cada membro de uma equipe de seis pessoas uma noite de folga por semana, os funcionários ficaram mais felizes, mais relaxados e com menos propensão a pedir demissão. Os membros da equipe também aprenderam a ter mais consciência com relação ao bem-estar uns dos outros. "Ainda que estejamos trabalhando duro", observou um consultor, "cuidamos uns dos outros para que ninguém tenha burnout".

VERDADEIRO OU FALSO: ISTO CONTA COMO FÉRIAS VERDADEIRAS

RESPOSTAS: F, F, F, F

    Tirar uma noite de folga também é uma chance de colocar o sono em dia. Quando não estão bem descansados, cirurgiões erram e motoristas se acidentam. A falta de sono também nos deixa melancólicos e ansiosos; se estamos acordados há muito tempo, começamos a olhar para expressões amigáveis como se fossem ameaçadoras. Então, se você não dormiu bem, recomendamos que aceite o conselho da mãe de Mollie: "Você não pode tomar decisões sobre sua vida quando está sem dormir direito."

Reserve um dia: um dia por semana, Liz não se permite marcar reuniões, ligações ou eventos sociais. Esse dia reservado permite que ela coloque as tarefas em dia, de modo que o resto da semana não fique tão conturbado. Se você não consegue tirar um dia inteiro, tente reservar algumas horas para trabalhar focado.

Tire tempo para mini-intervalos: sair de sua mesa mesmo que por cinco minutos o ajuda a relaxar — e ficar focado. Os alunos dinamarqueses que tiveram um pequeno intervalo antes de fazer uma prova acertaram significativamente mais questões do que os colegas que não tiveram tempo para relaxar. Pesquisas também sugerem que bater papo com seus colegas por alguns minutos ajuda a desestressar mais rápido.

Tenha um ritual pós-trabalho: seu cérebro se beneficiará se receber um sinal que diga: "O trabalho acabou!" Algumas ideias: volte para casa caminhando ou pedalando (até mesmo breves períodos de exercícios leves são bons para você), medite no ônibus, ouça música, leia uma revista ou pegue peso (algumas pesquisas mostram que treino de força melhora mais seu estado de espírito do que cárdio). Cal Newport, autor de *Trabalho Focado* (Ed. Alta

Books), termina cada dia transcrevendo quaisquer notas soltas em uma lista de tarefas, desligando o computador e dizendo o seguinte: "Encerramento do dia: completo." "A minha regra é", escreve ele, "depois de proferir a frase mágica, se alguma preocupação relacionada ao trabalho surgir na minha mente, sempre respondo com o seguinte pensamento: eu já disse a frase de encerramento".

Encontrar tempo para nós mesmos é o primeiro passo, e o mais fácil, em direção ao desapego de sua identidade viciada em trabalho. Mas geralmente é mais fácil falar do que fazer: você está emocionalmente apegado a essa identidade porque passaram muito tempo juntos! Para cortar relações completamente, tente estas mudanças de pensamento:

Não leve a lógica do ambiente profissional para seu momento de folga

Muitas pessoas ficam muito animadas com a ideia de otimizar o tempo. Pare de compulsivamente deixar seus hobbies mais trabalhosos do que o trabalho. Se ama tocar piano, não se force a praticar por meia hora precisamente às

8 horas, toda noite, e nem fique se culpando se perdeu um dia. Estudos mostram que, quando ficamos controlando nossas experiências — como contar os passos ou calcular os quilômetros corridos —, não as aproveitamos tanto.

OLIVIA PARTICIPA DE UMA SESSÃO COMPLETA DE MEDITAÇÃO OUVINDO O MANTRA 3X

Fique confortável com o fato de ser completamente improdutivo de vez em quando. Descansar um pouco não é o mesmo que perder tempo: quando você descansa um pouco, torna-se mais focado e criativo ao voltar para o trabalho. Dedique um final de semana a cada dois meses para uma viagem curta. Sábado pode ser o dia em que você não faz nenhuma tarefa. Se for extremamente produtivo, marque eventos sociais que "permitam" que você se afaste do trabalho.

Cultive relacionamentos pessoais fora do trabalho

"Amo meu trabalho", disse Beyoncé à *GQ* em uma entrevista, "mas é mais do que isso: eu preciso dele". Sentimos que nosso emprego reflete quem somos e buscamos significado e propósito nele. Em uma pesquisa recente conduzida pelo *New York Times*, norte-americanos davam mais valor a "ter um emprego satisfatório" do que "ser casado", "ser religioso", "ser um bom vizinho", "estar envolvido na comunidade", "ter muitos amigos" e "ter tempo para si mesmo".

Quanto mais atarefados estamos, mais importantes nos sentimos, e nos consideramos mais fortes e dedicados do que nossos colegas mais preguiçosos. O trabalho promove um senso de propósito e pode oferecer gratificação instantânea na forma de elogios, aumentos e promoções. Mas, quanto mais conectamos quem somos ao que fazemos, mais nos apegamos emocionalmente aos nossos empregos, nos pressionamos constantemente para sempre sermos os melhores e depois ficamos exaustos quando não conseguimos atingir esse padrão irreal. E quando dependemos da validação de nossos chefes, qualquer pequeno feedback negativo começa a parecer uma rejeição a quem somos.

Os relacionamentos pessoais ajudam a manter uma distância afetiva de seu emprego — e o mantêm feliz. Sociólogos que registraram as flutuações das emoções das pessoas no dia a dia descobriram que os trabalhadores são mais felizes e menos estressados nos finais de semana. Nada revolucionário. Mas... O mesmo padrão aconteceu com pessoas desempregadas. Acontece que o fator que nos faz felizes não é somente o tempo livre, mas quando nosso tempo livre está alinhado com o tempo livre de nossos amigos. Em outras palavras, passar mais tempo com as pessoas de quem gostamos nos deixa mais felizes. "A rede social, com todo mundo se apoiando quando alguém precisa... É um recurso extremamente poderoso", explica Christina Maslach, pesquisadora-líder de burnout.

Burnout

Burnout é mais do que se sentir ocasionalmente cansado ou entediado. De acordo com a psicóloga Christina Maslach, estes são os três principais sinais de burnout:

- Exaustão emocional: você se sente cronicamente exausto. Tem problemas para dormir e fica resfriado constantemente.

- Despersonalização: tornou-se cínico e insensível com seus colegas. Pequenas coisas (mastigação, barulho alto de digitação, erros de ortografia) o irritam mais.

- Letargia: você se sente ineficaz e desconectado dos projetos dos quais costumava gostar; está só seguindo o fluxo.

- Burnout é sério, mas há algumas coisas que podem ser feitas para desfazer seus efeitos. A primeira é descobrir o porquê de estar se sentindo tão para baixo e pensar em como resolver o problema.

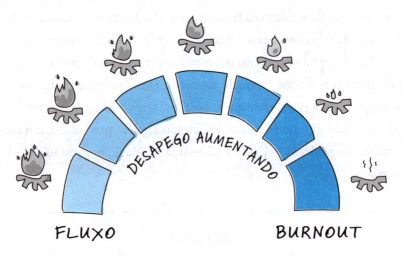

Se você tem um chefe imprevisível, consegue mudar de equipe? Se nunca foi reconhecido no emprego, consegue tentar, gentilmente, enumerar suas conquistas na próxima reunião com seu gerente? Se está preso na mesma rotina, consegue aprender algo novo, começar a fazer exercícios ou se inscrever em um evento para o qual nunca iria? Conversar com quem ama, dormir mais e cuidar de sua saúde mental (passando um tempo na natureza ou meditando)

também pode ajudar. Mas, se a raiz do problema de seu burnout é um emprego que o deixa infeliz, pode ser hora de procurar outro cargo.

Pare de superestimar sua importância

Já ficou doente e se surpreendeu pelo fato de seu escritório não ter ficado um desastre enquanto esteve fora? Embora seja legal ser necessário, seus colegas quase sempre ficarão bem sem você por algumas horas (ou dias). Na maioria dos empregos, o trabalho nunca está completo, o que significa que nunca é uma boa hora para sair de férias ou voltar para casa no final do dia. Muitos de nós concordamos com o seguinte: "Mais ninguém na minha empresa pode trabalhar enquanto estou fora."

NÃO POSSO TIRAR FÉRIAS! TODA A OPERAÇÃO FICARÁ COMPROMETIDA!!

Pense menos em sua própria importância e mais nos que estão a seu redor. A compaixão nos ajuda a ficar resilientes: melhora nossa resposta imunológica, reduz nossos níveis de estresse e está associada ao prazer em nosso cérebro. Uma maneira de praticar a compaixão é perguntar a um colega: "O que está pensando e como posso ajudá-lo?" É claro, se você sempre coloca a necessidade de outra pessoa antes da sua, eventualmente ficará cansado e ressentido. Saiba seus limites emocionais e evite a fatiga da compaixão.

Desapaixone-se por seu celular

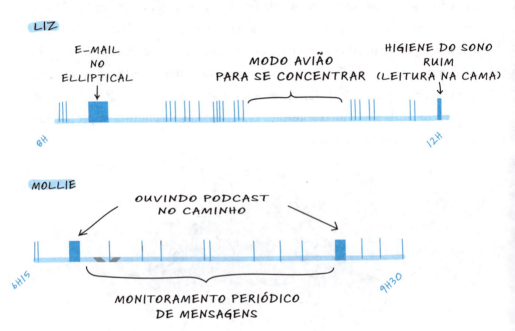

"As pessoas estão todas insanas, e conversando em máquinas, e tuitando o tempo todo. Tudo isso. Estou procurando paz e tranquilidade", lamentou Maurice Sendak, autor de *Onde Vivem os Monstros*. Poderíamos tuitar menos. Muitos de nós somos controlados por uma onda constante de notificações que nos deixa estressados, distraídos e frustrados. Uma pessoa comum verifica seu celular duas vezes mais do que ela pensa que o faz. Na verdade, somos tão viciados no celular que nove entre dez sentem vibração fantasma, que é quando você sente seu celular vibrar em seu bolso… e depois se dá conta de que ele nem está lá.

SAÚDE | 33

TEM UM WI-FI ÓTIMO NA SALA DE MEDITAÇÃO

Se quiser ter mais energia, limite seu uso do e-mail, mídias sociais e mensagens. Cada tom é uma distração (De quem é? O que disseram?), e ter de mudar sua atenção para e do celular o tempo todo pode fazer com que fique cansado e sem foco.

> **MOLLIE:** Tento não olhar o e-mail do trabalho depois do jantar, caso contrário sonho com o trabalho, e não são bons sonhos. Quando realmente preciso me concentrar, deixo meu celular no modo "não perturbe". Também amo escrever em aviões e trens sem wi-fi — sem distrações digitais!

Sugestões para ajudar você a estabelecer limites digitais:

- **Toque o e-mail uma vez.** Ao abrir um e-mail, deve respondê-lo imediatamente. Liz costumava ler todos os e-mails logo cedo e, para começar a trabalhar, marcava todos como "não lidos" para responder ao longo do dia. Isso significava que ela passava a manhã inteira pensando em todos os e-mails que estavam esperando na caixa de entrada, em vez de estar focada em sua função.

- **Se você tem um papel de liderança, dê o exemplo.** Depois que teve filhos, a roteirista e produtora de TV Shonda Rhimes mudou sua assinatura do e-mail para: "Por favor, saiba que não responderei aos e-mails profissionais depois das 7 horas da noite ou durante os finais de semana. SE EU FOR SUA CHEFE, SUGIRO: GUARDE SEU CELULAR." Dan Calista, CEO da empresa de consultoria Vynamic (cujo lema é "A vida é curta. Trabalhe com saúde."), criou uma política de e-mail chamada zzzMail. Os empregados não podem enviar e-mails uns aos outros depois das 10 horas da noite durante a semana, nos finais de semana e nem nos feriados.

O PARADOXO DA POSITIVIDADE

Além de devotar nosso tempo e nossa energia mental para o trabalho, inconscientemente oferecemos, com frequência, algo muito mais precioso: nossa autoestima. Pode ser que você tenha esperança de receber um aumento, uma promoção prestigiosa ou um novo emprego pomposo, mas sua animação será menos intensa e duradoura do que imaginou. Pesquisadores descobriram que seu viés de impacto, a lacuna entre o que você acha que sentirá e o que sente na verdade, geralmente o deixa "na mão": você almeja futuros que acabam não gerando tanta felicidade. "Acho que vocês são malucos por ficar aceitando trabalhos que não querem só porque ficarão bem no currículo. Para mim, isso é mais ou menos como deixar o sexo para a velhice", diz Warren Buffett.

Objetivos são ótimos, e um aumento ou uma promoção *serão* incríveis no momento. Mas as promoções não costumam ser a chave para um final feliz. É hora de parar com o hábito doentio de glorificar o futuro para justificar um presente miserável. "Essa busca direta pela felicidade é a receita para uma vida infeliz", escreve o psicólogo Donald Campbell. A felicidade constante é inatingível (ao menos não sentimos isso pessoalmente). Geralmente nos descrevemos como "felizes" quando conseguimos mais do que já tínhamos ou quando descobrimos que estamos nos saindo um pouco melhor do que aqueles ao nosso redor. Nenhum deles é um estado permanente. O contentamento, por outro lado, pode ser mais emocionalmente estável. A maioria das pessoas contentes conta seus altos *e* baixos em histórias de redenção: algo ruim aconteceu, mas resultou em algo bom.

Então, como é possível ser mais contente agora, em sua vida corporativa menos que perfeita? Nesta seção, veremos como nos sentir melhor no momento.

Pare de se sentir mal por se sentir mal

Nosso emprego pode nos pressionar muito para irradiar felicidade e positividade. Os valores de muitas empresas implicitamente encorajam os funcionários a serem positivos.

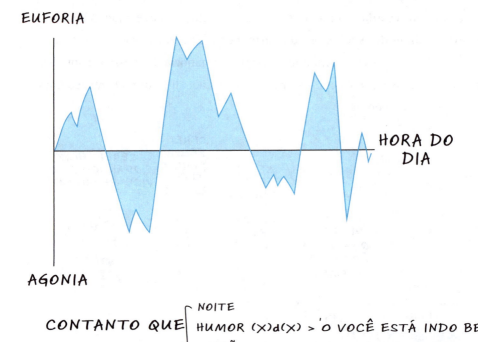

- Tiffany & Co. — *Focar a positividade*
- Kellogg's — *Promover um ambiente positivo, energizante, otimista e divertido*
- Zappos — *Construir uma Equipe Positiva e Espírito de Família*

A pressão para ser animado é tão grande que a National Labor Review Board criou uma regra que impede os empregadores de forçar os empregados a serem sempre cheios de ânimo (achamos que vários funcionários ficaram muito satisfeitos com essa regra). Mas a natureza do trabalho é passar por dificuldades e estar presente quando necessário, mesmo que não queira. Então pare de se culpar por não estar feliz o tempo todo. Uma versão melhor do dito popular "Aceita que dói menos" poderia ser: "Às vezes vai doer, mas você não deveria ter de aceitar."

Quando tentamos reprimir nossa tristeza, decepção ou raiva, estamos mais propensos a sentir essas mesmas emoções. Uma pesquisa que pediu para as pessoas classificarem com que intensidade concordavam com afirmações como "Digo a mim mesmo que não deveria me sentir como estou me sentindo" revelou que aqueles que se sentiam mal por se sentirem mal tinham um bem-estar pior do que aqueles que aceitavam melhor os sentimentos. "A forma como lidamos com nossas próprias reações emotivas negativas é muito importante", explica a professora assistente da Universidade de Toronto Brett Ford. "As pessoas que aceitam essas emoções sem julgar ou tentar mudar conseguem lidar melhor com o estresse."

LIZ: Ano passado, a irmã de um amigo se mudou para uma nova cidade e, inicialmente, se sentiu confusa e deprimida. Para tentar animá-la, meu amigo começou a terminar todas as conversas deles com um animado "Seja feliz!". Depois de algumas semanas, a irmã disse a ele que essa frase a fazia se sentir pior. "É uma grande mudança, e vou me sentir triste algumas vezes", disse ela. "E tudo bem. Pare de me falar para só ser feliz." Da próxima vez que conversaram, meu amigo terminou a conversa com um "Sinta suas emoções!".

Outra razão para pegar leve consigo: um pouco de pessimismo pode ser útil por um tempo. Liz com frequência se convence de que o pior acontecerá (por exemplo: uma importante apresentação para um cliente será um desastre ou ela não se sairá bem em uma prova), mas essa ansiedade a motiva a trabalhar mais. Pesquisadores diferenciam otimistas estratégicos e pessimistas defensivos (como a Liz): os otimistas estratégicos vislumbram os melhores resultados possíveis e tentam fazer com que eles aconteçam, enquanto os pessimistas defensivos tendem a pensar no que poderia dar errado e trabalhar para evitar essas situações. Nos estudos, esses grupos têm um desempenho igualmente bom, *exceto* quando os pessimistas são forçados a ficar animados.

Você também pode tentar uma técnica chamada reapreciação. A experiência física do estresse ou ansiedade — batimentos cardíacos acelerados e níveis mais altos do hormônio do estresse — é quase idêntica à resposta de nosso corpo à empolgação. A professora da Harvard Business School Alison Wood Brooks descobriu que as pessoas que usam essa similaridade a seu favor, reformulando o estresse como empolgação (por exemplo, dizendo "Estou empolgada" em voz alta), têm um melhor desempenho. Como o psicólogo William James escreveu: "A melhor arma contra o estresse é a nossa habilidade de escolher os pensamentos."

"ESTOU ESTRESSADO"   "ESTOU EMPOLGADO"

Confie em algumas pessoas, mas não desabafe

Conversar com um colega de confiança quando você está chateado pode ser catártico; quando enfermeiras que estão frustradas com os pacientes ou médicos podem compartilhar a frustração umas com as outras em salas de equipe privadas, elas conseguem lidar melhor com o estresse. Uma de nossas amigas que trabalha como assistente social nos contou que ela frequentemente admite aos colegas: "Estou tendo um dia horrível." Essa abertura permitia que ela contasse por que estava chateada, o que ajudava a processar a raiva ou tristeza, evitando assim a projeção desses sentimentos em quem ela atendia.

Mas é possível ficar preso em suas angústias. O desabafo crônico, quando fica batendo na mesma tecla sem tentar entender ou resolver seus problemas, faz com que você e a pessoa que está ouvindo se sintam pior. Pode ser que as mulheres sejam especialmente suscetíveis às desvantagens do desabafo, porque são ensinadas a lidar com os problemas falando sobre eles. A psicóloga Amanda Rose descobriu que, embora falar sobre problemas e sentimentos negativos fortaleça as amizades femininas, também faz com que as mulheres se sintam mais ansiosas e deprimidas.

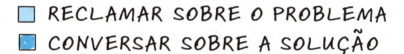

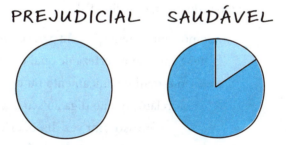

Quando estiver chateado, é bom recorrer a alguém de sua rede de apoio, o grupo de pessoas que imediatamente ficarão ao seu lado (sua mãe ou seu melhor amigo, por exemplo). Mas, se conversar *somente* com essas pessoas, acabará sabotando sua habilidade de aprender ou resolver seus problemas.

Lembre-se também de confiar em sua rede de apoio, as pessoas que dirão as verdades nuas e cruas e o forçarão a resolver o problema.

Entenda o que você precisa fazer

Esta dica tem menos a ver com o cultivo do contentamento e mais com o bloqueio de estressores desnecessários. A incerteza é ruim. Quando está confuso com relação ao que deveria fazer, fica cheio de culpa e muito ansioso. E, no trabalho, sentir-se inseguro com frequência resulta em se sentir desnecessário. Você começa a temer por seu emprego. Fica até mais tarde no escritório tentando fazer tudo, mas sem nenhum sentimento real de concretização ou alívio. Uma pesquisa feita por Morten Hansen, professor de Berkeley, mostra que 25% de nós somos incapazes de focar por falta de direcionamento de nossos chefes.

Você se sentirá muito melhor indo embora em um horário razoável ou tirando férias se souber que está trabalhando bem (na verdade, quem tem os maiores desempenhos sai de férias duas vezes mais do que seus colegas). E o primeiro passo para se sentir confiante é entender as prioridades de seu chefe. "Trabalhar na coisa certa é provavelmente mais importante do que trabalhar muito", observa a cofundadora do Flikr, Caterina Fake.

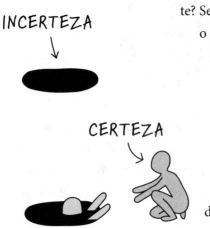

Como pedir orientação sem parecer incompetente? Se não tem certeza de qual é mais urgente, o e-mail de lançamento ou o rascunho do relatório, não diga ao seu chefe que está confuso. Em vez disso, crie uma lista com os itens que tem a fazer e ordene-os por importância. Então leve essa lista para seu gerente e peça confirmação de sua ordem. Você pode dizer algo como: "Trabalharei nisto esta semana. Gostaria de mudar a prioridade de algum item?" (E, gerentes, uma ótima pergunta a se fazer no final de cada reunião ou one-on-one é: "Conseguiu tudo de que precisava hoje?")

Outra forma de evitar a incerteza é, ao preencher pedidos, sempre perguntar: "Para quando precisa disso?" Então crie uma lista com coisas a fazer e garanta que adicionará apenas itens específicos e que possam ser riscados. Por exemplo, "Terminar a apresentação" é vago. Em vez disso, escreva: "Terminar de escrever a introdução para a apresentação."

Concentrar-se no aqui e agora

Os psicólogos de Harvard Matthew Killingsworth e Daniel Gilbert estimam que passamos apenas metade de nosso tempo concentrados no presente. Por que isso é importante? Somos mais felizes quando vivemos o momento, não importa no que estejamos trabalhando. Em um estudo feito com mais de 5 mil pessoas, Killingsworth e Gilbert descobriram que uma mente que vaga geralmente é infeliz.

Quando nossa mente vaga para o passado ou o futuro, acaba ruminando. A ruminação é diferente da reflexão saudável, quando analisamos elementos específicos de um problema para entendê-lo melhor. Digamos que você envie edições do rascunho de uma colega por e-mail e não receba uma resposta imediata. A ruminação ocorre quando imediatamente pensa coisas como "ela acha que sou idiota" ou "minhas edições são sempre ruins".

É possível aprender a trazer a mente de volta ao presente e parar de ruminar. O primeiro passo para se sentir melhor é perceber suas distorções cognitivas, ou os truques de seu cérebro para enganá-lo. O psicólogo Martin Seligman identificou os três itens nos quais tendemos a nos concentrar depois de um evento negativo:

- Personalização: Pensar que o ocorrido é culpa sua.
- Onipresença: Pensar que o ocorrido arruinará todos os aspectos de sua vida.
- Perenidade: Pensar que se sentirá assim (por exemplo, mal) para sempre.

PERSONALIZAÇÃO
O FANTASMA DAS AÇÕES DO PASSADO

ONIPRESENÇA
O FANTASMA DAS AÇÕES DO PRESENTE

PERENIDADE
O FANTASMA DAS AÇÕES DO FUTURO

Não dê chance a nada disso! Se perceber que está obcecado pelo pessimismo, ressignifique seus pensamentos. Veja algumas ideias:

- Personalização: Em vez de pensar imediatamente "Por minha causa, perdemos o cliente", tente analisar o que aconteceu objetivamente. Em qualquer projeto haverá problemas que fogem do nosso controle. Assuma seus erros, mas não se culpe desnecessariamente por tudo.
- Onipresença: Se depois de uma reunião perceber que tinha uma mancha na blusa, tente não se consumir pela ansiedade. Dificilmente um errinho começará uma reação em cadeia que acaba em um completo desastre.
- Perenidade: As palavras *sempre* e *nunca* costumam ser indicativos de que sua autorreflexão está autodestrutiva. Digamos que seu chefe não ficou feliz com um one-pager que você criou. Em vez de pensar "Nunca serei uma boa designer", concentre-se neste ocorrido: "Não foi o meu melhor projeto, mas posso adquirir mais habilidades e melhorar."

Outra forma de parar de ruminar é por meio do distanciamento social, tentando olhar a situação a partir dos olhos de outra pessoa. Pergunte a si mesmo: "Que conselho eu daria para um amigo que está se sentindo assim?" Essa pergunta o força a sair dos padrões de pensamento negativo.

Por último, lembre-se de que seus pensamentos são apenas pensamentos. Reconheça-os, mas saiba que não são verdades inevitáveis (mesmo que *pareçam*).

Desapegue do que não pode controlar

Há duas categorias de estressores: aqueles com os quais você consegue lidar (os acessíveis) e aqueles que estão fora de seu controle (os inacessíveis). Se está ansioso por causa dos acessíveis — e-mails sem resposta em sua caixa de entrada ou um prazo apertado —, a forma mais fácil de se sentir melhor é completar a tarefa que está estressando você. "Nada diminui mais a ansiedade do que a ação", observa o pintor e escritor norte-americano Walter Anderson.

Como paramos de nos estressar com as coisas que *não* podemos controlar? Primeiro, é necessário entender o que não pode controlar. Se você se sente responsável pelo que é inacessível, nunca conseguirá dizer com confiança que já fez o suficiente e relaxar.

> **LIZ:** Algumas semanas antes de um evento para 200 pessoas que estava organizando, me senti sufocada. Uma pessoa do público era uma coach de carreira. Percebendo que eu parecia estressada em uma ligação, ela me perguntou: "Quando você saberá que já fez o suficiente?" A resposta parecia óbvia: "Quando eu sentir que correu tudo bem no evento." Ela deu risada. "Quanto do evento você acha que consegue controlar? Aposto que é menos do que 30%. E se um palestrante adoecer, ou o buffet não aparecer, ou chover torrencialmente durante o almoço na varanda?
>
> 'O suficiente' tem que estar dentro do seu controle. Por exemplo: 'Até o fim da semana, terei enviado os designs para a gráfica.' 'O suficiente' não pode ser 'Quando me sentir bem', porque se sentir bem é um alvo em movimento."

O psicólogo Nick Wignall agenda de 5 a 15 minutos diários para escrever todas as ansiedades. Ele então destaca tudo o que (1) é um problema real, (2) é urgente (deve ser feito no dia seguinte ou no próximo) e (3) está dentro de seu controle. Nick *não* grifaria uma preocupação hipotética como: "E se eu adoecer antes da reunião com o cliente importante semana que vem?" Ele *grifaria*: "Eu me esqueci de responder ao e-mail da Christine." Para cada problema em destaque, Nick configura um lembrete para completar o próximo passo possível (por exemplo, "Responder ao e-mail da Christine amanhã às 9 da manhã").

EFEITOS DOS MECANISMOS DE ENFRENTAMENTO NO HUMOR

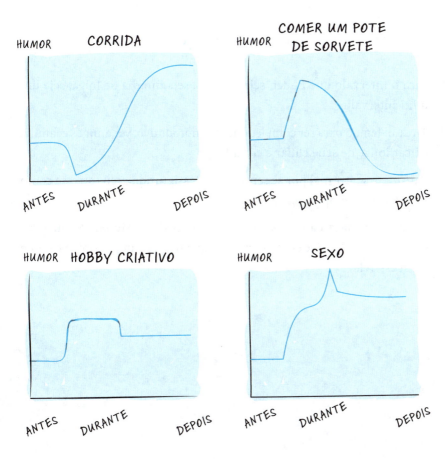

APRENDIZADOS

1. Faça o intervalo que puder, sejam férias, seja um dia de folga, seja um mini-intervalo.

2. Tire um tempo para ser completamente improdutivo, ver amigos e família e ficar longe de seu celular e e-mail.

3. Pare de se sentir mal por se sentir mal. Ressignifique seu estresse como motivação ou empolgação.

4. Evite a ruminação ao ver seus pensamentos como simplesmente pensamentos, não verdades inevitáveis. Fique no presente e controle o que for acessível.

CAPÍTULO 3

Motivação

Inspire-se:
Por que está empacado e como sair do lugar

ESTOU A PONTO DE GRITAR DE FRUSTRAÇÃO

Em 2001, os gerentes da Best Buy estavam extremamente céticos com relação a um programa totalmente novo que o RH tinha anunciado recentemente. "Fiquei muito assustada com as pessoas da minha equipe e o que poderia acontecer com os resultados do negócio", relembrou uma supervisora sênior chamada Beth. O novo programa havia sido baseado em uma pesquisa interna sobre motivação no ambiente de trabalho que eles haviam respondido dois anos antes. Os empregados haviam apoiado com muita intensidade uma afirmação: "Confie em mim com relação ao tempo. Confie que farei meu trabalho e entregarei resultados, e serei um colaborador extremamente mais feliz."

Os resultados da pesquisa levaram a Best Buy a instituir um programa piloto que permitia que cerca de 300 empregados escolhessem o horário de serviço a partir de uma agenda predefinida (de 9h às 17h poderia se tornar de 8h às 16h, por exemplo). Os empregados do programa piloto ficaram muito mais felizes *e* trabalhavam muito mais quando tinham mais liberdade. Agora, apesar das preocupações da gerência, o programa Results-Only Work Environment (ROWE) [Ambiente de Trabalho Apenas para Resultados, em tradução livre] — que os deixava "livres como unicórnios" — estava prestes a ser empregado em toda a empresa. Veja os 13 guias para o ROWE:

1. As pessoas de quaisquer níveis param de fazer atividades que sejam perda de tempo para elas, o cliente ou a empresa.
2. Colaboradores têm a liberdade de trabalhar como quiserem.
3. Todo dia parece sábado.
4. As pessoas têm "folga remunerada" ilimitada, desde que a função seja exercida.

5. Trabalho não é um lugar ao qual você vai — é algo que você faz.
6. Chegar ao trabalho às 14h não é considerado atraso. Sair às 14h não é sair cedo.
7. Ninguém fala quantas horas trabalha.
8. Toda reunião é opcional.
9. Tudo bem fazer mercado na quarta pela manhã, ir ao cinema na terça à tarde ou cochilar em uma tarde de quinta-feira.
10. Não há agendas de trabalho.
11. Ninguém se sente culpado, estressado ou que está trabalhando muito.
12. Não há treinamentos de incêndio de última hora.
13. Ninguém julga como você gasta seu tempo.

"Dá pra imaginar a merda que criamos", disse Jody Thompson, da equipe de RH que liderou a mudança para ROWE. Beth, a gerente cética, havia mencionado, preocupada: "Não conseguia entender como eu poderia deixá-los fazer o que quisessem quando quisessem. Como isso poderia funcionar?"

POR QUE NÃO ESTÃO MOTIVADOS?

A motivação é um dilema, como a relação entre o ovo e a galinha. Você parou de progredir porque está entediado ou está entediado porque parou de progredir? Está desmotivado porque seu emprego parece não ter sentido ou seu emprego parece não ter sentido porque está desmotivado?

Se já leu sobre motivação, provavelmente já conhece esta estatística deprimente: apenas 15% dos trabalhadores se sentem engajados no trabalho. Isso significa que a maioria de nós vai para o escritório todos os dias lutando contra o desejo de fazer, bem, nada. Mas a motivação não é algo que acontece uma vez e pronto. Encontrar motivos para acordar todas as manhãs e fazer um bom serviço é um processo dinâmico e contínuo. É por isso que este capítulo está devotado à segunda nova regra das emoções no trabalho: ***Inspire-se.***

PREVISÃO DO TEMPO PARA A SEMANA
QUANDO VOCÊ NÃO ESTÁ MOTIVADO

DOM SEG TER QUA QUI SEX SAB

PREVISÃO DO TEMPO PARA A SEMANA
QUANDO VOCÊ ESTÁ MOTIVADO

DOM SEG TER QUA QUI SEX SAB

Neste capítulo, destrincharemos todos os elementos de nosso trabalho (e nossa mentalidade) para que você possa olhar para eles com outros olhos. Mostraremos como suas emoções criam e sustentam motivação e apontaremos as quatros razões principais para a falta dela: você (1) não tem controle de seu trabalho; (2) não acha que o que faz é significativo; (3) parou de ver o trabalho como algo em que pode aprender; e (4) não gosta de seus colegas. Esses problemas são complicadíssimos, então este capítulo será mais prescritivo do que os outros.

Você não tem autonomia

"Não há nenhum outro sentimento como ser livre", canta Destiny's Child. Uma coisa é escolher trabalhar em um projeto, outra completamente diferente é *ter* de trabalhar em um projeto. Às vezes nem percebemos que nossa falta de liberdade está nos deixando pra baixo, então chamamos de outra coisa. Em uma série de nove experimentos, pessoas que disseram que queriam ter poder não aceitaram promoções a cargos que lhes davam muita influência e escolheram aqueles que lhes davam muita liberdade.

COMO SE MOTIVAR QUANDO NADA MAIS FUNCIONA

FAÇA UMA XÍCARA DE CAFÉ

OLHE PARA SEUS BOLETOS

COLOQUE UMA MÚSICA ANIMADA

INSPIRE-SE NA BEYONCÉ

    É claro que são poucos os empregos que nos permitirão fazer o que queremos e quando queremos, mas, quanto mais decisões podemos tomar por conta própria, melhor nos sentimos e mais trabalhamos. Quando o Walmart começou a oferecer turnos flexíveis, o que deu aos funcionários a habilidade de fazer seus horários, tanto as faltas quanto a rotatividade caíram. E, voltando à Best Buy, o ROWE foi um sucesso, apesar das preocupações iniciais.[1] Trabalhado-

---

[1] Em uma jogada controversa, o novo CEO da Best Buy decidiu encerrar o ROWE em 2013 (apesar da estimativa de que o ROWE tenha feito a Best Buy economizar US$2,2 milhões em três anos). Muitos acreditam que o programa foi extinto pela pressão da nova liderança de parecer rígida.

res jovens escolheram entrar mais tarde para que pudessem se exercitar pela amanhã e evitar a hora do rush. Os colaboradores que tinham filhos saíam mais cedo para ir às atividades extracurriculares. O moral e a produtividade aumentaram. Demissão voluntária diminuiu. "Não podia estar mais errada", admitiu Beth, a supervisora que havia expressado preocupação. No primeiro ano do ROWE, a equipe dela se tornou duas vezes mais produtiva, e a pessoa com menor desempenho se destacou de repente. "Dar a ela (a com menor desempenho) a escolha de como usar o tempo fez maravilhas, e me pergunto sobre quantos 'improdutivos' por aí têm o mesmo potencial."

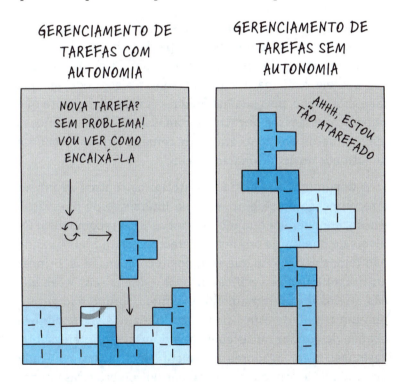

E se você for microgerenciado ou sua empresa não implemente o ROWE? "Pergunte-se: 'Tem alguma coisinha que esteja ao meu alcance para fazer diferente amanhã?' A resposta é quase sempre sim", aconselhou Daniel Pink, autor de *Motivação 3.0*. Embora possa ser desafiador, é possível, mesmo em situações profissionais restritas, criar momentos de liberdade e inspiração. Encontre meia hora para ler alguma coisa sobre a qual esteja curioso. Dê uma volta no quarteirão entre as reuniões vespertinas. Pegue alguns colegas e vá até a cafeteria da esquina para um pequeno intervalo. "Sempre dá para conseguir um pouquinho de soberania mesmo que você não tenha total controle sobre seus horários", disse-nos Daniel Pink. "E um pouco é melhor do que nada. Fazer dois intervalos vespertinos de 10 a 15 minutos é factível para a maioria das pessoas."

> ## Motivação e o Cérebro
>
> Digamos que você acabou de apresentar alguma coisa e seu chefe pergunta: "Por que está desperdiçando minha vida?" (Jeff Bezos uma vez disse isso a um engenheiro). Da próxima vez que ele pedir para você apresentar algo, pode ser que falte motivação, pois sua habênula — a parte do cérebro que impedia que nossos ancestrais comessem frutas venenosas lembrando-os de como era ruim cometer erros — reduz a quantidade de dopamina no cérebro.
>
> A dopamina, que ajuda a controlar os centros de prazer e recompensa do cérebro, está na interseção de motivação e ação, e é liberada quando buscamos uma recompensa. Os níveis de dopamina em nosso cérebro variam mais quando não temos certeza de que seremos recompensados. Brincar em caça-níqueis e verificar nossos e-mails, por exemplo, são atividades extremamente viciantes porque não garantem um resultado específico — continuamos voltando pela chance de ganhar ou receber uma mensagem interessante. Pesquisas com jogadores da roleta registraram a mesma quantidade de atividade nas regiões do cérebro ricas em dopamina quando os apostadores perdiam dinheiro por pouco e quando ganhavam.

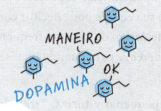

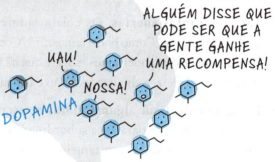

LIZ: Se realmente quiser ficar motivado, crie um sistema variável de recompensa para você. Criei o hábito de me concentrar em apenas uma atividade (sem checar o Reddit ou o e-mail!), pressionando um gerador randômico de números sempre que eu me concentrava por uma hora. Se o gerador (que estava configurado para gerar um número entre 0 e 10) mostrasse 2, 3, 4 ou 7, eu me permitia tomar um pote de sorvete (de cookie!) depois do almoço naquele dia.

Como aumentar a autonomia:

- **Peça a seu gerente que defina resultados, em vez de processos.** Membros de equipes que podem criar os próprios processos são mais motivados. Pergunte se sua equipe pode decidir como chegar ao resultado final. Os clientes de design de Liz com frequência descrevem graficamente o que eles querem e para quando precisam, e depois deixam ela resolver como fazer.
- **Concentre-se em pequenas vitórias.** Tirar algo tão pequeno quanto "Responder ao e-mail da Caitlin" da lista de afazeres nos energiza. A professora Teresa Amabile, da Harvard Business School, chama isso de princípio do progresso: até mesmo progressos triviais nos deixam mais felizes e engajados com nosso emprego. (Mas lembre-se de que pequenos objetivos estão conectados com um propósito maior, e perder isso de vista diminui a motivação.)
- **Faça perguntas abertas.** Os colaboradores da IDEO começam brainstorms com: "Como poderíamos…?" "Como" pede uma descrição dos funcionários; "poderíamos" sugere que há boas respostas, mas não uma única correta, e sinaliza inclusão e trabalho em equipe.
- **Se for gerente, fique algumas horas no escritório.** Essas horas são uma oportunidade para seus subordinados lhe fazerem perguntas. Em vez de monitorá-los constantemente, dê a eles a chance de resolver problemas e buscar ajuda quando precisarem.

Você não vê sentido em seu trabalho

"Não é que eu seja preguiçoso", explica Peter no filme *Como Enlouquecer Seu Chefe*. "É que eu só não me importo." É difícil nos motivar a fazer alguma coisa quando parece não ter sentido. Pergunte ao economista comportamental Dan Ariely, que pediu a participantes de uma pesquisa que montassem brinquedos com LEGO. Ariely guardava os brinquedos de um grupo e desmanchava os do outro bem na frente deles. Os participantes do primeiro grupo fizeram em média 11 brinquedos. O segundo grupo parou depois de apenas 7. "As pessoas querem sentir que estão contribuindo", observou Ariely. "Elas querem ter um senso de propósito, de que o trabalho em si tem um impacto."

A MÁQUINA QUE NÃO PODIA FICAR NO PLANO

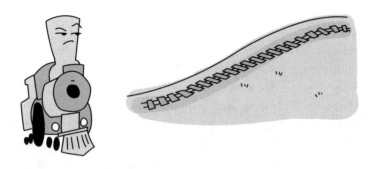

"Eu ficava perplexa quando lia sobre pessoas que gostavam tanto do que faziam a ponto de não haver nada mais que prefeririam fazer", escreve o capitalista de risco Paul Graham. "A questão é, quase qualquer pessoa preferiria, em algum momento, velejar pelo Caribe, ou fazer sexo, ou comer alguma coisa deliciosa, em vez de trabalhar em problemas difíceis." Um emprego nem sempre estará perfeitamente alinhado ao que amamos, mas há maneiras de tornar nossas tarefas menos preferidas mais toleráveis se nos lembrarmos das pessoas atingidas pelo nosso trabalho. Em uma pesquisa com mais de 2 milhões de pessoas, assistentes sociais, cirurgiões e membros do clero foram os que mais achavam significado na função, apesar de não serem associados com momentos felizes frequentes.

Com que frequência se lembra de quem você está ajudando ao enviar um e-mail tedioso ou limpar dados? Entender o impacto de nosso trabalho nos deixa mais produtivos — e nos ajuda a passar por dias especialmente difíceis. Até mesmo breves interações com as pessoas que se beneficiam de nosso serviço fazem uma grande diferença. (O Google os chama de "momentos mágicos".) O professor Adam Grant, da Warthon School, reuniu os trabalhadores do call center de angariação de fundos para bolsas de estudo da universidade com alguns bolsistas. Embora o encontro tenha durado apenas cinco minutos, os trabalhadores viram o quanto os esforços deles haviam mudado a vida dos bolsistas. Um mês depois, os telefonistas que conversaram com os alunos angariaram duas vezes mais do que os que não tiveram essa conversa.

LIZ: Minha história do "momento mágico" preferida é a de Maurice Sendak, que escreveu e ilustrou *Onde Vivem os Monstros*. Um dia, o autor recebeu uma carta com um desenho charmoso de um menino chamado Jim. Sendak então desenhou um monstro em um cartão e enviou ao garoto. Algumas semanas depois, recebeu uma carta da mãe de Jim que dizia: "Jim amou tanto sua carta que a comeu." "Esse foi um dos melhores elogios que recebi", recorda o escritor. "Ele viu, amou, comeu."

PARECE QUE AQUELE ALI É ADEPTO DO JOB CRAFTING

Como não há regras absolutas, nossa mentalidade é importante — muito importante. Se seu objetivo é se inspirar, mudar a maneira como enxerga seu trabalho pode ressignificá-lo. A professora da Yale Amy Wrzesniewski descobriu que é possível ativamente fazer com que seu emprego siga na direção do que você gosta por meio de um processo chamado job crafting. Há baristas que veem a entrega de um latte pela manhã como a iluminação do dia de alguém e designers gráficos que sentem que seus cartões possibilitaram tantos aniversários felizes que perderam a conta. Esses são exemplos de job crafting. Paquita Williams, condutora do sistema de metrô de Nova York, vê a si mesma como cuidadora de seus passageiros. Quando uma queda de energia parou o trem de Williams, ela andou pelos vagões contando piadas para que os passageiros se sentissem melhor.

Como encontrar as partes de seu trabalho que poderiam ser mais significativas:

- **Siga a diversão.** "Meu principal foco na vida é estar rodeado de pessoas interessantes e divertidas, e deixar meu ambiente o mais animado possível", escreve Joi Ito, diretor do MIT Media Lab. Anote os momentos que lhe trazem leveza, para ajudá-lo a descobrir as partes de seu trabalho que acha mais significativas.

- **Converse com seu gerente sobre como conseguir mais trabalhos atraentes.** Depois de um longo período sentindo-se entediada em um emprego, Kate Earle, ex-chefe da Quiet Revolution, decidiu pedir demissão. Kate nos disse que nunca passou por sua cabeça pedir serviços mais interessantes para seu chefe. Pensando nisso, ter uma conversa franca sobre seu papel e suas responsabilidades poderiam tê-la ajudado a curtir mais a função.

- **Ligue seu trabalho a um propósito envolvente.** Quando perguntaram para um funcionário da SpaceX que trabalhava no chão de fábrica

"Qual é o seu trabalho?", a resposta foi: "A missão da SpaceX é colonizar Marte. Para isso, precisamos construir foguetes reutilizáveis porque, caso contrário, será impossível para os humanos viajar para Marte. Meu trabalho é ajudar a arquitetar o sistema de direção que permita que nossos foguetes pousem de volta na Terra. Você saberá se fui bem-sucedido se nossos foguetes pousarem na nossa plataforma no Atlântico depois do lançamento." Ele poderia simplesmente ter dito: "Monto partes de peças."

- **Invista em relações positivas.** Os relacionamentos podem ajudar a aumentar o senso de significado, então se ofereça para ser mentor de um colega mais jovem ou recém-chegado, ou planeje um evento que ajude as pessoas a se conhecer.

Você parou de ver o trabalho como um lugar de aprendizado

LIZ: No dia em que pedi demissão de meu emprego de consultora de economia, fui até a Starbucks aonde ia todas as tardes e me candidatei para a vaga de barista. Queria alguma forma de renda enquanto pensava no que fazer em seguida, mas não esperava aprender muito além de como fazer um cappuccino.

Mas estava errada, pois aprendi que cada aspecto de uma cafeteria Starbucks é pensado. A música e a iluminação mudam dependendo da hora do dia. As comidas são dispostas seguindo regras rígidas. As mesas são redondas para garantir que quem estiver sozinho não se sinta solitário (não há lugares obviamente vazios em uma mesa redonda). De repente, tinha muitas perguntas: qual bebida tem a maior margem de lucro?(O Frappuccino, porque é basicamente gelo.) Por que os baristas não podem usar colônia ou perfume? (O café absorve o odor; também foi por isso que a Starbucks, no fim dos anos 1980, muito antes de qualquer outro estabelecimento, baniu o cigarro.) Qual é o item mais popular no menu secreto? (A bebida de Nutella: espresso, leite vaporizado, xarope de chocolate e calda de caramelo.)

> Trabalhar na Starbucks despertou meu interesse pelo design e me motivou a aprender como usar o Photoshop e o Illustrator. Os clientes gastam muito com café! Mas, mais do que isso, eles amam a marca.

Se está desmotivado em seu emprego, é hora de uma dura verdade: você provavelmente deixou de querer aprender.

> **MOLLIE:** Uma ex-colega começava em um emprego em um novo setor todo ano, durante sete anos. Logo que começou, ela queria sair do emprego no qual trabalhávamos juntas. Quando perguntei o que estava buscando, ela disse que queria um emprego que combinasse todas as paixões dela. Também admitiu que se entediava com facilidade. Percebi que ela não via o emprego como uma oportunidade para aprender algo novo. Se você cultiva a curiosidade e mantém a mente aberta, pode encontrar algo que desperte interesse em qualquer emprego.

"Só existe uma maneira de aprender", escreve Paulo Coelho em *O Alquimista*. "É através da ação." Aprenda algo novo sobre sua empresa, os produtos ou seus colegas. Se precisa de um susto para agir, sem problemas: avanços tecnológicos precisam de aprendizado contínuo.

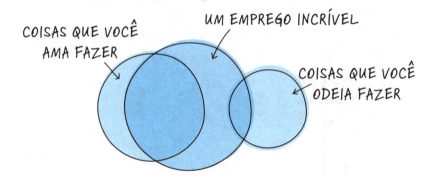

O Fórum Econômico Mundial prevê que mais da metade das crianças trabalhará em empregos que ainda não existem. Até mesmo o engenheiro mais talentoso precisará um dia codificar em uma linguagem que ainda não foi escrita. No ambiente profissional de hoje, continuar a aprender não é uma opção, é uma necessidade. O autor Seth Godin explica: "A oportunidade de crescer depende amplamente de você, do que você escolhe absorver e com quem você escolhe aprender."

> ### Tédio
>
> Em 2016, Frédéric Desnard tentou processar seu antigo empregador por lhe dar tão pouco para fazer que seu tédio desencadeou depressão. Embora o tribunal não tenha aceitado o caso, a reclamação de Desnard não é tão louca para quem já contou os minutos para sair do escritório. Quando tem de escolher entre não fazer nada ou receber choques doloridos, uma pessoa comum se dá choque 5 vezes. Um homem estava tão desesperado para não ficar sozinho com seus pensamentos que ele se deu quase 200 choques.

A PERSISTÊNCIA DO TEMPO DE DALI

> Mas o tédio pode nos motivar por sinalizar que talvez existam atividades mais interessantes. Breves períodos de tédio podem ajudar nossa mente vagante a tocar nossas memórias e começar a conectar ideias. Quando as pessoas entram em um scanner de ressonância magnética e esperam por uma tarefa, o cérebro mostra um aumento da atividade em regiões associadas com a memória e a imaginação. Warren Buffett e Bill Gates são famosos por marcar um horário para simplesmente pensar. Então, da próxima vez que estiver entediado, veja para onde sua mente o leva!

Aprender por meio da atividade é a melhor maneira de descobrir um trabalho que ache significativo. O conselho de "seguir sua paixão" presume que você *saiba* qual é sua paixão (e que pode facilmente ganhar dinheiro com ela). Escolher o que ama sem trabalhar é como tentar escolher um cônjuge com base em seu perfil no Tinder. "'Sempre produzindo' descobrirá que sua vida é como a água, que, com a ajuda da gravidade, encontra o buraco em seu telhado", escreveu Paul Graham.

Se está sentindo-se ansioso, aprender algo novo pode ser um modo mais eficaz de combater o estresse do que simplesmente relaxar. Niki Lustig, presidente do Learning and Development na GitHub, recebeu o seguinte e-mail de um empregado que se matriculou em uma aula de desenvolvimento pessoal usando o benefício de aprendizado e desenvolvimento oferecido pela empresa: "Usando o que tinha aprendido no curso, escrevi um script que simplificará um processo terrivelmente complicado... nem consigo contar para você como foi incrível ver... como vai ajudar a equipe à medida que continua crescendo." E parece que a excelência é um motivador maior até mesmo do que o dinheiro. Jogadores de beisebol com frequência aceitam receber menos para estar em uma equipe vencedora.

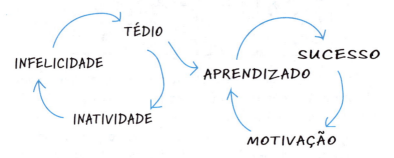

Se quer se importar mais com alguma coisa, dedique seu tempo e esforço a ela. Isso é chamado de efeito IKEA: quem monta móveis da IKEA está disposto a pagar mais pelo móvel montado por eles mesmos do que por móveis idênticos já montados. Eles valorizam mais os produtos que construíram, porque se lembram de sua competência. Além disso, elogios acerca de nosso desempenho nos fazem bem, o que nos motiva a melhorar. Trabalhadores de um banco de investimentos que receberam encorajamento significativo tiveram um desempenho melhor do que os colegas.

Finalmente, delete de sua memória o ditado "cachorro velho não aprende truque novo". Nunca é tarde para começar a aprender habilidades novas. A renomada chef Julia Child começou a fazer aulas de culinária com 30 e poucos anos — uma de suas primeiras tentativas de preparar uma refeição acabou com um pato explodindo — e publicou seu primeiro livro somente aos 51 anos. Veja sua habilidade como algo que sempre pode ser mais bem explorada. Pesquisas mostram que, se enxergamos nosso talento como fixo ("Não sou uma pessoa dos números" ou "Não sou criativo"), seremos facilmente desencorajados por nossos erros e menos motivados a fazer um esforço. Se víssemos como algo que podemos desenvolver, olharíamos para os desafios como oportunidades e tentaríamos resolver problemas difíceis com mais vontade, o que resultaria em um desempenho melhor.

COMO É APRENDER UMA NOVA HABILIDADE

> ### Decidindo o que Aprender
>
> Com muita frequência, quando não sabemos o que fazer, não fazemos nada. Há tantas opções para aprender que podemos nos sentir embasbacados. Deveria começar com as lacunas no conhecimento de escritório e aprender Python ou como criar um site? Deveria planejar o futuro e aprender mandarim? Deveria pensar em aprendizado como uma chance de encontrar um mentor e aprender o que quer que ele ensine?
>
> Primeiramente, se seu empregador o ajudará a pagar pelas aulas, tire proveito disso. Você pode usar seu orçamento de educação para ir a conferências, pagar por uma pós-graduação ou (se a política de sua organização permitir) começar um hobby secundário.

Mas a melhor maneira de decidir o que aprender é dar um passo atrás e entender o porquê de você querer aprender. O que deseja conquistar?

- Ficar em seu setor/carreira atual, mas melhorar sua posição ou habilidades:
    - Faça aulas à noite relacionadas ao cargo que você almeja.
- Mudar de setor/carreira:
    - Vá para a pós-graduação.
- Expandir seu network:
    - Participe de encontros e workshops locais.
- Atualizar-se com relação a novos desenvolvimentos em seu ramo:
    - Marque clubes do livro e almoço de aprendizado em seu escritório.
    - Participe de conferências.
- Dominar seu emprego atual:
    - Encontre um mentor.

Como usar suas emoções para conseguir aprender:

- **Troque habilidades.** Agende um tempo com um colega ou amigo para aprender algo novo um com o outro. Por exemplo, Liz uma vez ajudou um colega a aprender como usar o Adobe Illustrator, e ele lhe deu dicas ótimas sobre e-mail marketing.
- **Cuide-se.** Há evidências de que alunos que são ansiosos ou deprimidos não aprendem. Se sentir que o estresse ou o tédio transformaram seu cérebro em meleca, teste algumas de nossas recomendações no capítulo anterior.

- **Procure por novas oportunidades internas.** Um programa da Southwest Airlines chamado "Dias no Setor" permite que os funcionários passem um dia no departamento de sua escolha. Essa experiência dá a eles uma ideia melhor de em que área gostariam de seguir carreira.

- **Comece um projeto secundário.** Projetos secundários são uma ótima maneira de utilizar músculos diferentes daqueles usados em seu trabalho e pode ser uma das maneiras mais gratificantes de aprender uma nova habilidade. Quando Liz queria aprender a programar, decidiu criar um site pessoal do zero. Um projeto secundário também é exclusivamente seu — você não fará isso para mais ninguém, então terá autonomia total.

Você não gosta de trabalhar com seus colegas

Escolha, significado e oportunidades para o aprendizado deixam o trabalho mais agradável. Mas, nas manhãs chuvosas de sexta-feira, quando dormimos pouco e estamos irritados com nosso gerente, pesquisas sugerem que nossa verdadeira motivação não é o quê, mas quem. As pessoas que têm amigos no trabalho sentem mais satisfação e são menos afetadas pelo estresse. "A motivação advém de trabalhar naquilo com o que nos importamos", observa Sheryl Sandberg. "Mas também de trabalhar com pessoas com as quais nos importamos."

Nem todos os amigos do trabalho satisfazem a mesma necessidade. Falaremos sobre três tipos: o confidente, o inspirador e a nêmesis. Entender como e por que você se relaciona com essas pessoas o ajudará a comprometer recursos mentais apropriados para desenvolver relacionamentos no ambiente profissional que podem rapidamente propulsionar sua motivação.

O confidente

Este é o amigo do trabalho que se solidarizará quando você tiver uma conversa difícil com seu chefe, levará você para o banheiro quando estiver prestes a chorar e dará um feedback honesto quando você mais precisar. Os confidentes nos fazem sentir que podemos conquistar o mundo (ou pelo menos fazer uma apresentação e finalmente pedir um aumento). E podem até ser a chave para uma força de trabalho mais igualitária: mulheres na Índia que iam para sessões de treinamento de trabalho com uma amiga eram mais bem-sucedidas do que as que iam sozinhas.

MARCOS DA AMIZADE CONFIDENTE

TROCAR E-MAILS NÃO RELACIONADOS AO TRABALHO

PRIMEIRO ALMOÇO COMPARTILHADO

ESPERAR PELA PESSOA PARA IREM EMBORA JUNTOS

DAR COBERTURA UM PARA O OUTRO

REVELAR SEUS CRUSHES DO TRABALHO

PRIMEIRO HAPPY HOUR JUNTOS

PRIMEIRO FIM DE SEMANA

CONSEGUIR UM NOVO EMPREGO E CONTRATAR A OUTRA PESSOA

Mas estamos cada vez menos propensos a ter um confidente no trabalho. Em 1985, metade dos norte-americanos disse ter um amigo próximo no emprego, mas em 2004 esse número tinha caído para um terço. Como tendemos a mudar de trabalho com mais frequência, pode ser que não invistamos tanto em relacionamentos no ambiente profissional. "Vemos nossos colegas como laços transitórios, cumprimentamos eles com civilidade, mas reservamos a camaradagem para fora do emprego", explica Adam Grant. Para desenvolver um confidente, comece a criar confiança e compartilhar histórias com um colega que esteja próximo de você. (Em escritórios com uma competição mais acirrada, pode ser que não encontre um confidente. Nesse caso, terá de contar com o apoio de sua rede de fora do trabalho.) Ou inicie um encontro: as pessoas que oferecem apoio social para outras — organizando um evento no emprego ou convidando colegas para ir almoçar — têm dez vezes mais chance de se sentir engajadas no serviço do que as pessoas reservadas.

O inspirador

O inspirador é seu crush platônico da empresa: você não quer estar *com* ele, quer *ser* ele. Essa pessoa pode ser um colega que você admira profundamente ou um mentor formal. Os mentores ajudam a melhorar a satisfação no emprego, nos ensinam como ser líderes eficientes e nos direcionam para estratégias corretas para a carreira. "Eles criarão um ramo para você. Ensinarão como encontrar material de qualidade nesse ramo", diz o economista e autor Tyler Cowen. Você pode e deveria ter muitos mentores ao longo de sua carreira.

LIZ: Enviei um e-mail para uma colega que admiro profundamente quando estava me sentindo especialmente para baixo e não tinha certeza se deveria trabalhar como consultora autônoma. Ainda releio a resposta dela quando quero me sentir motivada: "A pior coisa que fazemos é sair dos moldes e depois usar outra

> pessoa para julgar nossa própria vida todos os dias. Se vai criar seu próprio caminho, faça sem julgamento. Querer algo para si que se origina de você é uma coisa muito bonita."

A nêmesis

Tendemos a escolher amigos que são parecidos conosco — principalmente no trabalho. Mas quanto mais parecidos com alguém, mais nos compararemos com ele. A nêmesis é tanto nosso amigo quanto nossa referência na organização. Não se culpe por sentir uma pontinha de inveja ocasionalmente! As nêmesis sozinhas são quase metade dos membros importantes de nosso network.

Embora os relacionamentos com nêmesis estejam atrelados a maior estresse, também nos motivam a trabalhar mais. Em um estudo com consultores, os que tinham uma nêmesis faziam mais esforço para serem bem-sucedidos e criarem network. Leve em conta o lado positivo da relação de amor e ódio ao ter um parceiro para um projeto importante; você tentará se provar com mais afinco e pode ser que ganhe uma amizade real.

• • • • •

Até mesmo as melhores amizades no trabalho têm um lado negativo. Às vezes, ser próximo de nossos colegas pode nos deixar emocionalmente exaustos. É preciso esforço para gerenciar relacionamentos com os quais nos importamos enquanto os criticamos ou corremos para cumprir prazos. Converse com qualquer um que tenha trabalhado em uma startup na qual os colaboradores se descrevem como uma família e inevitavelmente ouvirá o quanto pode ser cansativo. E para cada amizade há também alguém de fora. "Geralmente, apenas consideramos o impacto desses relacionamentos da perspectiva das pessoas dentro da amizade — por exemplo: 'É bom? Eu me sinto conectado? Quero ir para o trabalho?' Mas talvez algo que seja ótimo para os amigos pode ser bem difícil emocionalmente para quem está de fora, o que pode ter efeitos negativos ao longo da organização", explica Julianna Pillemer, candidata a Ph.D. na Wharton School. Quanto mais próximos os dois colegas, mais excluídos os outros podem se sentir, mesmo que os amigos não estejam ativamente excluindo outras pessoas. Quando Mollie começou a trabalhar em um antigo emprego, parecia que as panelinhas já estavam todas formadas. Mollie se sentia intimidada e esquisita. Essa dinâmica pode impedir o compartilhamento de informações. Procuramos ajuda em nossos amigos, então, se sentimos que estamos de fora, pode ser que não peçamos ajuda quando precisamos.

Levando Relacionamentos Corporativos da Vida Real para a Internet

Adicionar ou não seu colega de trabalho no Facebook, eis a questão. As pessoas tendem a se dividir em duas categorias ao responder: segmentadores e integradores. Os segmentadores separam a vida pessoal e a profissional ("Gostaria de adicionar você no LinkedIn, mas, por favor, nunca me siga no Instagram"). Os integradores não criam limites entre emprego e casa ("Como ainda não somos amigos no Snapchat?").

Infelizmente para os segmentadores, está ficando cada vez mais difícil manter nossos colegas de fora de nossa vida social sem ferir os sentimentos. Mais de 70% das pessoas gostam da ideia de fazer amizade com os colegas no Facebook, e quase metade acha que é irresponsável ignorar um pedido de amizade de um colega. Estudos mostram também que as pessoas que separam a vida pessoal são vistas negativamente pelos colegas. Desculpe, segmentadores, pode ser que vocês tenham de aceitar o pedido de amizade.

Quando aceitamos nossos colegas nas mídias sociais, rapidamente aprendemos muito (às vezes em excesso). "As mídias sociais criam transparência nas fronteiras — em que é possível ver as atividades e relacionamentos de seus colegas de trabalho fora do contexto do emprego", observa Julianna. Isso pode nos aproximar, porque destacamos conexões ou semelhanças que poderiam aparecer apenas depois de meses de conversas pessoais. ("Nascemos na mesma cidade!") Mas também pode nos deixar ainda mais próximos ("Estudamos na mesma escola!") ou causar ressentimento. Digamos que você tire uma semana de folga para pedalar pelo interior da Itália com seu parceiro. Se postar fotos dos dois brindando com vinho sob o sol da

Toscana e sua equipe estiver no meio de um projeto especialmente estressante, podem ficar chateados com você por estar comendo e bebendo enquanto eles trabalham longas horas.

As mídias sociais também nos deixam mais cientes acerca dos grupos de amizade, o que pode gerar panelinhas. Podemos nem nos dar conta de que dois de nossos colegas são próximos até vê-los bebendo e rindo juntos no Instagram. Então é fácil se sentir excluído ("Por que não fui convidado?") e menos confortável em encontrá-los no dia seguinte.

PERIGOS DAS MÍDIAS SOCIAIS

Como se beneficiar das amizades no trabalho:

- **Aproveite pequenos momentos.** Jane E. Dutton, professora da universidade de Michigan, descobriu que conexões de qualidade não requerem relações profundas ou vulneráveis. Pequenos momentos de conexão cheios de confiança e envolvimento podem ser o início de uma relação significativa.

- **Evite a formação de panelinhas.** A IDEO estrutura todas as equipes com designers de diferentes disciplinas para que cada equipe seja multifuncional. O escritório da IDEO em São Francisco também tem um ritual chamado Hora do Chá, no qual as pessoas são convidadas a fazer um intervalo às 3h da tarde e reunir-se com pessoas com as quais não trabalham diretamente

- **Misture-se em eventos corporativos.** Estudos mostram que eventos corporativos nem sempre são eficazes para ajudar as pessoas a fazer novos amigos. "As pessoas não se misturam muito em encontros e, nas festas da empresa, ficam conectadas com colegas semelhantes", diz Adam Grant. Para aproveitar os eventos corporativos ao máximo, fale com ao menos uma pessoa que você não conheça.

- **Passe tempo casual juntos.** O Google e o Facebook planejam momentos para os empregados jogarem videogames e fazerem refeições juntos. No LinkedIn, os colaboradores conhecem as famílias uns dos outros no Dia da Família no Trabalho.

Para recapitular: a motivação *pode* ser iniciada. Você pode aumentar sua autonomia, encontrar mais significado ou propósitos em seu emprego (ou nas partes de seu emprego que poderiam se tornar mais significativas), ressignificar o trabalho como um local de aprendizado ou fazer mais amigos no trabalho.

Mas, se já fez essas mudanças e ainda tem dificuldades para se levantar pela manhã, temos um conselho: peça demissão. A vida é muito curta para ser desperdiçada com desmotivação por (pelo menos) oito horas por dia.

APRENDIZADOS

1. Para aumentar sua autonomia, inclua pequenas mudanças em sua agenda.
2. Job crafting: responsabilize-se pelas coisas de que você gosta para deixar sua função mais significativa.
3. Adquira novas habilidades. Quanto mais você sabe, mais gostará de seu emprego.
4. Invista em amizades no trabalho para que tenha outro motivo para querer trabalhar.

CAPÍTULO 4

Tomada de Decisões

A emoção é parte da equação:
Por que as boas decisões dependem
da análise de suas emoções

LIZ: Há quatro anos, recebi uma oferta para trabalhar como editora-executiva na Genius, uma empresa (na época iniciante) de mídias musicais. Depois que minha euforia "Alguém me quer!" inicial passou, caí em uma depressão confusa. Aceitar o emprego significaria ter de me mudar para Nova York em menos de duas semanas. Na época, morava em um apartamento alugado em São Francisco, meu crush tinha acabado de me chamar para sair e eu estava razoavelmente contente em meu emprego. Com apenas três dias para considerar a oferta, discuti minhas opções ansiosamente com meus amigos, mentores, motoristas de Uber e quem mais me ouvisse. Como uma verdadeira economista, também tentei modelar vários cenários e abusei da frase "custo de oportunidade". Minha análise exaustiva me levou a concluir exatamente nada. Com base nos indicadores que eu havia escolhido, não havia uma opção claramente melhor.

Mas, ainda assim, tinha de tomar uma decisão. Então, embora contrariasse tudo o que eu tinha aprendido e todo meu passado hiper-racional, prestei atenção nos meus sentimentos. Primeiro visualizei minha vida ininterrupta na Costa Oeste. Senti uma pontinha de arrependimento. Então imaginei o que aconteceria se aceitasse o emprego: os detalhes do meu primeiro dia, como seria minha relação com meus colegas, os abusos que cometeria em Nova York ao comer um pretzel gigante na rua. Meu coração acelerou — me senti empolgada, nervosa e entusiasmada. Decidi aceitar a oferta.

Nos dois anos seguintes, a Genius passou por mudanças drásticas, reorganização e uma crise de identidade. Foi difícil. Nossa equipe trabalhava muito (com frequência, de uma maneira exclusiva). Dormíamos no escritório, trocávamos e-mails com mais de 3 mil palavras sobre como nosso site parecia com os samurais, escolhíamos os melhores marketings por meio de uma competição chamada "Pitch Idol" (inclusive com troféus) e respondíamos a textos cheios de GIF e emoji de usuários do site a todo momento. Por causa de tudo isso, nunca me arrependi de minha decisão.

Embora basear tal mudança de vida em meus sentimentos parecesse irracional, pesquisas científicas (e minha experiência!) indicam que não foi uma estratégia tão idiota, afinal de contas. Como veremos neste capítulo, vários estudos mostram que o melhor julgamento e a melhor resolução de problemas envolvem as emoções. Na verdade, se a emoção é completamente ignorada na equação da tomada de decisão, o resultado pode ser surpreendentemente desastroso.

UMA BIFURCAÇÃO NA ESTRADA

Há uma ciência por trás de ouvir sua intuição. Ao tomar decisões, tendemos a pensar na análise racional como objetiva e na intuitiva como tendenciosa. Mas as emoções têm uma péssima reputação porque não sabemos decodificá-las. É aí que surge a terceira nova regra da emoção no trabalho: *A emoção é parte da equação*. Pode ser que eventualmente você decida ignorar um sentimento, mas deveria reconhecer que ele existe. Em um experimento de laboratório, as pessoas que relataram sentir as emoções mais fortes (boas ou ruins) no momento da decisão fizeram as melhores escolhas de investimento — mesmo que nem tenham seguido a intuição. Em vez disso, consideraram a emoção, pensaram muito em qual poderia ser informativa e regularam o resto. Em outras palavras, prestar atenção a todos seus sentimentos permite que você os controle, e não o contrário.

Quando as pessoas falam sobre a tomada de decisões, tendem a assumir que sentir algo e fazer algo com esses sentimentos é a mesma coisa: que, quando abrimos as comportas, somos levados pela força de nossas emoções.

TIPOS DE DECISÕES

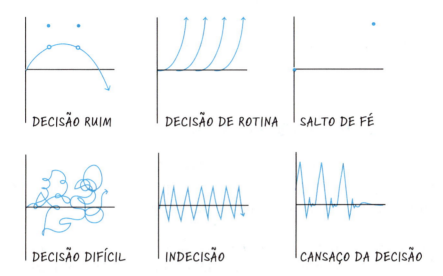

Mas as emoções não são sinais místicos. Elas se baseiam em conhecimento, experiência e processamento rápido de informações (o psicólogo William James descreveu a intuição como "conhecimento sentido"). Já sentiu algo em suas entranhas que não conseguia explicar? Esses sentimentos podem ajudá-lo a diminuir e priorizar suas opções. Digamos que esteja se candidatando a novos empregos. Se o pensamento de trabalhar com marketing o apavora, talvez você devesse eliminar essa opção da lista de possibilidades. E, se fica empolgado ao se imaginar como cientista de dados, este é um sinal igualmente importante sobre quais vagas deveria procurar.

A outra razão para consultar suas emoções ao tomar decisões é porque, bem, já está consultando. É impossível fazer uma escolha puramente lógica. Mesmo uma coisa simples como colocar o cinto de segurança envolve as partes emocionais do cérebro. É fácil

presumir que "coloco o cinto porque quero ter segurança" é uma decisão não emotiva, mas essa escolha surge de um medo razoável de morrer em um acidente.

Neste capítulo falaremos sobre como analisar seus sentimentos, sobre as diferenças entre emoções úteis e inúteis, e sobre uma decisão importante em que você *não* deveria deixar a emoção influenciar. Também discutiremos o modo de tomar a melhor decisão possível com base em suas tendências emotivas individuais.

O QUE GUARDAR E O QUE JOGAR FORA

Nem todos os sentimentos deveriam ter o mesmo peso. Confiar em tudo o que o cérebro joga em você sem olhar por uma luz é perigoso. Psicólogos diferenciam entre emoções *relevantes* e emoções *irrelevantes*.

- *Emoções relevantes estão diretamente ligadas a escolhas que você está fazendo.* Por exemplo, se está tentando decidir se pedirá uma promoção ou não, e a escolha de *não* pedir o enche de arrependimento, esse sentimento é uma emoção relevante. Essas emoções podem ser guias úteis na hora de escolher uma opção ou outra.

- *Emoções irrelevantes não estão relacionadas à decisão, mas gostam de colocar o nariz em nosso raciocínio.* Digamos que a Liz bata o dedinho do pé ou receba uma multa por velocidade. Ela ficará chateada e pode pensar que todas as ideias de seus colegas são ruins.

Uma regra de ouro: guarde as emoções relevantes, jogue fora as irrelevantes. Quando estiver tomando uma decisão, pergunte-se: "Como me sinto?" Nomeie suas emoções e depois as categorize como relevantes ou irrelevantes. Se estiver se sentindo ansioso, pense cuidadosamente se a decisão está deixando você ansioso ou se a ansiedade vem de, digamos, uma apresentação que fará no dia. A habilidade de separar entre essas duas categorias o prepara para ser bem-sucedido na tomada de decisões.

MOLLIE: Há muitas vezes em que tomo decisões com base em como estou me sentindo no momento (cansada, com fome), e não no que penso que sentirei no futuro dependendo da decisão que tomar. Por exemplo, tenho muita dificuldade para me motivar a sair para beber depois do trabalho com meus colegas. Quando sou convidada, sempre quero ir. Mas, ao chegar as 6 horas da tarde, geralmente estou cansada e com fome. Essas emoções irrelevantes me fazem querer ir para casa para (1) jantar (gosto de jantar no horários dos vovozinhos, às 6h30) e (2) ter um tempo sozinha. Mas sei que, se eu sair, me sentirei mais feliz e mais conectada com meus colegas. Tenho de me lembrar de não deixar minhas emoções relevantes (me sentir mais feliz no futuro) serem vítimas das emoções irrelevantes.

Emoções relevantes

Pense nas emoções relevantes como seu sistema de navegação interno. Quando imagina o que aconteceria se escolhesse uma opção e não a outra, essa imagem está marcada com um sentimento negativo e um positivo. Por exemplo, Liz se sentiu empolgada quando pensou em se mudar para Nova York, e esse sinal emocional indicou que poderia ser uma boa escolha.

CONFIGURAÇÕES PARA BOA TOMADA DE DECISÃO

< EMOÇÕES	
INVEJA	ON
ANTECIPAÇÃO	ON
PESSIMISMO E FATALIDADE	OFF
EUFORIA INDUZIDA PELA CAFEÍNA	OFF
FOMO IMENSA	ON

As emoções relevantes são uma moeda comum que nos permite comparar opções. Algumas vezes você terá de escolher entre opções que não podem ser comparadas muito bem (por exemplo, deveria fazer direito ou me tornar instrutor de ioga?). Nessas situações, a sensação de cada escolha ajuda quando sua lista de prós e contras não dá conta.

As emoções relevantes também tendem a durar mais do que as irrelevantes, então, se ainda sente a mesma coisa algumas horas ou dias depois, é um bom indício de que é uma emoção relevante. Veja algumas emoções relevantes e como analisá-las (algumas emoções podem ser relevantes *e* irrelevantes, mas as listadas aqui são comumente ou uma ou outra).

Antecipação

O que está tentando dizer: se uma opção faz com que você se sinta especialmente energizado e animado, pode ser um sinal de que deveria considerar mais. Dito isso, comece a perceber se sua antecipação é um bom indicador ou não. O psicólogo Daniel Kahneman recomenda ter um diário das emoções. Quando tiver de fazer uma escolha, escreva nele exatamente o que espera que aconteça e o porquê de esse cenário animá-lo. Isso ajudará a avaliar se sua antecipação foi certeira — e dará um feedback sobre como tratar suas emoções ao tomar decisões no futuro.

Ansiedade

O que está tentando dizer: uma boa notícia sobre a ansiedade: você ficará mais ansioso quando tiver de escolher entre opções. Os psicólogos chamam isso de paradoxo ganha-ganha (neurocientistas se referem a isso como "correlatos neurais de problemas do primeiro mundo"). Não estamos tentando depreciar seu estresse, mas esperamos que isso o ajude a olhar o lado positivo.

Para explorar a ansiedade de maneira positiva, você deve entender de onde ela parte. "A ansiedade é o medo de mais medo. Está na necessidade de controlar as coisas ao nosso redor para que a realidade se mantenha conhecida e segura", explica o coach executivo Justin Milano. Um bom jeito de diferenciar o medo da ansiedade é que o medo é momentâneo, enquanto a ansiedade geralmente dura dias ou meses.

ONDA DE ANSIEDADE DE HOKUSAI

O primeiro passo é identificar o que você está tentando controlar. Milano sugere se perguntar: "A que expectativa, ideia ou resultado você está apegado? Um investidor específico? Um cliente específico? Um certo tipo de produto?" Assim que os apegos forem descobertos, podemos usar a ansiedade mais produtivamente. "O saudável é reconhecer o apego a determinado resultado, diminuir sua força e usar sua criatividade para encontrar outro caminho com base na realidade", diz Milano. Por exemplo, Mollie costumava ficar ansiosa para deixar os clientes felizes, mas aprendeu que o desejo que gerava a ansiedade era sentir-se útil. Agora proativamente pergunta a seus cliente: "Como posso ser mais útil?"

Milano desenvolveu um exercício de cinco perguntas para ajudá-lo a descobrir o que as ansiedades estão falando e aprender como torná-las produtivas:

1. Qual é a ansiedade?
2. Onde você a sente em seu corpo?
3. Que desejo está sendo espelhado? Qual é o desejo por trás da ansiedade?

4. Ao descobrir o desejo, escolhe agir?
5. Se sim, quais são os passos de sua criatividade em ação?

Esse exercício auxiliará você a parar de reagir com base no medo e começar a reagir para solucionar os problemas de forma criativa.

Arrependimento

O que está tentando dizer: tente escolher a opção que minimizará o arrependimento. Os psicólogos Daniel Kahneman e Amos Tversky descobriram que, de todas as emoções, a que as pessoas mais tentam evitar é o arrependimento. "Quando as pessoas perguntavam a Amos como ele tomava as grandes decisões de sua vida, frequentemente respondia que sua estratégia era imaginar do que ele se arrependeria, e escolhia a opção que lhe parecia causar menos arrependimento", escreve Michael Lewis no livro O Projeto Desfazer. "Danny, por outro lado, personificava o arrependimento. Danny resistiria a uma mudança em suas reservas de passagens aéreas, mesmo que facilitasse sua vida, porque ficava pensando em como se arrependeria se essa mudança acabasse em desastre."

MOLLIE: Uso muito essa tática para tomar decisões. Antes de fazer minha pós, eu me perguntava: "Em dez anos, eu me arrependerei mais se não tiver feito uma pós ou se tiver feito?" Também ajuda com relacionamentos. Já perguntei para algumas amigas: "Daqui a um ano, você se arrependerá mais se ainda estiver com esse cara ou se tiver terminado com ele?" Funciona porque nos força a tentar imaginar onde estaremos no futuro e, em nossa visualização, procurar: estarei usando meu diploma da pós? Esse cara ainda me fará feliz?

Embora tendamos a ser levados pelo status quo, pesquisas mostram que mudanças podem nos fazer mais felizes. Em um experimento, o autor de Freakonomics, Steven Levitt, convidou pessoas que estavam frente a uma decisão importantíssima (como pedir demissão ou terminar um relacionamento) a jogar uma moeda para determinar o destino. Cara significaria mudar. Coroa significaria continuar com o *status quo*. Seis meses depois do cara ou coroa, quem tinha ficado com cara — tinha feito a mudança — estava mais feliz. "As pessoas costumam ser extremamente cautelosas frente a escolhas que mudam suas vidas", escreve Levitt.

Inveja

O que está tentando dizer: "Quando inveja alguém, percebe que essa pessoa tem algo que você gostaria de ter", disse Gretchen Rubin, autora de *Projeto Felicidade*. "Quando estava pensando na possibilidade de deixar o direito para começar a escrever, percebi que, quando lia sobre ex-alunos que tinham uma grande carreira em direito na revista da universidade, eu sentia um pouco de interesse; quando lia sobre pessoas com grandes carreiras de escritores, eu morria de inveja."

O QUE SIGNIFICA EU MORRER DE INVEJA DO MEU GATO?

A inveja revela seus valores — se for honesto consigo mesmo. A maioria de nós tem vergonha quando sente inveja, por vezes porque isso significa que a outra pessoa é melhor do que nós em algum aspecto. Como a pesquisadora Tanya Menon aponta, é necessário ter coragem para dizer: "Tenho inveja da Jane porque, perto dela, sou completamente inadequada ao trabalho." Da próxima vez que cobiçar o que outra pessoa tem, não tente de tudo para se convencer de que não sente nada. Admitir sua inveja pode ser um sinal de que você precisa melhorar ou mudar.

Emoções Irrelevantes

Nunca fazemos escolhas em um vácuo emocional. Até mesmo algo tão pequeno quanto encontrar uma moeda em uma fotocopiadora pode afetar nosso estado de espírito e nossas decisões. Mas, quando nos damos conta de que nossos sentimentos não têm relação com uma decisão, podemos rapidamente descontá-los. A maneira mais simples de evitar que as emoções irrelevantes fiquem tomando conta de sua vida é dar um tempo antes de tomar decisões. Pense nisso como evitar visitas indesejadas.

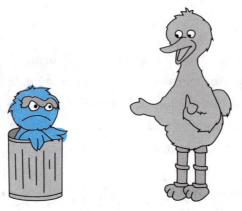

CERTO, ANTES DE RESPONDER, PERGUNTE A SI MESMO SE SER RABUGENTO É RELEVANTE OU IRRELEVANTE

Entusiasmo

Como afeta você: o entusiasmo o deixa extremamente otimista e impulsivo. Pessoas entusiasmadas pensam que têm menos probabilidade de ficar doentes do que outras e tendem a gastar mais (por isso os cassinos estão cheios de barulhos altos e luzes brilhantes, para induzir o entusiasmo). Elas também pensam menos, estão mais suscetíveis aos vieses e se lembram mais de informações que correspondem melhor ao estado de espírito animado. Por exemplo, se está animado porque acabou de receber um grande bônus e se senta para avaliar um colega, você se lembrará dos momentos mais felizes com ele.

Como combater: o entusiasmo e a ansiedade são dois lados da mesma moeda. A melhor maneira de gerenciá-los é encontrar maneiras de acalmar seu corpo. Inspire pelo nariz (não pela boca) para regular melhor as emoções, dê uma caminhada ou faça uma corrida.

Tristeza

Como afeta você: quando estamos tristes, vemos o copo meio vazio. Depressões emocionais nos fazem superestimar as chances de algo ruim acontecer conosco. Esperamos menos de nós mesmos e estamos mais propensos a escolher a opção que favoreça o agora, e não o amanhã. Mas se sentir triste também pode nos fazer pensar cuidadosamente acerca de uma decisão. E é útil — até certo ponto. A tristeza nos predispõe à ruminação, o que pode nos deixar atolados em um loop infinito de análises que nos impede de escolher uma opção e nos sentir bem com isso.

Como combater: a gratidão tem o efeito oposto da tristeza. Se não consegue simplesmente deixar sua tristeza de lado, liste três coisas pelas quais é grato. Para realmente melhorar seu humor, escreva e entregue pessoalmente uma carta de agradecimento a alguém que você nunca agradeceu pela bondade. Se comparado com outras intervenções da felicidade, esse simples ato proporciona o maior e mais duradouro sentimento de felicidade, com benefícios que duram mais de um mês.

Raiva

Como afeta você: a raiva nos deixa de pavio curto. Fazemos escolhas que não sabemos se darão certo, contamos mais com estereótipos e ficamos menos abertos para ouvir conselhos. E, se você for Warren Buffett, sua raiva custará US$100 bilhões. Em 1964, a Berkshire Hathaway era uma fábrica de têxteis em dificuldades. Buffett, um investidor já bastante rico, sabia que a empresa estava em apuros, mas, ainda assim, achou que suas ações estavam abaixo do que valiam. Ele comprou a Berkshire esperando revender sua cota em breve para o então CEO Seabury Stanton e obter um lucro. Mas quando Stanton ofereceu a ele menos do que a quantia com a qual havia concordado de início, Buffett ficou furioso. Em vez de aceitar um lucro um pouco menor, lançou uma campanha de incorporação durante um ano, comprando mais e mais ações até que ele tivesse o direito de demitir Stanton. Por causa dessa "decisão monumentalmente estúpida", Buffett passou as próximas duas décadas colocando dinheiro na empresa têxtil em decadência — antes de desistir. Se tivesse gastado esse dinheiro em um investimento melhor, a Berkshire Hathaway poderia valer US$100 bilhões mais do que vale hoje.

Como combater: acalme-se e respire, para impedir que tome uma decisão precipitada. E não dê de ombros para conselhos. Pesquisadores pediram que algumas pessoas assistissem a um de dois vídeos antes de pedir que elas realizassem uma tarefa de estimativa mental: um documentário calmante da *National Geographic* que mostrava peixes na Grande Barreira de Corais e um clipe indutor de raiva do filme *Cuidado com Meu Guarda-costas* que mostrava um jovem sofrendo bullying. Quem assistiu ao primeiro aceitou dicas úteis para ajudá-los a responder, enquanto quem assistiu ao segundo não confiou nos conselhos; três quartos de quem assistiu ao clipe ignoraram dicas úteis — o que fez com que fizessem escolhas piores.

Estresse

Como afeta você: o estresse parece afetar o comportamento de tomada de decisões de maneira diferente em homens e mulheres. Enquanto homens fazem escolhas mais arriscadas durante o estresse, as mulheres tendem a escolher a opção de baixo risco.

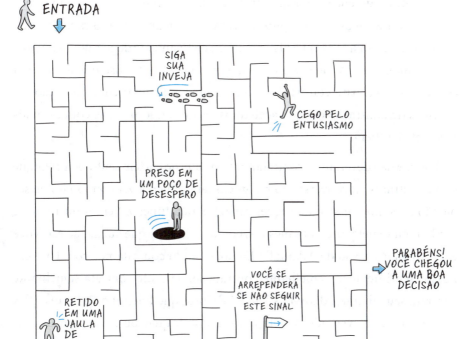

Como combater: sem movimentos súbitos! "Quando está estressado", escreve a psicóloga Therese Huston, "você geralmente quer ir rapidamente de 'O que farei?' para 'Ao menos estou fazendo alguma coisa'". As diferenças de gênero também mostram os benefícios de equipes diversas. A pesquisadora Nichole Lighthall explica: "Pode ser melhor ter mais diversidade de gênero em decisões importantes, porque homens e mulheres oferecem perspectivas diferentes. Ter mais cautela e pensar para tomar uma decisão serão frequentemente a escolha correta."

CONTRATANDO

Um grande porém em nossa regra "emoção é parte da equação": você *nunca* deve confiar em sua intuição quando estiver contratando. Agora as emoções têm muito mais do que um papel no processo de contratação. Mais de três quartos das pessoas envolvidas nesse processo em escritórios de advocacia e em empresas financeiras e de consultoria admitem basear as decisões na intuição ("é como um encontro romântico", explicou um banqueiro, como se um encontro nunca fosse uma bagunça). Também julgamos muito rapidamente: estudos mostram que as entrevistas acabam efetivamente depois dos primeiros dez segundos. Assim que os entrevistadores fazem a análise inicial, usam a conversa apenas para confirmá-la. O problema em contar com a emoção em decisões de contratação é que acabamos contratando pessoas com as quais nos sentimos bem.

Por que não deveríamos contratar pessoas que nos fazem sentir bem? Porque o que sentimos ao conversar com alguém tem pouco a ver com o fato de ser ou não a melhor pessoa (ou sequer capaz) para a função. Vemos quem nos é familiar ou semelhante a nós mesmos como melhor do que quem não é. ("Você é de Atlanta? *Eu* sou de Atlanta!") Então, quando contratamos com base em nossos sentimentos, "semelhante contrata semelhante contrata semelhante contrata semelhante", disse-nos Patty McCord, que liderou o RH na Netflix por 14 anos. E, na verdade, o melhor indicador de quão positivamente os candidatos serão percebidos é o quanto são parecidos com o entrevistador. Nesta seção, veremos o porquê de seguir nossos sentimentos ao contratar nos leva a decisões ruins e como contratar com base nas habilidades.

COMO VOCÊ TEM:

UM CÉREBRO HUMANO AFETADO POR VIESES

PROVAVELMENTE GOSTARÁ:

DESTE CARA, QUE SE PARECE COM VOCÊ!   DESTE CARA, QUE CRESCEU PERTO DE VOCÊ!   DESTA MULHER, QUE TAMBÉM AMA RÁDIO!   DESTE CARA, QUE CONTOU UMA PIADA ENGRAÇADA!

ADICIONAR AO CARRINHO   ADICIONAR AO CARRINHO   ADICIONAR AO CARRINHO   ADICIONAR AO CARRINHO

Não é nenhuma novidade que temos preconceito contra certos grupos que causam discriminação não intencional e implícita. As mulheres sofrem mais para entrar em ambientes que reforçam estereótipos masculinos, enquanto os homens geralmente não se candidatarão a papéis que reforçam estereótipos femininos. (Um anúncio de emprego tentou combater isso com o slogan: "Você é homem o suficiente para ser enfermeiro?") Mulheres negras e latinas podem enfrentar ainda mais dificuldades. Mulheres negras sentem mais pressão para provar seu valor continuamente, e as latinas que agem assertivamente correm o risco de serem vistas por seus colegas como "muito emotivas" ou "malucas". O preconceito cria uma profecia: se acha que um candidato não será aprovado — e seus gestos indicam tal expectativa —, você o condena à falha. Empregados que pertencem à minoria e cujos chefes pensam que o desempenho de minorias não é tão bom têm um pior desempenho do que aqueles que trabalham para chefes sem preconceitos. E homens negros, com frequência, se sentem compelidos a trabalhar por mais horas como uma maneira de combater estereótipos de que têm uma ética corporativa pobre.

Infelizmente, desligar a emoção é impossível, e ela terá um papel no processo da entrevista, quer você queira ou não. Ainda assim, há muito que pode ser feito para refrear o preconceito. A melhor maneira é descobrir claramente de quais habilidades sua equipe precisa para ser bem-sucedida e objetivamente testar se um candidato as possui. "Quando você começa definindo o problema, está mais aberto a diferentes maneiras de resolvê-lo", Patty McCord falou para a gente. Avaliações cegas, nas quais a etnia, o gênero ou a experiência de um candidato são escondidas, forçam os avaliadores a observar apenas as habilidades — e frequentemente geram contratações mais diversas. As orquestras reduziram o preconceito de gênero ao pedir para os músicos fazerem uma audição por trás de uma cortina. Depois de implementar um processo de recrutamento às cegas, o *The Daily Show* contratou mais mulheres e minorias.

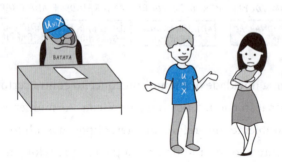

TEMOS DE CONTRATAR ESSE CANDIDATO!

Sempre conduza uma entrevista estruturada: comece escrevendo uma lista de perguntas e crie indicadores para avaliar justamente as respostas. Uma ferramenta interna do Google, qDroid, permite que os entrevistadores selecionem o trabalho e as habilidades que estão procurando, e então recebem perguntas relevantes. Por exemplo: "Me fale de um momento em que seu comportamento teve um impacto positivo na equipe" e "Me conte um momento em que gerenciou uma equipe com eficácia para atingir um objetivo. Como foi sua abordagem?".

Faça as mesmas perguntas para todos os candidatos: se não padronizar o processo de entrevista, não conseguirá comparar as respostas objetivamente.

Pontue cada resposta imediatamente e compare-as horizontalmente. A memória não é confiável, então, depois de uma entrevista, você se lembrará mais vividamente de respostas recentes, emotivas e divertidas. Isso significa que, se esperar até o final da entrevista para pontuar as respostas de um candidato, terá um julgamento ruim. Ao parar para comparar os candidatos, classifique todas as respostas para a primeira pergunta. Depois, todas as respostas para a segunda pergunta, e assim por diante. Isso evita que se concentre em um único candidato por muito tempo, e é aí que o preconceito pode aparecer. Pode ser que se surpreenda: a pessoa que você achava que liderava pode ter dado uma resposta incrível para uma pergunta, mas respostas evasivas para todo o resto.

NA TEORIA

A CONTRATAÇÃO É O MAIS IMPORTANTE, ENTÃO PRIORIZAREI AS ENTREVISTAS

NA REALIDADE

PUTZ! TENHO DE ENTREVISTAR UM CANDIDATO DAQUI A DOIS MINUTOS

Fique com um último conselho sobre o que acontece quando você não tem entrevistas estruturadas. O professor da Yale Jason Dana e seus colegas pediram que dois grupos de estudantes previssem as notas de seus colegas de classe. Um grupo teve acesso somente a notas antigas e listas de cursos atuais, enquanto o outro também pôde conduzir entrevistas. Os alunos que entrevistaram os colegas foram os que desempenharam uma previsão pior sobre as notas futuras. A maioria não percebeu que os entrevistados haviam recebido ordens de dar respostas aleatórias e, por vezes, sem sentido.

Como reduzir decisões tendenciosas no processo de contratação:

- **Prepare-se.** Entenda quais habilidades e atributos você procura em um candidato. Se tiver que entrevistar alguém de última hora (infelizmente, isso acontece muito), peça para o gerente uma cópia da descrição do cargo e algumas perguntas de exemplo.

- **Remova os nomes dos currículos ao olhá-los.** Quando pesquisadores enviaram currículos idênticos para empresas, os que tinham nomes e sobrenomes que pareciam pertencer a pessoas brancas receberam 50% mais de respostas do que os de nomes que soavam afro-americanos, um efeito que não diminuiu desde que o primeiro estudo foi feito, em 1989.

- **Peça amostras do trabalho.** Dê aos candidatos um problema típico que talvez enfrentarão no cargo ou uma questão na qual estejam trabalhando no momento. Então peça para delinearem brevemente que estratégia usariam para resolver tal questão. Amostras do trabalho tendem a ser os melhores indicadores de como alguém desempenhará a função — significativamente melhores do que entrevistas, escolaridade e até experiência — e facilitam a avaliação das habilidades dos candidatos por parte dos entrevistadores.

- **Não tente "quebrar o padrão".** Mesmo a ordem que entrevistamos os candidatos pode afetar nossa percepção de sua competência. Enquanto entrevistadores, tendemos a acreditar que deveria haver um número igual de candidatos fortes e fracos. Se conversamos com cinco candidatos acima da média de uma vez, assumiremos que o sexto terá menos probabilidade de ser bom, apenas para quebrar o padrão.

- **Faça com que os entrevistadores deem uma nota por simpatia a cada candidato.** Quantificar nossos sentimentos pessoais sobre um candidato faz com que seja mais fácil controlá-los.

- **Crie um grupo de decisão de contratação.** Mantenha as avaliações objetivas e insista que as decisões de contratação sejam tomadas em grupo (não um só gerente).

Negociando

Algumas de nossas maiores decisões envolvem salários, promoções e atribuições a projetos. Mas, antes de entrarmos nessas negociações, enfrentamos um cabo de guerra interno. Algumas vezes, esses debates internos são diretos ("Preciso pedir mais um tempo de licença porque meu pai está doente"), mas também podem ser exaustivos ("Deveria me candidatar à promoção? Quem sou eu para pedir alguma coisa?"). Nossos pessimistas internos podem comprometer nossa habilidade de negociar eficazmente — ou nos convencer a não negociar. Você pensa em pedir um aumento e logo em seguida faz uma lista de motivos pelos quais não deveria: a empresa está passando por um momento difícil, seus colegas também trabalham bastante, seu chefe ficará ofendido por você ter pedido. Se não as resolvermos, essas questões internas podem resultar em uma primeira oferta fraca, em que se responda muito rapidamente a contrapropostas e se aceite menos do que seus colegas confiantes. Então, antes de negociar, entre em consenso sobre o que você quer.

Em seguida, entenda seu estilo de negociação — e como seu gênero ou cultura pode ter estruturado. As minorias tendem a pedir menos durante uma negociação de salário, e as mulheres aceitam trabalhar em mais projetos do que seus colegas homens. Se for suscetível a duvidar de si mesmo, imagine que está negociando por alguém que você ama. Em um experimento de laboratório, as mulheres que negociavam por elas mesmas pediam US$7 mil a menos do que os homens. Mas, quando negociavam por uma amiga, exigiam o mesmo que os homens. Talvez possa ser útil ter uma estratégia "se-então": "Se me oferecerem menos do que eu quero, então reapresentarei meus motivos e perguntarei se têm benefícios não baseados em salário."

MOLLIE: Este pode ser o conselho mais lucrativo que daremos: se estiver pedindo mais dinheiro (seja para seu salário inicial em um novo emprego ou um aumento em seu emprego atual), tente esta fala mágica: "Não quero que meu salário seja uma distração para mim enquanto estiver nesse cargo." Usei essa frase para aumentar meu salário inicial em vários empregos. Ao dizer que não quer que seu salário seja uma distração (ou seja, baixo), está ditando um fato que tanto você quanto a outra pessoa acreditam ser verdade. Você tem empatia tanto por si quanto pela outra pessoa. Ela também não quer que você esteja distraído.

CHECKLIST DA TOMADA DE DECISÃO

Os checklists salvam nossas vidas. Depois que pilotos e cirurgiões começaram a usar checklists para não esquecer nenhuma etapa importante, acidentes, taxas de infecção e mortes declinaram. Nesta seção, montamos uma checklist para "gerenciar sua mente". Obviamente não conseguimos mapear uma série perfeita de passos para toda decisão que será enfrentada, mas dar um check nestes passos básicos ajudará você a não cometer erros fáceis de evitar.

Primeiro, para quem tem como ritual noturno relembrar todas as terríveis decisões que tomou, ouça: a vida está cheia de incertezas. Talvez você esteja errado até mesmo com os processos corretos. Pode prever com precisão se uma moeda cairá em cara ou coroa, mas nunca poderá dizer com certeza que *será* cara. Então não seja tão rígido consigo mesmo se as coisas não derem certo.

RISCO DA INDECISÃO

PESQUISAS NO GOOGLE QUE ACHEI QUE AJUDARIAM	O QUE EU DEVERIA FAZER EM VEZ DE ME PREOCUPAR	ARREPENDIMENTOS POSSIVELMENTE PARALISANTES	PESSOAS QUE ME OUVIRAM QUANDO ESTAVA OBCECADA	PIORES HIPÓTESES MAIS GROTESCAS
US$ 200	US$ 200	US$ 200	US$ 200	US$ 200
US$ 400	US$ 400	US$ 400	US$ 400	US$ 400
US$ 600	US$ 600	US$ 600	US$ 600	US$ 600
US$ 800	US$ 800	US$ 800	US$ 800	US$ 800
US$ 1.000	US$ 1.000	US$ 1.000	US$ 1.000	US$ 1.000

☑ **Escreva suas opções.** Se escreveu apenas duas coisas, pense por um momento em se consegue encontrar uma alternativa a mais. As escolhas geralmente não são binárias. Quando limita suas decisões para sim ou não, A ou B, você aumenta muito os riscos. Então, se listou "Continuar no emprego atual" e "Conseguir um emprego novo", pense se não poderia ampliar seu menu adicionando algo como "Continuar no meu emprego atual e pedir uma promoção".

- ✓ **Liste tudo o que está sentindo.** Está irritado? Com medo? Desejando cafeína?
- ✓ **Regule ou contra-ataque cada emoção irrelevante.**
- ✓ **Conecte as emoções relevantes a opções específicas.** Observe se um sentimento está ligado a uma única escolha. Você fica mais entusiasmado quando se imagina escolhendo a opção A? Tem medo de se arrepender se escolher a opção B?
- ✓ **Pergunte o quê, não por quê.** Compare "Por que está com medo?" com "Do que você tem medo?". Você pode facilmente responder à primeira pergunta com uma atitude de autocomiseração ("Porque nunca tento nada novo"), mas a segunda o força a pensar nas emoções específicas com relação à decisão. "As perguntas por quê nos levam em direção a nossas limitações; as o quê nos ajudam a ver nosso potencial. As por quê englobam emoções negativas; as o quê nos deixam curiosos", escreve a psicóloga Tasha Eurich.
- ✓ **Entenda sua tendência de tomada de decisões.** Quais das seguintes opções melhor o descreve?

    1. Você gosta de reunir o máximo possível de informações antes de escolher uma opção. Mesmo que encontre algo dentro de seus requisitos, sente-se compelido a continuar pesquisando. Você quer escolher a melhor opção possível.
    2. Você tem uma ideia geral do que quer, e quando encontra uma opção razoável, a escolhe e segue em frente. "Já está bom", pensa.

Se escolheu a 1, você é um maximizer. Se escolheu a 2, é um satisficer. Os satisficers usualmente ficam mais felizes com as decisões, mesmo que os maximizers acabem escolhendo objetivamente as melhores opções. Por exemplo, os maximizers tendem a encontrar empregos que pagam mais, mas têm menos probabilidade de ficar felizes com suas escolhas, porque ficam pensando se fizeram a escolha certa.

PROCESSO DE UM MAXIMIZER

TOMOU UMA DECISÃO?

SIM → ESTRESSE COM RELAÇÃO À DECISÃO ← NÃO

Maximizers, aqui vão algumas estratégias para ajudá-los a desempacar:

- **Reduza suas opções com um torneio:**
  - Divida suas opções em pilhas iguais (por exemplo, se tem seis opções, faça três pilhas de duas).
  - Escolha a melhor opção de cada pilha.
  - Coloque as vencedoras em uma nova pilha.
  - Escolha a melhor opção da pilha de vencedores.

- **Limite arbitrariamente o número de escolhas que considerará.** Digamos que está escolhendo aonde ir almoçar. Pode falar para si mesmo que pensará em apenas 3 opções, e não 30. "'Bom o suficiente' é quase sempre bom o suficiente", aconselha Barry Schwartz, autor de *O Paradoxo da Escolha*.

- **Não corra para tomar a decisão.** Ficar indeciso entre duas opções não é tão ruim. Quando precisa decidir, a ansiedade ou a indecisão podem ser a forma de seu cérebro desacelerá-lo para que tenha mais tempo de pesar evidências a favor ou contra cada opção.

CARTÕES DE CONDOLÊNCIAS PARA MAXIMIZERS

VOCÊ TEVE DE ESCOLHER ENTRE DUAS COISAS BEM LEGAIS

ASSIM COMO ESTAMOS COM SUA PRÓXIMA MELHOR OPÇÃO

NESTE MOMENTO DE INDECISÃO

✓ **Fale sobre o que pensa com outra pessoa.** Mostre suas opções a um mentor, colega ou amigo. Verbalizar seu processo de pensamento o força a sintetizar as informações que está coletando. A outra pessoa também pode ajudar a identificar os vieses que podem afetar sua tomada de decisão.

ANTES DE TOMAR UMA DECISÃO, MEÇA SUA TEMPERATURA EMOCIONAL

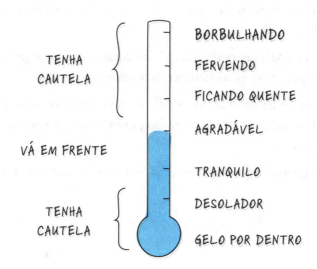

✅ **Tome uma decisão.** Depois de completar os passos anteriores, pode ser que consiga eliminar uma boa quantidade de opções e ter a confiança de que fez a melhor escolha possível. Por sorte, pesquisas mostram que nossa mente trabalha para que fiquemos contentes com a decisão que tomamos — mesmo quando o que acontece é diferente do que esperávamos.

APRENDIZADOS

1. Reconhecer que ouvir seus sentimentos não é o mesmo que agir de acordo com eles.
2. Manter emoções relevantes (as relacionadas à decisão); jogar fora emoções irrelevantes (as que não estão relacionadas à decisão).
3. Não confie na emoção ao decidir se deve contratar um candidato ou não. Use entrevistas estruturadas para reduzir vieses nas decisões de contratação.
4. Antes de uma negociação externa, entre em consenso interno.

CAPÍTULO 5

Equipes

Segurança psicológica em primeiro lugar:
Por que o como é mais importante do que
o quem

O TRABALHO EM EQUIPE SERIA TÃO MAIS FÁCIL SE EU PUDESSE FAZER SOZINHO

Minha ideia é ótima ou completamente idiota?, perguntava-se nossa amiga Lila, com as mãos suando no meio de uma reunião de equipe. *Se eu disser alguma coisa, descobrirão que sou uma fraude?*

Lila estava na equipe havia apenas duas semanas. Ela não conhecia bem seus colegas, mas pareciam supercompetitivos. Karl a interrompia com frequência e Anna geralmente respondia às perguntas com um revirar de olhos exagerado. Lila temia que a vissem como completamente incompetente.

Finalmente, depois de cinco (ou seriam dez?) minutos de debate interno, Lila foi em frente. Quando concluiu seu pensamento, Anna ergueu uma sobrancelha. Lila tremeu, cheia de ódio por si mesma. *Aí vem a revirada de olhos.* Mas Anna assentiu vagarosamente. "Isso é muito legal", murmurou ela, parecendo otimista. Karl comprou a ideia. "É, nada mal!" O alívio tomou conta do corpo de Lila (pense no golpe emocional), e ela sorriu timidamente. A ideia dela *era* muito boa.

"Por que duvidei tanto de mim?", Lila lamentou conosco em São Francisco. Ela encarou sua cerveja pela metade.

Isso nos traz à quarta nova regra das emoções no trabalho: **segurança psicológica em primeiro lugar.** Neste capítulo, mostraremos como criar uma equipe cujos membros se sintam seguros para dar ideias, assumir riscos e fazer perguntas. Analisaremos maneiras de gerenciar diferentes conflitos aplicadas por equipes bem-sucedidas. E, finalmente, como lidar com diferentes tipos de laranjas podres: idiotas, dissidentes e desleixados.

SEGURANÇA PSICOLÓGICA

O que faz com que uma equipe seja ótima? Antes de responder, considere um simples experimento conduzido por Alistair Shepherd. No começo de uma competição de pitch em uma faculdade de administração, Alistair fez várias perguntas inspiradas no OkCupid. Pense: "Gosta de filmes de terror?" e "Erros de ortografia irritam você?". Com base apenas nas respostas, ele previu com precisão a classificação de todas as oito equipes — sem nenhuma informação acerca da inteligência, experiência ou habilidade de liderança dos membros. Como? A resposta tinha a ver com como cada membro *se sente*.

O Google descobriu esse mesmo ingrediente emotivo elusivo em 2012, quando um grupo de pesquisadores analisou quase 200 equipes para entender o porquê de algumas serem bem-sucedidas enquanto outras falham. Os resultados foram surpreendentes: a estabilidade, superioridade e extroversão de cada membro parecia não afetar o desempenho da equipe. "Tínhamos muitos dados, mas não havia nada que nos mostrasse que uma mistura de personalidade, habilidades ou experiências diferentes fazia alguma diferença", lembrou-se Abeer Dubey, um gerente da divisão People Analytics no Google. "Parecia que a parte 'quem' da equação não importava." O que importava era o 'como': as melhores equipes eram aquelas cujos membros respeitavam as ideias uns dos outros. As pessoas nessas equipes tinham **segurança psicológica**: sentiam que podiam sugerir ideias, admitir erros e assumir riscos sem serem constrangidas pelo grupo. *Para descobrir se sua equipe é psicologicamente segura, veja nossa avaliação na página 247.*

O sucesso depende da segurança psicológica. No Google, membros de equipes com altos níveis de segurança psicológica tinham menor propensão a pedir demissão, traziam mais renda e eram considerados eficazes com duas vezes mais frequência pelos executivos. Pesquisadores do MIT que estudaram o desempenho de equipes chegaram à mesma conclusão: agrupar pessoas inteligentes não garante uma equipe inteligente. On e offline, as melhores equipes discutem ideias com frequência, não deixam uma pessoa dominar a conversa e levam em conta os sentimentos das outras pessoas. Alistair Shepherd perguntou sobre filmes de terror e erros de ortografia porque estava procurando grupos que fossem tolerantes a perspectivas diferentes. E Lila estava tão preocupada com relação a falar porque não se sentia psicologicamente segura.

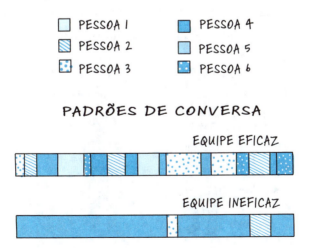

Todo mundo erra. Digamos que Mollie admita um erro e Liz responda de um jeito que a faça se sentir pior ainda. Da próxima vez que Mollie precisar de ajuda, pode relutar em dizer alguma coisa, *mesmo que* as consequências no longo prazo sejam muito piores do que ser constrangida por Liz. Essa dinâmica está presente até mesmo na medicina, em que erros podem ser fatais. Em uma simulação, equipes de médicos e enfermeiras trataram um manequim "doente". Foram distribuídos especialistas aos grupos, alguns diminuíam as equipes dizendo que "não durariam uma semana" e outros as tratavam com neutralidade. O resultado? "Assustador", escreveu o pesquisador-líder. As equipes com um especialista rude cometeram erros graves: diagnosticaram erroneamente o paciente, não ressuscitaram ou ventilaram apropriadamente e prescreveram medicamentos errados.

A segurança psicológica é o mais importante na criação de equipes diversas. Há um benefício significativo em ter pessoas de diferentes experiências em sua equipe *somente quando* existe a segurança psicológica, e é fácil ver o porquê. Digamos que você tenha um analista de marketing e nove engenheiros em uma equipe. Na ausência de segurança psicológica, o analista pensará duas vezes antes de falar, por medo de ser atacado pelos engenheiros. Ao deixar o ambiente seguro, ele usará sua especificidade como uma habilidade, não um impedimento. Todos os membros de uma equipe sabem algo que mais ninguém sabe. É por isso que existem equipes: é preciso mais do que as ideias e habilidades de uma pessoa para resolver um problema. Se não deixar as pessoas falarem ou fizer com que se sintam idiotas quando falam, você limita as chances de sua equipe criar algo mágico.

PODE PARAR DE FALAR QUE TODAS AS MINHAS PERGUNTAS SÃO ELEMENTARES?

A segurança psicológica também ajuda suas equipes a atingirem a explosão, quando os membros constroem tão rapidamente em cima das ideias uns dos outros que parece que o escritório explodirá de criatividade. "Explosão" é o oposto de uma sessão ineficaz e superficial de brainstorming: equipes altamente criativas tendem a ser mais "explosivas" à medida que os membros contribuem livre e rapidamente com ideias. Mas — e esse é um *mas* crucial — as equipes precisam de segurança psicológica para que os membros não levem para o lado pessoal as interrupções acidentais que acompanham as ideias em ebulição. A cultura tóxica da Uber significava que o endosso da "puxada de tapete" era "usado com muita frequência como uma desculpa por ser um imbecil", escreveu um dos executivos da empresa. "Você quer um monte de opiniões diferentes, mas não quer se envolver em conflitos", explica Jill Soloway, criadora do programa de TV *Transparent*. "Você quer que as pessoas joguem a merda no ventilador criativamente, mas não na vida real." Na próxima seção, veremos como preservar todas as partes boas da explosão sem se perder em conflito.

PLACAS DE SEGURANÇA PSICOLÓGICA

Infelizmente, nem sempre é possível criar segurança psicológica para sua equipe. Escritórios competitivos valorizam arrogância e gritaria, características que geralmente não fazem bons membros de equipe. Ou talvez funcionem com pessoas que passaram anos em instituições que recompensam esforço individual em um ambiente competitivo. Depois do primeiro ano em um programa de pós-graduação prestigioso, um amigo nosso aprendeu a dizer: "Claro que você está familiarizado com o trabalho de fulano e ciclano!" Essas palavras não faziam "não" parecer uma resposta de segurança. Se você faz parte de uma equipe que não tem segurança psicológica, cuide de seu bem-estar mental e concentre-se no que pode controlar.

Como "o que você pode controlar" difere dependendo de seu papel, trouxemos uma lista do que você pode fazer como um indivíduo e o que pode fazer como líder.

Como criar um ambiente de segurança psicológica enquanto indivíduo:

- **Incentive discussões abertas.** Perguntas como "O que todo mundo acha?" ou "Alguém discorda?" não são um convite eficaz a pontos de vista opostos. Principalmente se alguém da equipe for introvertido, peça que cada integrante escreva o que está pensando e depois compartilhe em voz alta. E não se esqueça das questões finais. "Percebi que, sempre que fazemos uma pergunta, a primeira resposta que obtemos não é a resposta", disse Roshi Givechi, ex-sócia da IDEO. Roshi recomenda pedir para os membros da equipe para "falar mais sobre isso" e aconselha que sugestões sejam dadas apenas após o estabelecimento de um "andaime de pensamentos".

- **Sugira um brainstorming de ideias ruins.** Faça com que os membros da equipe deem ideias absurdas ou peça que façam a pior sugestão em que conseguirem pensar. Esse exercício tira o peso e permite que os membros da equipe se aventurem no ridículo.

- **Faça perguntas esclarecedoras (para que outras pessoas possam fazer também).** Quando membros da equipe usam acrônimos ou jargões, peça que os expliquem (e os evitem). Embora você possa ficar preocupado com relação a como será visto por fazer perguntas esclarecedoras, lembre-se de que está modelando esse comportamento para outras pessoas, e juntos vocês podem aumentar a segurança psicológica.

- **Use linguagem gerativa.** Se alguém tem uma sugestão interessante, responda com "Vamos tentar!". Se gostou do conceito da ideia de alguém, diga "Partindo dessa ideia…" ou entre no mundo do improviso e diga "Sim e…".

Enquanto líder:

- **Crie acordos na equipe.** No começo de uma reunião ou projeto, crie uma lista de regras sobre como tratarão uns aos outros. Deixe a lista em um lugar visível (por exemplo, na parede). Alguns acordos podem ser: presuma o melhor; confie uns nos outros; esteja presente.

- **Pergunte à equipe como pode ajudar.** Não espere que os integrantes da equipe digam que se sentem inseguros — eles não o farão. Enquanto líder, é seu trabalho começar a conversa. Pergunte individualmente aos membros: "O que eu poderia fazer para ajudar a equipe a se sentir mais segura para assumir riscos?"

- **Equilibre atividades com comunicação.** B. Byrne, um gerente de produtos na Coinbase, compartilhou a seguinte analogia: todo relacionamento, seja ele pessoal ou profissional, é como a construção de uma torre de palitos de sorvete. Experiências (por exemplo, comer juntos, trabalhar juntos em um caso ou ser coautor de um artigo) são os palitos, e a comunicação é a cola. Se fizerem as coisas juntos, mas nunca pararem para conversar a torre será construída somente com os palitos e eventualmente colapsará. Mas se analisar em excesso cada interação e nunca parar para simplesmente curtir a companhia um do outro, a torre ficará muito pesada pela cola e começará a cair.

- **Faça perguntas para aprofundar.** BlackRock usa vários artifícios para quebrar o gelo ao começar conversas. Um deles divide os empregados em pares (as pessoas confiam mais quando conversam com uma única pessoa do que com a sala inteira), e estes respondem à provocação: "Quando você pensa em sua infância, em que comida pensa e por quê?" Essa pergunta desarma os dois e prepara o terreno para mais abertura depois. "Ninguém fala somente pizza", explica o diretor de gerenciamento Jonathan McBride. "Mas contam uma história sobre a família, a cultura, como foram criados e sobre as tradições semanais com seus pais e avós. A resposta é mais ou menos assim: 'Minha família costumava fazer pizzas todos os domingos, e todos as preparavam juntos.' Apesar de estar falando sobre comida, tem uma história sobre a vida e a família de alguém que você normalmente não conheceria em cinco minutos."

HAVERÁ CONFLITOS

"Se dois homens no mesmo emprego concordam o tempo todo, então um deles é inútil", escreveu o produtor cinematográfico Darryl Zanuck. "Se discordam o tempo todo, ambos são inúteis." Em sua melhor forma, o conflito permite conquistas. Um conflito entre os criadores de *Toy Story* gerou duas mudanças centrais: o personagem do baterista mecânico original foi substituído por um brinquedo espacial, que se tornou o tão amado Buzz Lightyear, e um personagem de boneco de ventríloquo foi mudado para um boneco de cowboy chamado Woody.

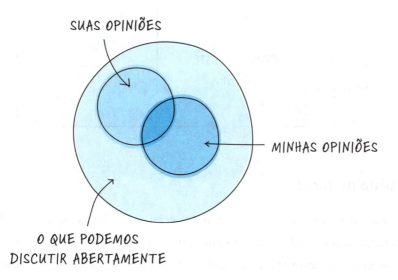

É claro, o conflito pode nos chatear tanto que desenvolvemos burnout ou pedimos demissão com raiva. Um debate mal gerenciado causa quebras no brainstorming. Quando as pessoas ficam atoladas em desacordos ou se fecham, o grupo acaba tendo menos e piores ideias do que se todos trabalhassem sozinhos.

Nesta seção, falaremos sobre como proteger a segurança psicológica mesmo quando as pessoas estão batendo cabeça. Você precisa aprender a lidar com dois tipos principais de conflitos: *conflito de tarefa* (o embate de ideias criativas) e *conflito de relacionamento* (brigas pessoais). Os conflitos de tarefa e de relacionamento estão frequentemente relacionados: é difícil não levar a discordância de ideias para o lado pessoal.

	GOSTO DE VOCÊ	ODEIO VOCÊ
GOSTO DA SUA IDEIA	SEM CONFLITOS	CONFLITO DE RELACIONAMENTO
ODEIO SUA IDEIA	CONFLITO DE TAREFA	RIXA

Conflito de tarefa

Nós duas não somos imunes a embates criativos e lidamos com conflitos de tarefas com certa frequência enquanto escrevíamos capítulos deste livro. Mollie gosta de escrever um rascunho inicial e enviar para nosso editor para um feedback imediato, enquanto Liz prefere aprimorar cada seção e enviar uma versão mais aperfeiçoada para nosso editor. Com o tempo, percebemos que essa diferença é útil — Liz garante que não enviemos um capítulo malfeito, e Mollie impede que Liz fique obcecada por sintaxe. Conseguimos encontrar uma tensão saudável e conversar sobre por que enviar ou não um capítulo (mas ficamos chateadas uma com a outra de vez em quando!).

Há esperança para você também! As equipes podem criar estruturas que estimulem o conflito de tarefa e garantam a produtividade. Todas as manhãs, durante as revisões diárias de rascunhos cinematográficos da Pixar, os animadores observam os frames parcialmente completos uns dos outros e propõem edições à movimentação, ao corpo e à expressão facial dos personagens. Os participantes são incentivados a comentar sobre o filme, não o animador. Alguns dos comentários nos negativos do filme *Divertida Mente* eram: "Variar formato das pupilas" e "Mais nos pés dela". Outra regra das revisões: "Você não deveria fazer mudanças para que sejam 'suas' — faça mudanças para 'melhorar'", escreve o animador da Pixar Victor Navone. Quando as equipes discutem os prós e contras das sugestões de cada membro, tomam decisões melhores.

MAPA DOS OBSTÁCULOS DAS EQUIPES

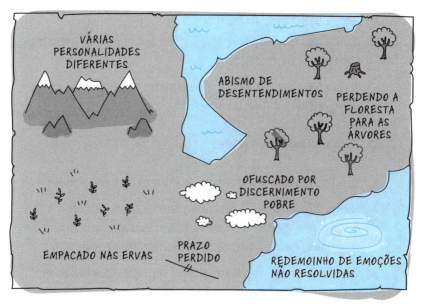

Manual do Usuário

A melhor maneira de driblar conflitos em potencial é criar estruturas que ajudem a comunicar preferências e estilos de trabalho. Muitos dos CEOs entrevistados pelo colunista do *New York Times* Adam Bryant criaram "manuais do usuário" ou "como trabalhar comigo", para que a colaboração fosse mais fácil. Para conquistar o mesmo com sua equipe, Adam recomenda tirar uma hora para responder às perguntas a seguir. Idealmente, convide um facilitador para guiar a discussão.

O QUE TODO MUNDO DEVERIA SABER SOBRE VOCÊ:

1. Conte algumas coisas verdadeiras e sem filtro sobre você.

2. O que deixa você doido?

3. Quais são suas peculiaridades?

4. Quais as qualidades que você valoriza nas pessoas com as quais trabalha?

5. O que as pessoas podem entender errado sobre você e que gostaria de esclarecer?

COMO TRABALHAR COM VOCÊ:

1. Qual a melhor maneira de se comunicar com você?

2. A que horas trabalharemos juntos? Onde e como você quer que a gente trabalhe? (Mesma sala, que tipos de reuniões, quais compartilhamentos de arquivos?)

3. Quais são seus objetivos para a equipe? Quais são suas preocupações com relação à equipe?

4. Como tomaremos decisões? Quais delas precisam de consenso? Como lidaremos com conflitos?

5. Como daremos e receberemos feedback? (One-on-one, em grupo, informalmente ou durante um momento específico semanalmente — como uma retrospectiva?)

AS RESPOSTAS DE MOLLIE E DE LIZ PARA A #1:

- Mollie: Eu me abro aos poucos para as pessoas. Assim que me conhecer, acredito que me achará generosa, calorosa e até meio boba. Mas posso passar por reservada e séria no começo. Tenha paciência comigo enquanto me conhece.

> - Liz: Amo ficar sozinha enquanto trabalho. Quando era consultora financeira, fiz um teste de personalidade chamado DISC, que afirmou que a melhor maneira de trabalhar comigo é "ser breve, clara e ir embora". Muito certeiro. Para quem gosta de sempre enviar e-mails ou mensagens, meu comportamento pode ser visto como antissocial, mas não pretendo que seja assim. Não consigo me concentrar se estou sendo chamada o tempo todo — a mudança cognitiva é um ralo para a produtividade.
>
> Agende um tempo para olhar as respostas de sua equipe. É sempre melhor começar com mais estrutura e verificações sobre o estilo de trabalho de cada um. Sempre pode cancelar reuniões planejadas se sentir que tudo corre bem.

Conflito de relacionamento

Voltando ao nosso conflito sobre entregar ou não um rascunho de um capítulo. Se Liz tivesse dito a Mollie em algum momento "É uma ideia idiota enviar este capítulo ao nosso editor agora", e Mollie tivesse respondido "Você nunca leva minhas sugestões a sério", o que começou como um conflito de tarefa teria evoluído para um conflito de relacionamento (e adeus segurança psicológica). Não há tempo, talento ou dinheiro que salvará se você deixar um conflito de relacionamento entrar em uma discussão. A cultura pop está lotada de exemplos de rixas em equipe que levaram a implosões públicas. Sabe-se que um membro do Eagles disse ao outro: "Só mais três músicas antes de eu dar um pé na sua bunda" — demorou mais de uma década para a banda tocar novamente. E o elenco de *Seinfeld* achou tão difícil trabalhar com Heidi Swedberg, a atriz que representava a noiva de George, Susan Ross, que convenceram o criador da série, Larry David, a matá-la.

É fácil dizer que os conflitos de relacionamentos são um caso de diferenças irreconciliáveis, mas eles podem ser resolvidos se os envolvidos ouvirem uns aos outros. Por exemplo, você provavelmente é Opositor (gosta de discutir) ou Evitador (preferiria comer uma lesma a lidar com confronto). Esses dois tipos têm um problema quando os Opositores entram em um ritual de oposição, uma atitude individualista verbal para testar ideias (assim: "Como você não pensou em…", "Essa sugestão não faz sentido", ou simplesmente "Você está errado"). Para evitar mágoas entre Evitadores e Opositores, discuta o estilo de conversa de cada um e decida como a equipe lidará com os conflitos. Tudo bem encontrar buracos imediata e agressivamente nas ideias de outra pessoa, ou a crítica deveria ser oferecida mais indiretamente? Nos momentos em que não é possível deixar as batalhas entre esses dois tipos de lado, os Evitadores devem se lembrar de que os Opositores não fizeram os comentários como ataques ou insultos pessoais. E os Opositores devem se lembrar de que o confronto pode travar as ideias em outras pessoas.

REUNINDO-SE COM SENTIMENTOS

Quando há conflitos em sua equipe, a validação preserva a segurança psicológica (é possível ressignificar o conflito como uma tentativa de validação). Os desacordos magoam somente quando o respeito mútuo não foi estabelecido. De agora em diante, se tiver algo a dizer, diga (gentilmente)! Ao compartilhar um ponto de vista sincero, "Você teme que as pessoas fiquem bravas ou vingativas", escreve Kim Scott no livro *Empatia Assertiva*. "Mas geralmente elas ficam gratas por poderem falar sobre isso." Por outro lado, umas das coisas mais desrespeitosas que você pode fazer é deixar que alguém se sinta invisível — e a validação ajuda as pessoas a sentirem-se visíveis. Falaremos mais sobre a abordagem dessas conversas difíceis no Capítulo 6, sobre comunicação. Reconheça que as pessoas das quais você discorda também são humanas e têm necessidades humanas. Paul Santagata, chefe do setor de indústria no Google, faz com suas equipes uma atividade chamada "Assim como Eu", na qual ele pede para os membros que estão discutindo se lembrarem de que:

- Essa pessoa tem crenças, perspectivas e opiniões, assim como eu.
- Essa pessoa tem esperanças, ansiedades e vulnerabilidades, assim como eu.
- Essa pessoa quer se sentir respeitada, admirada e competente, assim como eu.

E se já tentou conversar e já recebeu validação, mas o colega ainda deixa você doido? O melhor a fazer é não fazer nada. Não recomece a discussão. Você arriscará andar em círculos e piorar os problemas interpessoais. É melhor que respire fundo e perceba que o confronto não o levará a nada. Saiba que alguns níveis de caos e conflito são parte do processo e tente se concentrar menos em seu colega e mais no que está fazendo.

Um último comentário sobre os conflitos: odiamos o conselho "Nunca vá para cama com raiva". Vá dormir com raiva! As emoções como ciúmes, ódio, raiva ou frustração desvirtuam sua visão da realidade. Poucas disputas precisam ser resolvidas imediatamente. Dê um tempo e volte à discussão depois.

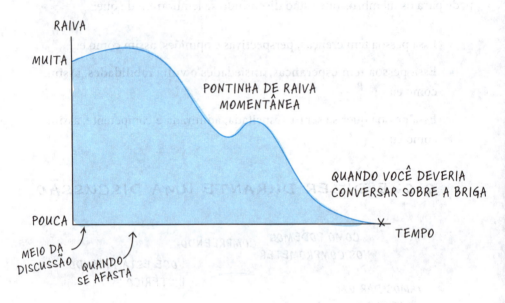

Como lutar pelo melhor:

- **Seja curioso.** Se outras pessoas sentem que estão sendo culpadas, você se torna o inimigo, e elas ficam na defensiva. Portanto, tente descobrir o que elas percebem ser a raiz do desacordo. Faça abordagens como: "Parece que há vários fatores em jogo, talvez possamos resolvê-los juntos." E então peça soluções: "O que acha que deve acontecer?"
- **Conduza pré-*mortems*.** Separe meia hora no início de um projeto e peça que os membros da equipe listem tudo o que temem que possa dar errado. Isso permite que a equipe entenda e analise riscos em

potencial. "As pessoas provavelmente já estão conversando sobre isso em pequenos grupos, mas pode ser que não estejam dizendo em voz alta, com clareza, ou com frequência suficiente", escreve Astro Teller, chefe do Google X. "Geralmente, porque essas coisas podem deixá-lo rotulado como desleal ou estraga-prazeres."

- **Conduza *post mortems*.** Se já houve conflitos no projeto (ou em uma fase dele), agende um horário depois que o trabalho estiver concluído para entender o porquê do conflito. Reúnam-se em equipe para compartilhar o que poderia ter sido melhor e o porquê — e faça um brainstorming sobre como evitar essas questões no futuro.

- **Entenda seus preconceitos.** Pesquisas mostram que, ao trabalhar em um grupo com diversidade racial, o maior problema pode ser que membros desse grupo *sentem* que haverá mais conflito. Quando incentivada uma norma de imparcialidade, a probabilidade de as pessoas demonstrarem comportamento ou respostas preconceituosas diminui.

- **Solicite críticas estruturadas.** Uma ótima maneira de fazer críticas é pedir que as pessoas compartilhem ideias que sejam ou rápidos consertos, ou pequenos passos que têm um impacto significativo, ou uma maneira de repensar o projeto inteiro. Esses três itens acrescentam obstáculos úteis e dificultam que as conversas se transformem em ataques pessoais.

- **Encontre um modelo de conflito.** Todos conhecemos alguém, pessoal ou profissionalmente, que fala as coisas na lata, mas de maneira conveniente. Da próxima vez que estiver perto dessa pessoa, observe como ela age e tente modelar seu comportamento.

Palestra da Liz: Reuniões em Equipe

Sei que é um clichê reclamar de reuniões em equipe não produtivas, mas elas acontecem o tempo todo. As reuniões são necessárias para que as equipes discutam e decidam, mas em excesso são uma alternativa cara ao trabalho. Não é só o tempo que a reunião demora, mas os 15 minutos antes e depois dela, quando pensamos: "Ah, tenho/tive uma reunião, acho que vou fazer um intervalinho rápido."

As reuniões acontecem com tanta frequência porque somos seres que amam se agrupar e se sentir pertencentes. Até eu me sinto mal quando não sou convidada para uma reunião — e eu as odeio! Também nos *sentimos* produtivos aos estar em uma sala com pessoas e pontificar. Veja minhas regras para que as reuniões valham a pena:

1. **Preste atenção.** Saia de seus telefones e computadores. Se estou falando e você está no celular, está dizendo que sou menos importante e menos informativa do que uma lista do Buzzfeed. Isso me deixa furiosa! Uma reunião serve para resolver problemas e determinar os próximos passos. É por isso que temos tantas, porque ninguém está escutando na primeira.

2. **Tenha uma pauta.** Se não sei por que estamos nos encontrando e você também não, por que vamos nos reunir? Uma reunião sem um objetivo é penosa, principalmente se tivermos uma tonelada de outras coisas para fazer. As pesquisas me apoiam! Quando não achamos que as reuniões são eficazes, ficamos mais insatisfeitos com nosso emprego, independentemente de quanto recebemos ou do quanto gostamos de nosso gerente.

3. **Não se estenda mais do que o necessário.** Se terminarmos cedo, deixe-me ir. Só porque nosso calendário agenda blocos de 30 ou 60 minutos, não quer dizer que a reunião tenha que preencher todo o tempo.

4. **Seja inteligente com o calendário.** "Uma única reunião pode acabar com a tarde inteira ao quebrá-la em dois pedaços muito pequenos para fazer qualquer coisa", escreve Paul Graham. Por favor, marque as reuniões para o começo ou o final da manhã ou da tarde. Nada além de 10h30. Elas abrem um buraco na produtividade!

EQUIPES | 125

B I N G O
PARA REUNIÕES

CONVERSA PARALELA	"FALE AQUI NA FRENTE"	INÍCIO COM ATRASO	DESLIZANDO	ALGUÉM OLHA MÍDIAS SOCIAIS
"TEMPO LIVRE"	ALGUÉM SE ESQUECE DE SILENCIAR	COMPLETAMENTE PERDIDO	ENROLANDO	TERMINA CEDO
"ANDAR EM CÍRCULOS"	TENSÕES NÃO RESOLVIDAS	LIVRE	MÚSICA NÃO SAI DA CABEÇA	COLEGA CHEGA ATRASADO
COMIDA SURPRESA	COMENTÁRIO DISFARÇADO DE PERGUNTA	"VOU DAR UM PULINHO AÍ"	JOGANDO NO CELULAR	MULHER INTERROMPIDA
LIBERAR NOVOS PASSOS	"SEREI O ADVOGADO DO DIABO"	INDECISÃO	A REUNIÃO DEVERIA TER SIDO UM E-MAIL	"CONVERSAMOS EM PARTICULAR"

IDIOTAS, DISSIDENTES E DESLEIXADOS

Se não tomamos cuidado, uma laranja podre estraga as outras. O pesquisador Will Felps pagou atores para insultarem, parecerem irritados ou serem negligentes. Essas inclusões rudes diminuíram o desempenho do grupo em quase 40%. "Quando um empregador desmoraliza a equipe inteira por comprometer um projeto, ou quando um membro da equipe não arregaça as mangas para fazer suas atividades, ou quando um agressor causa a demissão de um futuro ótimo membro da organização, muito frequentemente, nós damos de ombros e dizemos que aquela pessoa tem tempo de casa, ou habilidades, ou não é tão mal assim", escreve Seth Godin. Gerentes, vocês *devem* ser intolerantes com as laranjas podres, pelo bem da segurança psicológica de sua equipe. Se alguém faz com que os outros se sintam mal com frequência, o grupo duvidará de suas habilidades como líder. É claro, algumas vezes não dá para se livrar de uma laranja podre. E aí, o que fazer? Nesta seção, veremos como lidar com três membros podres: idiotas, dissidentes e desleixados.

BARALHO DE COLEGAS IRRITANTES

VALETOLO

SÓ UM IDIOTA

RAINHA DO "ISSO NUNCA VAI DAR CERTO"

SEMPRE DISCORDANDO SEM NENHUMA SUGESTÃO

REI DA PREGUIÇA

NÃO FAZ NADA

Idiotas

Imagine que você tenha dois colegas: um é um idiota competente e o outro não sabe muita coisa, mas é divertido. Com quem você preferiria trabalhar? Gerentes que responderam a essa pergunta hipotética inacreditavelmente escolheram o idiota competente. Um explicou: "Posso diminuir a antipatia pelo idiota se ele for competente, mas não posso treinar um incompetente." Mas, quando os mesmos gerentes tiveram de agir, ninguém contratou o idiota (os idiotas competentes são como os saltos de 12cm — pensamos que vamos usá-los, mas então decidimos que causam muita dor). E com uma boa razão: trabalhar com idiotas nos deixa ansiosos, deprimidos e com insônia.

Os idiotas debilitam a segurança psicológica se aproveitando das vulnerabilidades e fazendo com que os outros se sintam diminuídos e sem energia. E como um idiota dificilmente é um idiota com uma só pessoa, eles têm o potencial de matar a dinâmica e a motivação de uma equipe. Se não consegue se livrar deles, a melhor maneira de lidar é limitar sua negatividade. Bob Sutton, autor de *The No A$$hole Rule*, escreve sobre uma doutoranda cujo orientador inundou sua caixa de entrada com e-mails maldosos. A aluna decidiu esperar antes de responder e então enviar uma mensagem que englobasse um grupo de e-mails. Isso ajudou a reduzir a frequência de respostas do orientador.

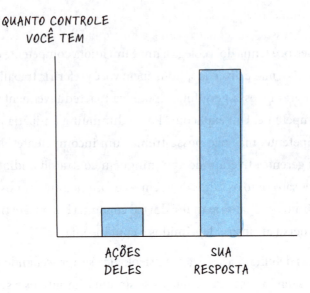

Preste atenção: só porque você não se dá bem com alguém não quer dizer que essa pessoa é um idiota. Estudos mostram que tendemos a gostar de quem é parecido ou familiar a nós mesmos, quem é bem-apessoado e quem gosta de nós também. Se achar que alguém é irritante ou desagradável, pode ser que vocês sejam diferentes. Ou você não o conhece direito!

Como lidar com idiotas:

- **Reduza a frequência de encontros.** Por ser roteirista de TV em Hollywood, Elizabeth Craft interage com mais idiotas do que gostaria. "Se alguém literalmente oferecesse um copo de veneno, você não beberia — então não beba o veneno verbal", diz. "Se alguém é negativo com você no trabalho, simplesmente não consuma."

- **Tenha empatia...** Pergunte-se o que pode ter acontecido no passado de um idiota para que ele seja assim.

- **... mas não se abra.** Um idiota pode tentar arruinar sua reputação ou abusar de suas vulnerabilidades contando para os outros suas limitações.

- **Mantenha distância física.** O professor do MIT Thomas Allen descobriu que as pessoas têm quatro vezes mais probabilidade de se comunicar regularmente com um colega que fique a 2 metros do que com um a 18 metros.

- **Mantenha distância mental.** Tente uma técnica de viagem no tempo imaginária chamada distância temporal. "Imagine que é um dia, uma semana ou um ano depois", escreve Bob Sutton. "E, olhando para trás, nem durou tanto tempo assim e nem foi tão ruim quanto parecia no momento."

- **Se você for um gerente, livre-se deles.** Se nada do que tentou está funcionando, pode ser que seja hora de libertar os idiotas. Definitivamente, não os promova (infelizmente, isso acontece com uma frequência muito maior do que deveria). O Dr. Jo Shapiro, fundador do Center for Professionalism and Peer Support na Brigham and Women's Hospital, nos disse que agressores costumavam ser promovidos na área médica. "Supervalorizávamos certas competências — 'ela é uma cirurgiã tão boa, tecnicamente falando'", falou Jo para a gente. "Mas, para ser um bom cirurgião, é necessário ser respeitoso e um bom líder, porque esse comportamento tem um efeito nos resultados do paciente. Não entendíamos que problemas pessoais anulavam competências técnicas."

Dissidentes

O trabalho é composto de uma série de comprometimentos. Prazos iminentes, demandas conflituosas de clientes e recursos limitados significam que o resultado de sua equipe nunca será perfeito. (Já encontrou um erro de digitação imediatamente depois de clicar em Enviar?) Um dissidente é uma pessoa "do contra", que aponta cada furo no plano proposto, mas não tem sugestões alternativas. Os dissidentes "gritam da galeria do amendoim,[1] mas nunca assumem a responsabilidade pelos resultados ou consequências das decisões", escreve o capitalista de risco Mark Suster. "'Isso nunca vai dar certo' é o lema deles."

---

1 N.T.: Galeria do amendoim, do inglês *peanut gallery*, é um termo originado do teatro Vaudeville, cujos assentos mais baratos eram os mais próximos ao palco. Seu público costumava comprar os petiscos mais baratos (amendoins) e jogá-los nos atores caso desaprovassem a performance.

É claro, nem todo mundo que faz perguntas é um dissidente. O objetivo ao lidar com um dissidente não é evitar que a equipe tenha ceticismo saudável (pontos de vista pessimistas frequentemente são baseados na lógica pura), mas fazer com que as sugestões de Ebenezer Scrooge [personagem de Dickens] sejam gerativas. Na Genius, a empresa de mídias musicais onde Liz trabalha, os membros da equipe são incentivados a incluir uma sugestão prática a toda crítica. Se Mollie diz para Liz: "Acho que a anedota que você incluiu no começo do capítulo não ficou legal", ela tem de falar também (sugestão prática) "e se usássemos a história do cabeleireiro da Dolly Parton?".

Como lidar com os dissidentes:

- **Ouça, mas dê limites.** Se o dissidente se recusar a incluir algo produtivo, peça licença ou siga para a próxima pessoa.

- **Procure mais informações.** Peter Senge, autor de *A Quinta Disciplina*, pergunta aos dissidentes: como chegou a esse ponto de vista? Quais dados o ajudaram? Que informações podem fazê-lo mudar de ideia? Poderíamos chegar a um resultado melhor?

- **Combata a negatividade.** Jon Katzenbach, autor de *A Força e o Poder das Equipes*, aconselha que as equipes deveriam ter um equilíbrio entre positividade e negatividade. O pesquisador John Gottman acredita que uma razão de cinco comentários positivos para um negativo é necessária para sustentar relacionamentos felizes. Pensamos que os grupos deveriam ter pelo menos uma razão de dois para um. Até que tenha adquirido habilidades de contratação e demissão, isso pode significar elogiar a equipe depois que um dissidente trouxer uma crítica.

Desleixados

"Fazer mais do que a quantidade mínima de trabalho é minha definição de fracasso", desdenha Jeff Winger na série *Community*. Nada é mais enfurecedor do que fazer seu trabalho *e* o de outra pessoa. Já ouviu falar do *efeito trouxa*? Se Liz começar a ignorar suas responsabilidades, Mollie sentirá que a Liz está tirando vantagem dela. Mollie pode então se recusar a fazer o trabalho de Liz (porque ela não quer ser feita de trouxa) *e* reduzirá seu próprio resultado, porque está menos motivada a trabalhar em um grupo desigual (de novo, porque ela não quer ser feita de trouxa).

POR QUE PARECE TÃO CHATEADO?
VOCÊ DISSE QUE EU TINHA FÉRIAS ILIMITADAS

Aqueles que não são mártires trabalharão em um projeto em grupo apenas até sentir que seus esforços contribuirão para um resultado significativo. No exemplo anterior, se Mollie acredita em uma importância mais abrangente de seu trabalho, ela não fugirá de suas responsabilidades, mas trabalhará *mais* para tentar compensar a folga de Liz. Mas, em equipes maiores, é fácil sentir-se anônimo e irrelevante, fazendo com que seja mais provável que as pessoas deixem de fazer seu trabalho. Para combater as equipes muito grandes, Jeff Bezos, da Amazon, usa a regra das "duas pizzas": se duas pizzas não forem o suficiente para alimentar o grupo todo, então ele é muito grande. A depender do apetite dos membros da equipe, essa regra geralmente permite que o grupo tenha de cinco a sete membros. Muito embora gostemos de pedir mais pizzas, de qualquer maneira.

Como lidar com desleixados:

- **Entenda o porquê de a pessoa ser desleixada.** Pode ser que o desleixado se sinta desnecessário, não tenha entendido completamente seu papel ou esteja passando por uma dificuldade pessoal.

- **Divida em pares.** A empresa de transformação de cultura SYPartners une dois empregados para formar "a menor unidade atômica de confiança". Em dupla, os membros precisam entender como trabalhar juntos, porque não têm onde jogar a culpa.

- **Avalie os membros da equipe individualmente**. Quando as pessoas sabem que serão julgadas com base nos resultados em equipe, e não em sua contribuição individual, ficam mais propensas a evitar o trabalho. Ao implementar padrões de comparação social, como os formulários de avaliação de pares, fica óbvio quem está fazendo o trabalho a tempo e quem não está.

- **Converse com seu gerente sobre o desleixado.** Lembre-se de que sua função enquanto equipe é fazer com que seu trabalho seja feito da melhor maneira possível. "Se você vir uma lacuna que precise ser preenchida, ou parte do processo que esteja falhando, não será um linguarudo se disser que essa pessoa não está trabalhando como deveria", diz Liz Dolan, ex-CMO da Nike, da Oprah Winfrey Network e da National Geographic Channel. "Contanto que não fique choramingando, está tudo bem."

- **Nota aos gerentes:** O comportamento desleixado precisa ser resolvido diretamente com a pessoa. Embora pareça ser mais fácil conversar sobre o problema com a equipe inteira dizendo que "Alguns estão sendo desleixados", essa abordagem fará com que os funcionários que não estão se comportando dessa maneira se preocupem sem necessidade com seu desempenho, enquanto os desleixados continuam alheios. Não puna a equipe toda por causa das ações de poucas pessoas.

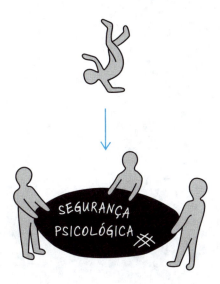

APRENDIZADOS

1. Crie uma segurança psicológica ao incentivar discussões abertas, responder perguntas sem ser condescendente e fazer com que correr riscos e admitir erros seja aceitável.

2. Não se esconda do conflito de tarefa, mas crie estruturas para evitar que batalhas criativas se tornem pessoais.
3. Para o conflito de relacionamento, ouça a outra pessoa e calmamente divida sua perspectiva.
4. Livre-se (ou, se não puder, contenha-as) de laranjas podres para preservar a segurança psicológica de sua equipe.

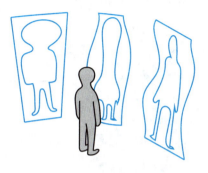

CAPÍTULO 6

Comunicação

Seus sentimentos não são fatos:
Por que você não deveria se emocionar
com suas emoções

Tom Lehman e Ilan Zechory são os cofundadores da Genius, uma empresa de mídias musicais na qual Liz trabalhava. Os dois rapidinho se tornaram amigos em Yale, mas, no momento em que iniciaram uma parceria de negócios, começaram a deixar um ao outro malucos. "Tom é ligado no 220. Isso nos faz seguir em frente, mas também causa estragos", explicou Ilan ao *New York Times*. E Tom teve de batalhar com a tendência à melancolia de Ilan.

Pode ser que as diferenças tenham se complementado. Porém Tom e Ilan não conseguiram encontrar um equilíbrio entre ser extremamente cauteloso e seguir em frente sem medo. À medida que brigavam em todas as discussões sobre estratégias de negócios, sua relação ficou abalada. "Nós sempre nos relacionamos como amigos", disse Tom. "E isso fez com que fosse difícil não levar as discordâncias sobre nossa empresa para o lado pessoal."

As diferenças ficaram insuportáveis quando se viram presos no trânsito de Manhattan perto da Penn Station. O trem sairia dentro de minutos para D.C., onde teriam uma reunião importante. Quando Tom começou a pegar no pé do Ilan sobre como se atrasariam, Ilan pediu para o taxista parar, pagou a corrida e foi andando para a estação. Tom ficou chocado por Ilan ter saído tão abruptamente sem ele.

VOCÊ NÃO ESTÁ ENTENDENDO NADA DO QUE EU NÃO DISSE!

Tom e Ilan conseguiram pegar o trem segundos antes de ele sair da estação, mas o alívio rapidamente se transformou em fúria. Enquanto estavam no corredor gritando um com o outro, um novo medo tomou conta de Tom. "Muito frequentemente, quando conversava com pessoas cujos negócios haviam fracassado, sempre surgia o 'não nos dávamos bem'", disse. "Sempre são problemas interpessoais." Algo precisava mudar em sua relação com Ilan, ou a Genius poderia fracassar também. Então Tom e Ilan decidiram fazer terapia de casais.

• • • •

"Todo ser humano vai nos frustrar, enraivecer, chatear, enlouquecer e desapontar", escreve o filósofo Alain de Botton. "E nós (sem intensão) faremos o mesmo com eles." A comunicação é uma das ferramentas mais poderosas que temos para efetivar mudanças. É aí que entra a quinta nova regra da emoção no trabalho: **seus sentimentos não são fatos**. A comunicação eficaz depende de nossa habilidade de conversar sobre as emoções sem ficarmos emotivos. Frequentemente reagimos um ao outro com base em presunções que nem nos preocupamos em analisar mais a fundo. Mas as palavras ditas nem sempre são o que elas querem dizer. Como aponta o psicólogo Steven Pinker: "As palavras em si não são o aspecto principal da comunicação. Elas são as janelas para um mundo." Neste capítulo, analisaremos a maneira como conversamos com nossos colegas sobre assuntos difíceis, destacaremos grandes diferenças entre os grupos que podem gerar confusão, daremos conselhos sobre como proporcionar feedback útil sem machucar e como evitar falhas de comunicação digital.

CONVERSANDO SOBRE O ELEFANTE NA SALA

Você preferiria terminar com alguém ou confrontar um colega que recebeu os créditos por sua ideia? Em uma pesquisa, a maioria das pessoas escolheu dar um pé no parceiro a ter uma conversa difícil relacionada ao trabalho. Nesta seção, faremos com que lidar com situações espinhosas seja menos doloroso. O que você deveria dizer, por exemplo, quando sua colega Anita de repente para de contribuir, ou quando Amit copia quatro pessoas em uma sequência de e-mails que você achava que fossem privados?

CARDÁPIO DO JANTAR: EVITANDO CONVERSAS DIFÍCEIS

SANDUÍCHE DE PROCRASTINAÇÃO

FRITAS COM RANCOR

BIFE RAIVOSO COM MOLHO COLÉRICO

LÁMEN DE ANSIEDADE

LINGUINE ENSIMESMADO

TUTANO DE RECLAMAÇÃO

As conversas difíceis podem ser tão assustadoras que ficamos tentados a evitá-las. Mas, se você evita a discussão de um problema com um colega, não dá a ele (nem a si) a oportunidade de melhorar uma situação desconfortável.[1] Já vimos um erro de comunicação evoluir para rancor só porque nenhum dos envolvidos lidou com o problema inicial. Como o terapeuta de Tom e Ilan ensinou a eles: "É melhor discutir um problema, porque ele estará lá de qualquer maneira." Assinalar e discutir com tranquilidade os problemas no momento em que surgem, em vez de deixar criarem uma infestação, consertou a relação de Tom e Ilan.

Mas também é um erro correr para ter uma conversa difícil: a propensão a cometer erros sobre o outro ou apenas desabafar é bem maior. Na pior das hipóteses, confrontar um problema sem um plano faz com que a outra pessoa sinta-se atacada ou tenha um colapso.[2]

Para evitar que a discussão piore, espere até que consiga fazer o seguinte:

1. Rotular seus sentimentos. ("Estou magoado.")

2. Entender a origem dos sentimentos. ("Estou magoado porque não fui incluído no e-mail sobre a comemoração do aniversário do Evan.")

3. Manter calma suficiente para escutar a outra pessoa.

Uma boa regra é: se acha que sabe todos os fatos ("Você não me copiou porque me odeia"), não está pronto para ter uma conversa difícil.

---

[1] Recomendamos a leitura na íntegra da obra *Conversas Difíceis,* de Douglas Stone, Bruce Patton e Sheila Heen. Há referências de partes dele aqui, mas o livro merece um cantinho na prateleira de todo mundo.

[2] N.T.: Em inglês, a expressão é *"make a mountain out of a molehill"*, ou, como fazer uma montanha a partir de um montículo, em tradução livre.

Esse processo é demorado — não decida ter uma conversa difícil e então a inicie cinco minutos depois. Como o avô de Ilan disse a ele: "Não só faça alguma coisa, fique lá!" Quando estiver calmo, lide com suas emoções, mas *aborde* o que sente. Possivelmente você está conversando com a pessoa porque está se sentindo frustrado, ignorado ou chateado. Se não falar sobre esses sentimentos, garantirá que um aspecto central do problema continue sem solução.

Ficar visivelmente chateado deixará a situação pior (quando ficamos extremamente emotivos não expressamos muito de nada). Em estudos com casais casados, aqueles que se mantêm calmos durante as brigas têm as relações mais felizes e duradouras. Esses casais frequentemente usam humor e afeto para diminuir a tensão, o que permite que lidem com os problemas com mais rapidez.

LIZ: Tinha um colega que falava muito vagarosamente toda vez que respondia às minhas perguntas. Eu achava que essas respostas calculadas eram condescendentes e me deixavam furiosa. Eventualmente, com muita calma, pedi que ele me explicasse a mudança na dicção. Acontece que ele falava assim, tão devagar, para não parecer um idiota na minha frente!

Para falar sobre os sentimentos sem deixá-los tomar conta da discussão, estudantes da faculdade de administração de Stanford aprendem a usar a frase: "Quando você _____, me sinto _____." "Isso evita a criação de uma vítima e de um perpetrador", contou-nos Chris Gomes, um ex-aluno que agora preside uma startup. Quando a empresa de Chris estava lutando para lançar seu site e fechar com um grande parceiro, o cofundador, Scott, foi ficando cada vez mais impaciente. Finalmente, Chris falou para ele: "Quando você me interrompe, me sinto idiota e inconveniente. Fico nervoso quando tenho de fazer perguntas para você." Tom também usou essa estrutura quando Ilan chegou cinco minutos atrasado para uma reunião, com sacolas cheias de livros recém-adquiridos. "A sua vibe 'me atrasei em meu passeio' faz eu me sentir mal", falou para o colega.

Pedindo desculpas

Algumas vezes você estará no final de um confronto válido. Há três passos para construir um ótimo pedido de desculpas:

1. **Admita seu erro.** Suprima o impulso de explicar suas ações — isso geralmente faz com que pareça que está na defensiva ou, pior, que está se justificando. Se quiser contextualizar, faça questão de, ainda assim, assumir a responsabilidade pelo que fez. Por exemplo: "Admito que me precipitei com você. Quero que saiba que dormi muito mal ontem à noite, mas não há nenhuma desculpa para meu comportamento." E seja específico! "A especificidade mostra que entende a outra pessoa", aconselha Tom. Finalmente, reconheça os sentimentos do outro. Pode dizer: "Não sabia que você achava que meus e-mails são rudes. Fico feliz que tenha compartilhado comigo."

2. **Diga "Me perdoe".** Muitas "desculpas" não contêm um pedido de perdão explícito. Uma boa regra quando for dizer "Me perdoe" é parar depois dessas duas palavras. O jeito mais rápido de entrar no território da falsa desculpa é incluir: "Se [meu comportamento rude] fez você se sentir assim." Não insinue que a outra pessoa está sendo muito sentimental — responsabilize-se por seu erro.

3. **Explique que não acontecerá novamente.** Diga à outra pessoa que você agirá de outra forma no futuro, para não repetir seu erro.

   Veja um exemplo: "Não revisei o arquivo com cuidado suficiente antes de enviar para o cliente, então há vários erros de digitação. Desculpe, não acontecerá novamente. Da próxima vez, vou pedir para alguém revisar meu trabalho."

E se você tiver uma conversa difícil e nada mudar? Se o outro pareceu receptivo durante a conversa ou você não conseguiu transmitir tudo o que queria, tente outra vez. Talvez estivesse nervoso na primeira vez e não tenha conseguido transmitir o que desejava. Dito isso, algumas pessoas não se importarão com o modo como você se sente e não mudarão. Em casos nos quais o outro não esteja pronto para autorreflexão, você pode desistir. Tentar ter conversas difíceis com essas pessoas é como tentar cozinhar macarrão com um ferro de passar roupas.

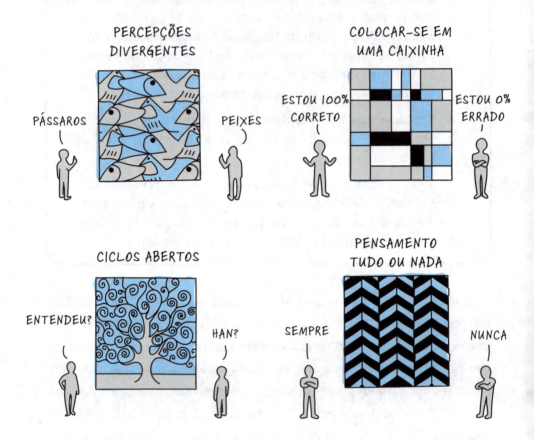

O PROBLEMA COM A CONVERSA

O autoconhecimento é uma ferramenta de comunicação poderosa. Saber que é introvertido, por exemplo, pode ajudá-lo a entender o porquê de estar sempre batendo cabeças com um colega extrovertido. Quando a equipe People Operations do Google percebeu que gerentes mulheres tinham muito menos propensão a se nomear para uma promoção do que os colegas homens, um executivo enviou um e-mail aos gerentes explicando a questão. Ao receber a informação, os gerentes mudaram seu comportamento: no ciclo de promoções seguinte, a lacuna de gênero não existia mais.

Compreender os outros é igualmente importante. Saber a cultura de alguém pode ajudar você a entender que essa pessoa não quer que críticas diretas sejam ofensivas. Nesta seção, observaremos diferenças na comunicação em diferentes níveis, como gênero, raça, idade, cultura e extraversão. Os estudos que referenciamos não querem invalidar a experiência pessoal ou reduzir as pessoas a uma única parte de quem são. Cada empregado tem uma identidade e experiência únicas e complexas. Mas esperamos que aprender sobre as tendências dos grupos possa dar base para uma melhor percepção da intenção por trás das palavras de alguém.

Gênero

"Sou uma vadia ou uma tontinha", disse Carly Fiorina, ex-CEO da Hewlett Packard. Como a linguista Deborah Tannen observa, os estereótipos sobre os papéis de gênero criam um papel duplicado para as mulheres: quando são gentis e compreensivas, são benquistas, mas julgadas como pouco capazes para liderança. Se falam com confiança, são criticadas por serem "agressivas". Para evitar as críticas, as mulheres costumam usar qualificadores ("Não tenho certeza, mas…") ou palavras de resguardo ("pode ser que" e "acredito que"), transformam pedidos em perguntas e hesitam em falar entre homens. Em um estudo do conselho escolar, as mulheres falavam tanto quanto os homens somente quando o conselho era composto de, ao menos, 80% de mulheres (os homens falavam a mesma quantia estando ou não em minoria).

MOÇA COM COLEGA MACHISTA DE VERMEER

Por outro lado, os homens tendem a dominar as conversas falando por cima uns dos outros (principalmente das colegas mulheres) e rapidamente se dizem especialistas. Gerri Elliott, ex-executiva da Juniper Networks, falou ao *New York Times* sobre um apresentador que perguntou para um grupo de homens e mulheres se alguém era especialista em amamentação. "Um homem levantou a mão", recorda. "Ele tinha observado a esposa por três meses. As mulheres do grupo, entre elas algumas mães, não se declararam especialistas."

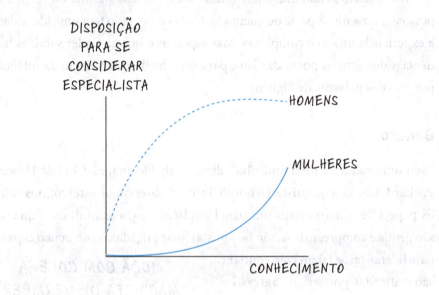

Como se comunicar melhor:

- **Use sua voz para apoiar as mulheres.** Durante o primeiro mandato do presidente Obama, as mulheres de sua equipe sentiram-se excluídas das reuniões e despercebidas naquelas a que iam. Para garantir que os homens reconhecessem suas contribuições, as mulheres adotaram uma estratégia chamada amplificação. Quando uma mulher sugerisse uma ideia, outra a repetiria e daria o crédito à primeira. Obama percebeu e começou a pedir suas opiniões mais frequentemente.

- **Faça parte da criação de um ambiente profissional no qual todos tenham chances iguais de serem bem-sucedidos.** Homens, falem ao perceberem discriminação ou assédio. Tenham consciência dos sinais que enviam para uma colega — interrompê-la, fazer mansplanning e chamá-la de "querida" deixam o ambiente de trabalho menos hospitaleiro. E sempre apresentem suas colegas como iguais.

- **Se estiver sendo interrompida, tente estes dois antídotos.** Várias pessoas que interrompem não sabem o que estão fazendo — estão apenas animadas e loucas para interagir. Fazer com que tomem consciência do que estão fazendo em off pode ser suficiente. Se nada mudar, a consultora do trabalho Laura Rose sugere prevenir as interrupções implementando uma regra de não interrupção. Tente dizer: "Há muitos aspectos nessa explicação, então me acompanhe. Quero contar a história toda. Depois adoraria ouvir o que você achou de detalhes específicos."

O Choro no Trabalho

O que você deveria fazer se perceber que está prestes a chorar no trabalho? "A tendência é impedir as lágrimas tanto quanto possível. Mas é importante entender o que houve e se perguntar: o que está acontecendo? Você não está dormindo o suficiente? Está sendo desvalorizado ou trabalhando muito? Odeia esse trabalho? Está com medo de pedir demissão?", aconselhou Anne Kreamer, autora de *It's Always Personal* ["É Sempre Pessoal", em tradução livre].

É claro, você não deveria tentar entender tudo isso enquanto chora compulsivamente em uma reunião. Se estiver ao redor de muitas pessoas, peça licença (vá para o banheiro ou beba um copo d'água) e se acalme antes de voltar. Pesquisas mostram que nos sentimos melhor se choramos sozinhos ou perto de alguém que possa fornecer apoio emocional. Assim, se tiver um confidente, não tem problema pedir ajuda.

Não se martirize por chorar no trabalho — geralmente é um sinal de que se importa com ele. Na verdade, ressignificar sua angústia como paixão faz com que outros vejam suas lágrimas mais favoravelmente. Durante a campanha presidencial de 2016, a equipe de Hillary Clinton chorou tanto que o escritório da ex-diretora de comunicação Jennifer Palmieri passou a ser usado como "sala do choro". "Nenhuma das pessoas com quem eu trabalhava — homens ou mulheres — pensou outra coisa a não ser que fosse uma reação humana ao peso inumano que um presidente e sua equipe têm que carregar", escreveu Palmieri. "Não havia um estigma a quem tinha que usar a sala do choro."

E se você vir outra pessoa chorando? Entenda que as lágrimas nem sempre são sinal de tristeza. A autora Joanne Lipman descobriu que gerentes homens geralmente evitam dar feedback para mulheres com medo de fazê-las chorar. As mulheres relatam que choram no trabalho, mas, geralmente, devido à raiva ou frustração. "Os homens não veem por esse lado", explica Lipman. "Uma mulher que chora no escritório é referente a um homem gritando, berrando e ficando com raiva."

VOCÊ SABIA
HÁ TRÊS TIPOS DE LÁGRIMAS

BASAL
MANTÉM SEUS OLHOS LUBRIFICADOS

REFLEXIVA
PROTEGE SEUS OLHOS; PRODUZIDA EM RESPOSTA A UMA IRRITAÇÃO

EMOCIONAL
CAUSADA POR UMA EMOÇÃO FORTE

Etnia

Frequentemente evitamos reconhecer a etnia por medo de dizer a coisa errada. Mas deixar esse medo ditar nosso comportamento traz consequências. Em um emprego anterior, Kisha, agora chefe da engenharia de software na Habit Inc., percebeu que as tentativas de seus colegas de ser inofensivos significavam que eles não davam os conselhos dos quais precisavam para melhorar. Durante uma revisão de código, um tipo de revisão de pares na qual duas pessoas sentam ao lado uma da outra e passam linha por linha do código para identificar erros ou áreas para melhorar, os colegas homens brancos acabavam com o trabalho uns dos outros. "Seu código é tão ruim, que nem quero me sentar com você", um diria ao outro. "Sinto vergonha alheia por você ter esquecido o ponto e vírgula na linha três."

Mas quando era hora de dar o feedback para Kisha, que é afro-americana, as atitudes dos colegas mudavam completamente. Eles diziam: "Está tudo ótimo. Talvez, na linha 79, mudaria..." Kisha finalmente falou sobre a clara diferença no comportamento deles e como isso era uma desvantagem para ela progredir em sua habilidade e aprendizado. Depois da conversa, os outros engenheiros começaram a tratá-la como qualquer outro membro da equipe. Na Habit, Kisha ajudou a criar o processo de revisão de código para garantir que fosse justo: os engenheiros devem ser específicos, fornecer exemplos de como arrumar problemas e observar a subjetividade.

Por que temos vergonha de abordar questões étnicas? "Somos socializados para não falar sobre as etnias", explica a psicóloga Kira Hudson Banks, "então, se esperamos alguém explodir para ter a conversa, não temos habilidade de ouvir uns aos outros". Esteja disposto a cometer erros — e, caso cometa, peça desculpas e mude seu linguajar ou comportamento. Você pode começar dizendo: "Por favor, me dê um feedback honesto e construtivo se eu disser algo que machuque ou seja ofensivo para você, agora e depois."

Como melhorar a comunicação:

- **Observe e denuncie linguagem racista codificada.** A linguagem codificada, que inclui palavras como "favelado", "pivete" e "japa" permite que as pessoas insultem membros de certos grupos sem se referirem explicitamente a eles.

- **Não ignore diferenças...** Quando "não vemos cores", tendemos a ser mais preconceituosos. Estudos mostram que organizações que abertamente discutem diversidade *cultural* (por exemplo, uma equipe cujos membros cresceram em países diferentes) são falsamente percebidas como mais justas — mas conversas sobre diversidade que não abordam *etnia* explicitamente podem acabar mascarando discriminação racial. Ao dar feedback, mantenha preconceitos em potencial em mente, mas não oculte críticas importantes por medo de ser visto como racista.

- **...mas procure coisas em comum.** Evite linguagem "nós/eles", o que cria uma divisão e mina qualquer sentimento de empatia.

- **A prática leva à perfeição.** "Não espere que a/uma pessoa negra em sua equipe diga alguma coisa. Não espere que o RH lhe envie um e-mail", escreve Mandela SH Dixon, CEO da Founder Gym. Pode haver desentendimentos e falhas de comunicação ao discutir etnia, mas humildade e desejo de aprender podem ajudar a atenuar erros.

- **Reflita sobre seu comportamento.** Nem todos se sentirão seguros ao fornecer feedback ou corrigi-lo quando cometer um erro verbal. Uma parte mais importante de ficar mais confortável ao discutir questões étnicas é ficar informado e se observar. Tenha consciência de como e por que seus padrões de comunicação mudam perto de certos colegas.

Idade

Devido ao fato de que os baby boomers continuam a adiar a aposentadoria (o número de trabalhadores com mais de 65 anos mais do que duplicou desde os anos 2000), 5 gerações estão trabalhando juntas pela primeira vez na história:

- Geração silenciosa, nascida entre 1925 e 1945
- Baby boomers, nascida entre 1946 e 1964
- Geração X, nascida entre 1965 e 1976
- Millennials (ou geração Y), nascida entre 1977 e 1997
- Geração Z, nascida depois de 1997

Reclamar sobre diferenças intergeracionais é uma tradição antiga. "A juventude nunca foi tão insolente, nunca foi tão selvagemente insolente", lamentou um ranzinza em 1624. Quatrocentos anos depois, os boomers veem os millennials como desleixados que não param em nenhum emprego, enquanto os millennials pensam que os boomers são incompetentes digitais que não largam o emprego. Ambos veem os jovens da geração X como rebeldes preguiçosos e os da geração Z como individualistas obcecados pelo Snapchat.

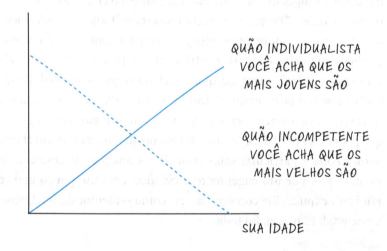

Apesar desses estereótipos, os pesquisadores descobriram que as diferenças entre as gerações são parcialmente atribuíveis ao estágio da vida. "Não é que as pessoas que nasceram depois de 1980 sejam narcisistas", escreve o colunista do *Atlantic* Elspeth Reeve. "É que os jovens são narcisistas, e eles deixam de ser tão individualistas à medida que ficam mais velhos." (Pablo Picasso pintou muitos autorretratos antes que você pudesse fazer uma selfie com um iPhone.) Mas há diferenças na preferência de comunicação no trabalho entre as gerações. As mais jovens, por exemplo, tendem a enviar mais mensagens e e-mails do que telefonar (ou, Deus me livre, deixar uma mensagem de voz). Esses hábitos podem passar a impressão de serem impessoais e até mesmos rudes para as gerações mais velhas. Aprenda sobre as preferências de outras gerações e encontre um equilíbrio entre e-mail, conferências e conversas cara a cara.

Como se comunicar melhor:

- **Comece um programa de mentoria entre as gerações.** Esses programas unem empregados mais jovens com os mais velhos, ampliando os horizontes mentais dos dois e diminuindo a discriminação. Chip Conley, fundador do Joie de Vivre Hospitality, se uniu ao Airbnb como consultor estratégico aos 52 anos. "Ouvi uma pergunta existencial em uma reunião e não soube respondê-la: 'Se você lançasse uma funcionalidade e ninguém a usasse, ela realmente haveria sido lançada?'", recorda Conley. "Perplexo, percebi que estava 'fodido'." Seus colegas mais jovens eram muito mais inteligentes digitalmente falando. Mas ele também tinha algo com que contribuir (e é aqui que a parte de "falar sobre as emoções" entra): pesquisas mostram que nossas habilidades sociais têm um pico aos 40 e 50 anos. "Com muita frequência, saio de uma reunião e discretamente pergunto a um de meus amigos líderes, que podem ser duas décadas mais jovens do que eu, se estariam abertos a um feedback particular sobre como ler as emoções no ambiente, ou as motivações de um engenheiro específico, com um pouco mais de eficácia", explica. Ele começou a agir como o mentor de inteligência emocional. Isso, sim, foi foda.

Diversidade multicultural

"Até mesmo perguntar o ponto de vista de outra pessoa pode parecer uma afronta em nossa cultura", explicou um entrevistado indonésio à pesquisadora Erin Meyer. "Fizemos uma reunião com um grupo de gerentes franceses de filiais na qual eles perguntavam para cada um de nós: 'O que você acha disso?'... Ficamos chocados que seríamos o centro das atenções em uma reunião com muitas pessoas."

UM GUIA PARA ENTENDER OS NORTE-AMERICANOS

"ESTOU ÓTIMO"	"ESTOU BEM"
"ESTOU BEM"	"O MUNDO ESTÁ DESMORONANDO AO MEU REDOR"
"SÓ UM SEGUNDO"	"PRECISO DE UM MINUTO"
"SÓ UM MINUTO"	"PRECISO DE 15 MINUTOS"
"ALGUM PLANO PARA O FINAL DE SEMANA?"	"POR QUE MAIS NINGUÉM PARTICIPOU DA CONFERÊNCIA?"
"CORRIJA-ME SE ESTIVER ERRADO"	"NÃO ESTOU ERRADO, VOCÊ ESTÁ"
"VAMOS CONVERSAR EM PARTICULAR"	"POR FAVOR, PARE DE FALAR"
"VAMOS FALAR SOBRE ISSO NA REUNIÃO"	"POR FAVOR, PARE DE ME MANDAR E-MAIL"
"VAMOS TOMAR UM CAFÉ QUALQUER HORA"	"VAMOS FINGIR QUE QUEREMOS TOMAR UM CAFÉ QUALQUER HORA"

Mas os gerentes franceses viram a mesma situação de forma diferente. "Falamos o que queremos com intensidade", disse um executivo a Meyer. "Gostamos de discordar abertamente... E depois sentimos que foi uma ótima reunião e dizemos: 'Até a próxima!'"

É fácil pisar no calo de alguém que não está familiarizado com as normas de sua cultura. A cultura também afeta quais emoções expressamos confortavelmente. Os norte-americanos tentam exalar euforia e animação. "Os norte-americanos têm que dizer que estão ÓTIMOS!", nota a pesquisadora de

Stanford Jeanne Tsai. "Se estiver só bem, as pessoas pensam que está deprimido." O gráfico a seguir, criado por Meyer, delineia as tendências de confronto cultural e expressão emotiva.

Como se comunicar melhor:

- **Pesquise.** O conhecimento das diferenças culturais pode prevenir muita angústia e desavença. Se estiver trabalhando com alguém que fica menos confortável com o confronto, tente dizer: "Não entendo completamente seu ponto de vista" ou "Por favor, explique um pouco mais", em vez de dizer "Discordo". E se um colega estrangeiro aponta abruptamente um erro que você cometeu, entender sua experiência cultural pode ajudar no reconhecimento de sua intenção. A mesma dinâmica se aplica a mensagens escritas. Embora você possa adicionar "Obrigado!" ao final de um e-mail, seu colega pode não agradecer tão abertamente (mas, ainda assim, ser grato por seu trabalho).

- **Falar pode nem sempre ser a resposta para grupos multiculturais.** Barreiras linguísticas entre colegas podem fazer com que seja mais difícil que se sintam conectados. Música ou atividade física pode criar empatia entre todas as equipes, mas são maneiras não verbais especialmente eficazes de construir empatia em grupos multiculturais.

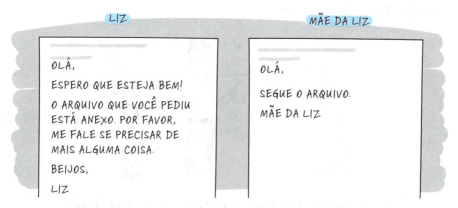

Extrovertidos e introvertidos

"Eu vou se não tiver que falar", diz Elaine quando Jerry a convida para tomar café, em *Seinfeld*. Alguns de nós precisam ficar mais quietos do que outros. Se prefere conversas individuais a discussões em grupo, quer pensar antes de agir e sente-se esgotado depois de um happy hour, você provavelmente é introvertido. Se nada disso faz sentido para você, é extrovertido.

Introvertidos e extrovertidos têm necessidades diferentes. Os extrovertidos tendem a reagir a interações sociais com mais rapidez. Os introvertidos têm menos tolerância ao agito: coloque um introvertido em uma sala lotada e barulhenta, e ele logo estará esgotado. Isso talvez explique por que os introvertidos têm um desempenho melhor em ambientes silenciosos, enquanto os extrovertidos se saem melhor quando é barulhento.

Não é imediatamente óbvio se alguém é introvertido ou extrovertido, principalmente quando estão se conhecendo. No trabalho, os introvertidos frequentemente tentam mascarar suas características para se encaixar. Mas, se não falarem abertamente sobre suas diferenças, os extrovertidos e os introvertidos se deixarão malucos. Os introvertidos são mais sensíveis a estímulos externos (eles salivarão mais com o sabor da limonada do que os outros) e precisam de um tempo sozinho para recarregar. Pode ser difícil para um extrovertido entender por que um introvertido não aceita um convite para almoçar ou começa a desligar depois de uma reunião.

POR QUE ESCOLHERIA IR A FUNDO SE POSSO IR PRA CASA?

Como se comunicar melhor

Dicas para introvertidos:

- Avise as pessoas quando precisar de espaço. Pode dizer algo como: "Gosto muito de trabalhar e conversar com você." Então explique que consegue se concentrar melhor quando tem um momento sozinho. Mas espere fazer algumas concessões, pois ainda tem de trabalhar com outras pessoas.

- Evite enviar e-mails excessivamente longos para os extrovertidos. Extrovertidos, que geralmente preferem discutir problemas ou ideias pessoalmente, podem passar os olhos apenas nos primeiros parágrafos.

- Prepare-se para reuniões, para sentir-se mais confortável ao falar, e então tente participar nos primeiros dez minutos. Assim que quebrar o gelo, será mais fácil falar novamente. E lembre-se: uma boa pergunta pode contribuir tanto quanto uma opinião ou estatística.

Dicas para extrovertidos:

- Envie pautas antes das reuniões, para dar aos introvertidos uma chance de preparar o que dizer. Isso ajudará a facilitar discussões equânimes.

Por exemplo, envie um relatório por e-mail para o grupo antes de uma reunião e comece perguntando o que cada um acha.

- Não tente preencher as pausas, e deixe os introvertidos terminarem de falar antes de interromper.

- Sugira dividir os presentes em duplas ou pequenos grupos para discutir ideias, e então conversar com a equipe maior.

- E o maior conselho para vocês: dê tempo para um introvertido sair de sua concha, e não pare de convidá-lo!

FEEDBACK

Escutar que não está indo bem é ruim. Mesmo as pessoas que dizem que querem aprender com seus erros relatam sentir-se infelizes e desmotivadas depois de receber uma crítica. Uma amiga nossa recebeu um feedback extremamente positivo, mas, ainda assim, ficou obcecada pelos poucos "aspectos a serem melhorados". "Claro, ajudou saber no que eu podia melhorar", disse ela, "mas isso não impediu que eu entrasse em uma espiral de raiva de mim mesma e questionamentos sobre minhas habilidades de fazer alguma coisa bem feita". Estudos mostram que tendemos a evitar colegas que nos dão mais feedback negativo do que nossa visão de nós mesmos. Mas obviamente precisamos saber no que estamos errando para poder melhorar (e ser promovido). Como podemos dar feedback sem que seja um soco no estômago?

1. CRÍTICO COM UM TIMING RUIM
2. ENTREGA EXTREMAMENTE ABRUPTA
3. SPRAY VERBAL SEM FILTROS
4. COMENTÁRIO MORDAZ
5. RECEPTOR DEVASTADO

Um ótimo feedback ajuda quem o recebeu a não ter a reação defensiva automática ("Trabalhei tanto, como poderia ter algo a melhorar?") e ir direto para a determinação e ação ("Estou trabalhando nisso, e fico feliz de saber o que posso melhorar"). Nesta seção, abordaremos as três regras para fornecer um feedback que deixe o receptor bem (ou, no mínimo, menos mal): (1) concentre-se em um comportamento específico; (2) faça uma ponte até ele; e (3) lembre-se: a maneira como fala é importante.

Primeiro, dê feedback sobre um comportamento específico. Críticas vagas são inúteis, e é fácil para o receptor pensar "Fiz uma coisa ruim, então sou ruim". Considere as frases a seguir:

- Seu e-mail poderia ter sido melhor.
- A segunda frase em seu e-mail reiterava a primeira e deveria ter sido deletada.

"LEVADO"? ISSO NÃO É ÚTIL NEM ESPECÍFICO

A primeira é ambígua e desmoralizante. A segunda aponta uma questão específica, o que faz com que seja mais difícil de ser levada para o lado pessoal e dá uma diretiva clara de como melhorar.

Saiba se está negando fornecer feedback porque tem medo de magoar alguém. Temos maior probabilidade de fornecer feedback mais valioso e útil para as pessoas que conhecemos — o que significa que podemos estar negando aos outros colegas informações de que precisam para serem promovidos. Em ambientes profissionais predominantemente masculinos, os homens tendem a receber conselhos específicos e construtivos, enquanto as mulheres recebem comentários generalizados. Um homem pode ouvir "Você não comunicou seus resultados com clareza na reunião sobre engajamento de clientes. Pode evitar que isso aconteça novamente adicionando um slide que forneça os principais aprendizados", enquanto a mulher ouvirá "Suas apresentações são boas, mas algumas vezes seus comentários perdem o ponto principal".

Segundo, não simplesmente critique — sugira uma maneia diferente sobre como fazer as coisas *e* explique como isso beneficiará a pessoa. O professor Cade Massey, da Wharton, recomenda posicionar o feedback como uma superação de uma lacuna: identifique onde quer que a pessoa chegue, dê conselhos claros de como chegar lá e (mais importante) enfatize que você acredita que ela tem a habilidade de superar essa lacuna.

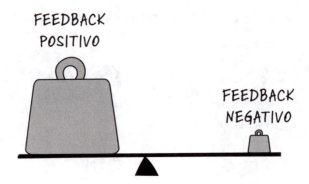

"Percebi que você corta as pessoas nas reuniões", disse Patty McCord, ex-chefe de talentos da Netflix, para um funcionário. "Se seu objetivo é ser gerente, as pessoas têm que querer trabalhar para você, veja estas dicas: não destrua uma ideia imediatamente. Pare de interromper seus colegas. Se alguém ainda não disse nada, convide-o a entrar para a conversa perguntando 'Qual é a sua opinião?'" Mais um conselho: estudos mostram que as pessoas são muito mais receptivas ao feedback negativo se primeiro for dito: "Faço esses comentários porque espero muito de você e tenho certeza de que consegue chegar lá."

> **MOLLIE:** Na IDEO, a empresa de inovação global em que trabalho, usamos o modelo de feedback C.O.I.N.S. (do inglês Context, Observation, Impact, Next, Stay) [Contexto, Observação, Impacto, Seguinte, Manter, em tradução livre] para manter a especificidade. Os empregados são incentivados a começar em um âmbito emotivo e fornecer um contexto para a conversa, compartilhar uma observação factual de seu comportamento, explicar seu impacto na equipe ou organização e sugerir ideias sobre como lidar com situações parecidas de maneira diferente no futuro. Por exemplo, poderia ser dito: Contexto: Sei que quer seguir para um cargo sênior este ano, e também quero isso para você. Observação: Você chegou atrasado para várias reuniões importantes. Impacto: Isso faz com que seus colegas pensem que não valoriza o tempo deles. Em seguida: Consegue se comprometer a chegar na hora nas próximas reuniões? Manter: Isso faz sentido para você? Fico feliz em trabalharmos juntos nesse aspecto.

COMO SUAVIZAR O GOLPE DO FEEBACK

SEJA ESPECÍFICO

FAÇA COM QUE SEJA SOBRE CONSTRUIR PONTES

PERGUNTE COMO DEVE SER FORNECIDO

DEIXE A SITUAÇÃO AINDA MELHOR

Por último, a melhor maneira de evitar magoar a outra pessoa é perguntar como e quando ela prefere receber feedback. Não trate os outros como gostaria de ser tratado, trate-os como *eles* gostariam de ser tratados. "Se seu conselho é dado porque você se importa, isso não é medido pela sua boca, mas pelo ouvido da outra pessoa", disse Kim Scott, autora de *Empatia Assertiva*. Liz ama feedback no momento, para que possa melhorar imediatamente. Mollie prefere obter feedback específico por escrito antes de uma conversa mais longa, para que possa processar sozinha antes de discuti-lo. Esse conselho não se limita à crítica — as pessoas também são diferentes na maneira como gostam de receber feedback positivo. "Se alguém me elogia na frente de minha equipe, conta dez vezes mais do que se me dissesse em particular", disse uma amiga nossa. Mas elogios públicos deixam Mollie (e muitos introvertidos) desconfortável. Se não sabe das preferências da outra pessoa, é fácil pensar que está sendo gentil e produtivo ao ignorar seus sentimentos.

> ### Como Pedir Feedback
>
> Quando um colega vê que você cometeu um erro, seu primeiro pensamento geralmente é: "Deveria dizer alguma coisa?" Você quer que a resposta seja um sim em alto e bom som. "Faça com que seja maravilhoso lhe contar uma merda difícil", escreve Mark Rabkin, vice-presidente do Facebook.
>
> DICAS PARA AJUDÁ-LO A LIDAR COM A CRÍTICA:
>
> - **Lembre-se de que você precisa de crítica para melhorar.** A gratificação instantânea do elogio é tão boa que geralmente trocamos oportunidades de aprendizado

por sucessos simples que reforçam nossa autoimagem positiva. Mas adotar um mindset de crescimento permite que você veja a crítica como uma chance de melhorar — o que torna mais provável que seja promovido.

- **Pergunte a quem saiba do que está falando.** Quando precisamos de ajuda, tendemos a priorizar a confiança e acessibilidade, em vez da expertise. Mas estudos mostram que o feedback nos ajuda a melhorar somente quando parte de um expert.

- **Use a palavra *"qual"*, em vez de *"algum"*.** Se perguntar "Tem algum feedback sobre como foi minha apresentação?", a pessoa facilmente responderá "não" por padrão. Mas, se perguntar "O que eu poderia melhorar em minha apresentação?", estará pedindo um feedback específico.

- **Lembre-se de que a pessoa está dando conselhos para ajudá-lo.** "Um amigo diz que você tem comida no rosto", escreve o CEO da Genius, Tom Lehman. "Quem não é amigo não fala nada, porque não quer ficar desconfortável!"

- **Tenha um arquivo (ou pasta) do sorriso.** Escreva os comentários bons que receber. Salve e-mails de colegas agradecendo por seu trabalho. A crítica permanecerá mais tempo do que o elogio, então lembrar o que faz bem ajuda em momentos nebulosos.

- **Lembre-se de que o feedback nunca é objetivo.** Até mesmo um conselho bem-intencionado pode fornecer uma imagem imprecisa; as mulheres têm duas vezes mais probabilidade de serem descritas como "agressiva". Ao avaliar o feedback, pergunte-se: quanto essa pessoa sabe sobre o seu trabalho? Como o feedback pode ajudar você a entender seus pontos fracos e fortes?

TIPOS DE FEEDBACK

OREO
DOIS PENSAMENTOS POSITIVOS AO REDOR DE UM PENSAMENTO NEGATIVO

MACARON
PENSAMENTOS POSITIVOS ELEGANTEMENTE EXPRESSOS AO REDOR DE UM PENSAMENTO NEGATIVO BEM PEQUENO

BRANCO E PRETO
NÃO – SEM SENTIDO NENHUM

MUFFIN DE PASSAS
POSITIVO, COM PEDACINHOS DE NEGATIVO

AÇÚCAR
MUITO DOCE E DEFINITIVAMENTE NÃO SACIA

CRU
COMPLETAMENTE SEM FILTROS

FALHAS DE COMUNICAÇÃO DIGITAL

Superestimamos a facilidade de alguém adivinhar exatamente o que estamos tentando comunicar. Para mostrar isso, a psicóloga Elizabeth Newton deu, aleatoriamente, o papel de "rítmicos" ou "ouvinte" para um grupo de pessoas. Os rítmicos tiveram de escolher uma música popular e, com as mãos, precisavam bater na mesa seguindo o ritmo da música; os ouvintes tinham que adivinhar a música. Antes do experimento, os rítmicos chutaram que os ouvintes adivinhariam metade das músicas escolhidas. Eles estavam muito errados. Os ouvintes acertaram apenas 3 de mais de 100 músicas.

Se sabe alguma coisa, é dificílimo imaginar como seria não saber. Quando bate na mesa ao ritmo de "We Are the Champions", a melodia que acompanha parece óbvia, porque você canta a música em sua cabeça. Mas a outra pessoa só escuta "*Taaaap, tap, tap, taaap, tap*", o que não se parece com nada. Uma desconexão parecida acontece quando escrevemos uns aos outros. "O maior problema na comunicação é a ilusão de que ela ocorreu", escreve o roteirista George Bernard Shaw. Como podemos evitar que textos e e-mails acidentalmente destruam nossos relacionamentos? A seguir, vemos o que fazer e o que não fazer em comunicação digital relacionada ao trabalho.

- **COLOQUE emojis (mas com cautela).** Emojis podem nos ajudar a expressar o tom, o significado e as dicas emocionais. Se a Liz coloca um ☺ em seu texto "Não se atrase!", faz com que seja mais fácil para Mollie ver que ela está brincando. Mas muitos emojis, principalmente quando não se conhece bem a pessoa, podem minar seu profissionalismo. É melhor esperar até ter uma ideia melhor de como a outra pessoa reagirá a emojis antes de enviar várias carinhas.

- **PERCEBA erros de digitação em mensagens.** Um erro de digitação revela que estávamos com pressa ou em um estado de emoção forte quando apertamos Enviar (ou que somos o chefe e não nos importamos com erros de digitação). O pesquisador Andrew Brodsky os descreve como amplificadores emocionais: se Mollie envia para Liz um e-mail com raiva cheio de erros de digitação, Liz imaginará Mollie batendo no teclado com uma raiva cega e perceberá pela mensagem que ela está *muito* brava.

REVISE sua mensagem emocionalmente. Brian Fetherstonhaugh, o chefe de talentos mundial da Ogilvy Group, frequentemente pergunta aos empregados se eles passaram emoção via e-mail com sucesso. A resposta é quase sempre não. Mas quando ele pergunta para o mesmo grupo se eles já enviaram um problema *com muita raiva* pelo e-mail, "Todos levantam as mãos", disse-nos. Sempre releia o que escreveu antes de apertar Enviar, para ter certeza de que sua mensagem está clara e transmite o tom desejado. Enviar "Vamos conversar" quando quer dizer "São ótimas sugestões; vamos discutir como incluí-las no rascunho" deixará o receptor desnecessariamente ansioso.

USE canais de comunicação mais ricos quando estiver se conhecendo. Temos maior probabilidade de interpretar a ambiguidade como negativa, quando estamos conversando por mensagem ou e-mail com pessoas que não conhecemos bem ou com colegas mais seniores. Digamos que Liz envie um e-mail para Mollie: "Este rascunho é um bom começo, mas acho que mais algumas seções seria melhor." Mollie saberá o que Liz quis dizer. Mas se Mollie receber o mesmo e-mail de sua chefe ou novo colega, se sentirá ansiosa. Use videoconferências quando estão começando a trabalhar juntos, principalmente se um de vocês está trabalhando remotamente, pois isso ajuda a criar confiança. No geral, ver as expressões faciais uns dos outros permite ler melhor entre as linhas, papear e desenvolver um relacionamento genuíno. Depois que conhece a pessoa, pode usar o e-mail com mais frequência.

GOOGLE TRADUTOR PARA E-MAILS DO SEU CHEFE

"ESTAVA ME PERGUNTANDO…"	"ESTOU PRESTES A FAZER UM PEDIDO ABSURDO"
"ONDE ESTAMOS?"	"AINDA NÃO ACABOU?"
"TALVEZ NÃO TENHA ENTENDIDO ALGUMA COISA"	"QUE MERDA É ESSA?"
"JÁ SEI"	"ESTOU P DA VIDA"
"TENHO CERTEZA DE QUE VOCÊ…"	"É MELHOR QUE VOCÊ…"
"VOU CONTINUAR DAQUI"	"VOCÊ ESTÁ FERRADO"

USE vídeos. No Trello — uma empresa de software de gerenciamento de projetos —, mesmo que uma pessoa em uma equipe trabalhe remotamente, o grupo usará vídeo; isso garante que todo mundo se sinta incluído e diminui a probabilidade de as informações se perderem.

MOLLIE: A primeira reunião que Liz e eu tivemos com nossa editora, Leah, foi um desastre. Leah e eu estamos em Nova York, então nos encontramos pessoalmente no escritório da Penguin, e Liz ligou de Berkeley. Eu cheguei cedo e comecei a conversar com Leah sobre a família dela, o que significa que Liz telefonou no meio de nossa conversa. Mais tarde, na reunião, houve um problema com a ligação: Liz estava falando, mas não conseguíamos escutá-la. Ela tentou desligar e ligar novamente, mas não conseguia. Então tentou ligar para o meu celular, mas estava fora de área. Enquanto isso, eu e Leah não sabíamos das dificuldades de Liz e continuamos conversando sobre as mudanças. Liz ficou extremamente chateada (e com razão). Falamos sobre isso depois e decidimos usar o Google Hangouts dali em diante.

LIZ: Sim, foi horrível!! Mas Leah e Mollie foram muito compreensivas depois, e começamos a usar videochamada. Eu me senti incluída desde então.

COMUNICAÇÃO | 169

DANCE COMO SE NINGUÉM ESTIVESSE VENDO

MANDE E-MAIL COMO SE UM DIA FOSSE LIDO NO TRIBUNAL

NÃO entre em pânico. Se um e-mail o deixa furioso, ansioso ou eufórico, espere até o dia seguinte para retornar. Melhor ainda, converse pessoalmente quando estiver mais calmo. Quando respondê-lo, releia seu rascunho pelos olhos da outra pessoa. Pode ser mais fácil imaginar como seu leitor interpretará seu e-mail se enviá-lo primeiro para si mesmo. (Dica adicional: sempre deixe o campo "Para:" em branco até estar pronto para apertar Enviar; uma amiga nossa perdeu uma oferta de emprego porque enviou acidentalmente um e-mail sobre negociação de salário que ainda não estava pronto.)

NÃO use o e-mail quando precisa de um sim. Um pedido cara a cara é mais do que 30 vezes mais bem-sucedido do que o enviado pelo e-mail. Pesquisas mostram que as pessoas veem o e-mail como não confiável e não urgente. Se iniciar uma negociação por e-mail, ajuda se primeiro bajular pessoalmente, por vídeo ou telefone. Em um experimento (chamado "bajule ou perca") que colocava alunos de MBA uns contra os outros, metade recebeu apenas o nome e o e-mail do oponente. A outra metade viu uma foto da outra pessoa e foi orientada a falar sobre hobbies, planos de trabalho e cidade natal antes de negociar. Setenta por cento do primeiro grupo conseguiu fechar um acordo, e quase todos no segundo grupo.

NÃO envie e-mails em horários de folga se não for urgente. "Estou longe do escritório e checando e-mail de vez em quando. Se sua mensagem não for urgente, provavelmente ainda assim responderei. Tenho um problema", twitou a conta de paródia AcademicsSay. Mesmo que você escreva "Não leia/responda até amanhã/segunda", há a probabilidade de seu leitor, ainda assim, pensar em seu e-mail durante todo o final de semana (e pode até se sentir pressionado a responder imediatamente). Tente salvar o e-mail em sua pasta de rascunho ou agende para enviá-lo depois.

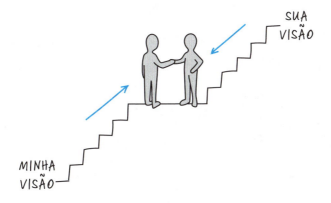

APRENDIZADOS

1. Durante uma conversa difícil, aborde seus sentimentos calmamente, sem supor nada.
2. Saiba das tendências de comunicação para entender melhor a intenção por trás das palavras de alguém.
3. Faça com que a crítica seja específica e útil. Pergunte ao receptor como ele prefere receber o feedback.
4. Revise emocionalmente o que escreveu antes de enviar.

CAPÍTULO 7

Cultura

A cultura emocional emana de você:
Por que pequenas ações fazem uma
grande diferença

MAPA EMOCIONAL DO ESCRITÓRIO

Um sim com a cabeça é bom, dois é muito bom. Só houve um sorriso registrado: Tom Ford, em 2001. Se ela não gosta, balança a cabeça. E aí ela franze os lábios... Catástrofe." É assim que o diretor de arte Nigel descreve sua chefe, a editora-chefe da revista de moda Miranda Priestly, no filme O Diabo Veste Prada. Venerada e temida, Miranda murmura comentários espinhosos sobre a incompetência de sua equipe e nunca revela o calcanhar de Aquiles no ambiente profissional. Todos os funcionários tentam copiar seu comportamento. Depois de algumas semanas, a nova assistente de Miranda, Andy, também aprende a esconder a ansiedade e a frustração, e para de cumprimentar amorosamente seus colegas pela manhã. Em outras palavras, Andy começa a se comportar de outra maneira para se encaixar melhor nas regras implícitas de seu escritório sobre a maneira como os empregados podem ou não expressar emoções.

Neste capítulo, falaremos sobre a sexta nova regra da emoção no trabalho: *a cultura emocional parte de você.* Veremos como a cultura emocional é formada e se espalha, como afeta cada aspecto do trabalho (da produtividade à vontade de viver às segundas-feiras), e, finalmente, como um senso de pertencimento é o melhor indicativo de um ambiente emocionalmente saudável. Seja um gerente que pode mudar as políticas, seja um funcionário soterrado por uma Miranda Priestly, você tem o poder de influenciar a cultura emocional de seu escritório.

CONTÁGIO EMOCIONAL

Já aconteceu de ver alguém gargalhando e se pegar dando risada? Sentimos os sentimentos uns dos outros por um processo automático chamado de contágio emocional. Quer esteja batendo papo com uma colega no elevador ou lendo um e-mail que foi enviado do outro lado do mundo, você internalizará a emoção que ela expressou. É isso mesmo: os sentimentos podem ser transmitidos digitalmente, por meio de caixa-alta, ortografia, tamanho da mensagem, pontuação, GIFs e emojis. "Estando passivo-agressivos enquanto trocamos mensagens, sinto a distância", lamenta o rapper Drake na música "From Time".

As emoções também podem viralizar. Pesquisadores na Baylor University descobriram que um colega desagradável não apenas deixa você (e sua família) mal-humorado, mas pode ter um efeito que se estende até o trabalho de seu companheiro. É mais ou menos assim: Mollie chega em casa irritada por causa de seu colega ranzinza e desconta no marido, que absorve o mau humor dela e vai trabalhar no dia seguinte igualmente irritado. Assim, a atitude negativa do colega da Mollie pode se espalhar para os colegas do marido dela.

As verificações são uma maneira simples de evitar que um carrancudo transforme todos em resmungões. No começo das reuniões, a consultora de liderança Anese Cavanaugh pede que todos avaliem seu humor em uma escala de 0 a 10. Anese pergunta para aqueles que se sentem mal (menos do que cinco pontos) se podem fazer alguma coisa nos minutos seguintes para melhorar o número. Digamos que um colega esteja estressado por causa de um e-mail que precisa responder. Anese o incentivará a deixar a sala, escrever e enviar a resposta, e então voltar. É melhor que uma pessoa saia da reunião rapidinho do que fique lá, mas tão agitado que acabe deixando todos ansiosos também.

Gretchen Rubin, autora do Projeto Felicidade, também recomenda apontar as situações que causam estresse e parar um pouco ao se pegar projetando emoções negativas. "Prazos apertados afloram o que tenho de pior", disse. "Fico ansiosa e fico apressando todo mundo. Agora digo para mim mesma: 'Esse prazo não é tão ruim quanto está imaginando; fique tranquila.' Já percebi que, quando falo de um jeito menos impaciente e mais alegre, todos ficam alegres, o que é melhor para a produtividade do que se estivéssemos todos nervosos."

E ENTÃO, POR CAUSA DO CONTÁGIO EMOCIONAL, O CORAÇÃO DO GRINCH CRESCEU TRÊS VEZES NAQUELE DIA

COMO A CULTURA É CRIADA

Cada empresa tem sua própria cultura emocional. Para aprender sobre a cultura de uma organização, o professor Adam Grant, da Wharton, diz: "Conte-me uma história sobre o que aconteceria somente aqui." Quando Liz saiu da Genius, ela postou um adeus emotivo no site que começava com: "Serei eternamente grata pelas pessoas incríveis + divertidas que a Genius trouxe para minha vida." Usuários do site responderam com GIFs tristes e memes de rap; e um troll comentou: "Quem é você mesmo?" No escritório da IDEO, onde Mollie trabalhou em Nova York, os almoços de quinta-feira são dedicados a momentos de arte. Atividades criativas, como pintura aromática de dedo, escrita de haikai em grupos, e desenhos cegos ajudam os empregados a descontrair.

Há outras dicas sutis que indicam quais emoções são aceitas em seu escritório. As pessoas se cumprimentam nos corredores? Há lenços de papel nas salas de reunião (o que pode indicar que não tem problema chorar)? Seus colegas parecem mais confortáveis expressando frustração ou alegria? Tudo bem responder a um e-mail com um GIF de gato engraçado? Suas respostas talvez dependam de quais colegas você tem em mente, pois muitas culturas emocionais podem existir na mesma organização. (Já entrou em uma seção de seu escritório e pensou: "Há vibrações bem esquisitas aqui"?) As enfermeiras em um hospital podem desabafar umas com as outras na privacidade da sala de descanso, mas demonstrar apenas compaixão na frente dos pacientes. De qualquer maneira, seja lidando com uma cultura emocional global ou mudando de culturas ao longo do dia, entender e se identificar com a cultura de sua empresa é a chave para um senso de pertencimento (falaremos mais sobre isso na próxima seção).

A cultura emocional é construída a partir de normas emotivas, as regras não ditas que ditam o que você pode sentir e expressar. Veja alguns exemplos de normas da emoção no ambiente profissional:

- Nos andares comerciais, ninguém se depara com gritarias cheias de obscenidades.

- Nos hospitais, os médicos que dão diagnósticos desalentadores suprimem a tristeza para parecerem calmos e profissionais diante dos pacientes.

- Em muitos escritórios, os empregados parecem entusiasmados enquanto trabalham em suas mesas, mas vão para a privacidade dos banheiros quando precisam chorar.

- Em qualquer emprego, provavelmente, você receberá olhares escandalizados se suspirar e bater a cabeça na mesa em uma reunião entediante.

As normas das emoções são criadas e reforçadas por sinais sociais pequenos e repetidos que geralmente adquirimos sem perceber. Se sua colega Erica acena de modo afirmativo quando você fala como John estava chato durante a reunião, você continuará o assunto. Se ela cruzar os braços e fechar a cara (mesmo que discretamente), você se pegará mudando de assunto.

Poucas organizações falam sobre culturas emocionais — ou normas emotivas —, apesar de elas afetarem o quanto nós gostamos de nossos empregos, quão estressados nos sentimos e nossa habilidade de trabalhar bem e no prazo. E a cultura emocional *é* um conceito complicado: uma única cultura emocional "boa" ou "ruim" não existe. Também é perigoso ser prescritivo demais, pois qualquer expressão emotiva pode ser danosa quando extrema. Enfatizar muito a compaixão pode fazer com que as pessoas não enfrentem conflitos necessários.

Algumas tendências importantes aparecem na pesquisa. As organizações nas quais a compaixão e a gratidão não são incentivadas tendem a ter taxas mais altas de rotatividade de pessoal. Gerentes de fundos de hedge impiedosos e vingativos trazem menos dinheiro do que seus colegas mais gentis. E as pessoas cujos chefes são rudes e gostam de punir têm mais dificuldade para se lembrar de informações importantes e maior probabilidade de tomar decisões ruins. Por outro lado, quando nos sentimos apoiados e motivados por nossos colegas, somos mais felizes, mais produtivos e ficamos mais tempo no emprego. Também somos mais saudáveis e lidamos melhor com o estresse no trabalho. Quando nossos chefes respondem aos nossos erros com paciência, em vez de fúria, confiamos mais neles.

COMO MANTER UM AMBIENTE EMOTIVO REFÉM

Um objetivo razoável para organizações e indivíduos é incentivar algum nível de expressão emocional. Você pode fazer isso acontecer sem uma grande mudança organizacional; as normas são flexíveis. A compaixão e a generosidade podem ter um "efeito cascata": passam de pessoa a pessoa, o que significa que você pode influenciar toda sua organização. Tente a regra 10/5 que o Ritz-Carlton ensina para sua equipe: quando os empregados estão a três metros (dez pés) de alguém, eles fazem contato visual e sorriem. Se estão a um metro e meio (cinco pés), dizem oi. Essa simples política, que também foi implementada em hospitais, deixa os clientes e os empregados mais felizes. (Como um hotel incentiva seus empregados: "Um sorriso evitará as reclamações dos clientes!")

Ou siga o exemplo de Giles Turnbull. Ao trabalhar como escritor no UK Government Digital Service (GDS), Giles criou um poster "Não tem problema" (imagem na página 182) e pendurou cópias pelo escritório. Ele nos disse que escrever quais normas de emoção a GDS valorizava ajudou novos contratados a absorver a cultura rápido e facilmente. O poster já apareceu nas paredes do Spotify, Salesforce e até da Goldman Sachs.

A normalização de certo grau de expressão emotiva também pode ser fonte de dados valiosos. Na Ubiquity Retirement and Savings, os empregados apertam um dos cinco botões que representam seu humor — eles podem escolher entre carinha feliz, neutra ou triste — todas as noites antes de ir para casa. A Ubiquity usa os dados para aprender como aumentar a felicidade e a motivação no emprego.

Mas e se trabalhar para uma Miranda Priestly, que nem dá bola para o que você sente? Reformule discussões sobre emoções usando uma linguagem aceita e ligue suas emoções a um objetivo organizacional. "Se disser 'Sinto-me magoado e subestimado', será mal recebido", escrevem os autores do livro *Conversas Difíceis*, "considere algo assim: 'Gostaria de encontrar uma maneira de terminar isso em um prazo menor a cada trimestre. Sei que

> Não tem problema... dizer "não sei"
> pedir mais explicações
> ficar em casa quando estiver doente
> dizer que não entendeu
> perguntar o que significam os acrônimos
> perguntar por que e por que não
> esquecer as coisas
> se apresentar
> depender da equipe
> pedir ajuda
> não saber tudo
> ter dias tranquilos
> ter dias alegres, falar, contar piada e dar risada
> colocar fones de ouvido
> dizer "não" quando estiver muito ocupado
> errar
> cantar
> suspirar
> não verificar seu e-mail durante horas
> não verificar seu e-mail constantemente
> relaxar
> perguntar para alguém cara a cara
> ir para outro lugar para se concentrar
> dar feedback sobre o trabalho de outras pessoas
> desafiar as coisas com as quais não está confortável
> dizer sim quando alguém fizer um café
> correr
> preferir chá
> fazer uma boquinha
> ter uma mesa bagunçada
> ter uma mesa arrumada
> trabalhar como gosta
> pedir para o gerente consertar
> ter dias improdutivos
> tirar uns dias de folga

Lista "It's OK to" [Não tem problema, em tradução livre] do Serviço Digital do Governo Britânico, criada por Sonia Turcotte geralmente saio das reuniões frustrada, e imagino que vocês também se sintam frustrados de vez em quando. Podemos conversar sobre o porquê disso e como podemos criar um processo melhor?'". Mas quando uma cultura emocional o deixa *constantemente* infeliz, é hora de pensar em mudar para outro grupo ou empresa. "As pessoas não levam a cultura emocional suficientemente a sério", avisa Sigal Barsade, professora da Wharton. "Elas apontam outras partes do emprego que são ótimas no papel. Mas a cultura emocional afeta você e seu trabalho, e muito. Se está extremamente infeliz, talvez seja melhor pedir demissão."

EXPRESSÃO EMOTIVA EM UMA CULTURA DE REPRESSÃO

ESTOU CHATEADO   ESTOU EUFÓRICO   ESTOU MORRENDO   VOU EXPLODIR!

Como incentivar a expressão emotiva saudável:

- **Reconheça as vidas pessoais.** Mesmo no ambiente estressante de um hospital, o colega do outrora neurocirurgião Paul Kalanithi disse a ele: "O chefe está se divorciando, então está mais dedicado ao trabalho agora. Não fique de papo furado com ele." Entender o que as pessoas ao seu redor podem estar passando faz com que você as trate com empatia e compaixão.

- **Compartilhe intervalos para um café e refeições.** "Comer junto é uma tradição antiga, primitiva, como uma espécie de cola social", explica Kevin Kniffin, professor da Cornell. Quando comemos juntos, tendemos a gostar mais uns dos outros e de nosso emprego. Com base nos conselhos dos pesquisadores do MIT, um call center do Bank of America mudou os turnos de todo mundo para que os membros da equipe pudessem começar a tomar café juntos, em vez de individualmente. Dar aos empregados tempo para bater papo durante os intervalos os deixou mais felizes e dispostos a trabalhar mais — o que levou a um salto estimado de US$15 milhões ao ano em ganhos de produtividade. Na Starbucks, reuniões importantes começam com uma degustação de café. Essa prática cria uma atmosfera colegial que facilita aos membros concordar com relação aos próximos passos ou decisões finais (não sei se todos escrevem seus nomes nos copos de café).

MELHORES COMIDAS E BEBIDAS PARA ESTREITAR OS LAÇOS

CAFÉ DE REDE

ABRE UMA DISCUSSÃO SOBRE A SUPERIORIDADE DA TORRA ARTESANAL

PEIXE NO MICROONDAS

TEM UM CHEIRO HORRÍVEL, CRIA UM INIMIGO COMUM

ÁGUA COM GÁS

SEM LATICÍNIOS, SEM GLÚTEN, VEGANA

COOKIES DE VOODOO

O MEDO UNE TODO MUNDO

- **Celebre as emoções que você valoriza.** A estilista Tory Burch premia seus empregados que mais vestem a camisa dos valores colaborativos da empresa com uma viagem de uma semana com tudo pago para qualquer lugar do mundo. Uma maneira mais simples de positivamente reforçar a gentileza é modelar e explicitamente reconhecer os gestos. ("Obrigado por me trazer uma barrinha de granola da cozinha!")
- **Não entre na onda dos reclamões.** Se tiver um colega que se queixa constantemente, tente puxá-los para a ação perguntando: "O que você poderia ter feito de outra maneira?" ou "O que você pode fazer agora?". Essas perguntas movem a conversa em uma direção positiva — e fazem com que desabafar com você seja menos divertido. Se não funcionar, invente uma desculpa para encerrar a conversa ("Tenho que responder uma tonelada de e-mails").

PERTENCIMENTO

E se você pudesse parar de se esconder e começar a se organizar, mesmo as suas partes que parecem não pertencer à superfície? Para isso, teria de sentir que você realmente pertence à organização. Mas o que é o pertencimento, exatamente? Diversidade é ter um lugar ao sol; inclusão é ter voz, e pertencimento é ser ouvido. "Não queremos saber que podemos sobreviver em um espaço, queremos saber que podemos prosperar", disse-nos Pat Wadors, chefe do departamento de recursos humanos na ServiceNow. Pat explicou que, quando ainda era uma garota com problemas de aprendizado, se sentia um peixe fora d'água. Mas e nos momentos em que se sentia pertencente? "Eu moveria montanhas por você", falou. "Quando posso ser meu eu mais autêntico, não tenho bloqueios. Quando tenho orgulho de ser mulher, quando não tenho vergonha de dizer que sou disléxica, quando ser diferente é legal." *Para avaliar seu senso de pertencimento em sua organização, veja nossa avaliação rápida na página 247.*

DIVERSIDADE

INCLUSÃO

PERTENCIMENTO

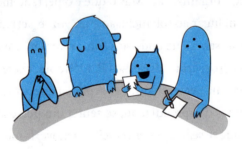

Momentos de transição, como o primeiro dia no emprego, são especialmente causadores de ansiedade — o que os torna grandes oportunidades para criar um senso de pertencimento. Pense em como você estava feliz no dia em que recebeu a oferta de emprego. Mas, à medida que o primeiro dia se aproxima, sua animação provavelmente se torna dúvida em relação de si mesmo. Para combater as ansiedades do primeiro dia, o escritório da IDEO de São Francisco faz uma reunião com os novos contratados. Todos que os entrevistaram compartilham o porquê de estarem animados com a sua presença e quais habilidades necessárias esses novos contratados têm a oferecer à equipe. Esses comentários são escritos em um folheto que diz: "Caro [nome do novo empregado], pensamos que você é ótimo porque…"

PODERIAM USAR MAIS EMPATIA
NESSE PROCESSO DE INÍCIO

MOLLIE: Estava muito entusiasmada para começar a trabalhar na IDEO. A cultura deles é incrivelmente forte, o que é maravilhoso, mas também significa que novos contratados podem se sentir um peixe fora d'água até aprenderem todas as normas exclusivas. Fiquei nervosa pensando se me encaixaria ou não. Demorou meses para me soltar perto das pessoas.

No dia em que comecei, minha mesa estava cheia de post-its de meus colegas falando o porquê de estarem ansiosos para trabalhar comigo. Alguém tinha deixado meu salgadinho preferido lá; eu havia preenchido uma pesquisa de boas-vindas da IDEO na semana anterior, incluindo uma pergunta sobre meus salgadinhos favoritos, mas achei que essas informações só seriam usadas para que as pessoas me conhecessem. Fiquei muito aliviada por minha nova equipe querer que eu me sentisse bem-vinda. Outra tradição com novos contratados é enviar um e-mail com fatos divertidos e fotos para se apresentar. Compartilhei que gosto de assistir a comédias (meu marido é comediante) e que eu uma vez saí de férias com uma participante do programa Real Housewife de Nova York (para os fãs: era a Sonja "Leopard Is My Neutral" Morgan). Quando deu cinco horas da tarde, meu primeiro e-mail tinha gerado um fio extenso.

À medida que os meses se passaram, ganhei uma compreensão mais aprofundada da cultura, então comecei a sorrir, me manifestar e me voluntariar mais (o que incluiu organizar e recepcionar uma competição de confeitaria no escritório baseada no programa *Great British Bake Off*). Quando senti um senso mais profundo de pertencimento, não estava mais constantemente questionando se eu me encaixava ou não. Podia compartilhar meu lado mais bobo, mas também fazer perguntas difíceis. Alguns meses depois de começar a trazer meu eu verdadeiro para o trabalho, liderei meu primeiro projeto.

Microações e Pertencimento

Microações são pequenos gestos que atuam como sinais sociais. Pode ser que você esteja mais familiarizado com o termo "microagressões", momentos indiretos ou não intencionais de exclusão. "Microações" (um termo cunhado pela empresa de transformação de culturas SYPartners, que o usa em seu dia a dia) são a antítese — ações positivas que podem construir um pertencimento significativo.

Veja este exemplo: Karishma é uma talentosa designer sênior na SYPartners. No começo de 2015, ela trabalhou em um projeto com Keith Yamashita, o fundador e presidente. Depois de algumas reuniões, Karishma chamou Keith de lado. "Vou ensinar você a falar meu nome", disse a ele. "Então pode me chamar pelo nome, como faz com todo mundo." Keith achava que estava sendo inclusivo ao fazer perguntas e focar sua atenção nela enquanto Karishma falava. "Mas eu não sabia pronunciar o nome dela, então tinha vergonha de falar", recorda ele. "E se chamo todo mundo pelo nome, menos ela, o que isso diz para ela sobre o quanto a valorizo?" Keith agora pergunta às pessoas como pronunciar seus nomes assim que as conhece (esse gesto é uma microação).

Para criar um senso de pertencimento por outros, tente estas microações:

- Use o nome de um colega em conversas. (Isso requer que você pergunte e lembre como pronunciá-lo corretamente!)

- Uma vez por mês, tome café ou almoce com um colega que você não conhece tão bem. Aproveite a oportunidade para conhecê-lo melhor, assim como o que ele faz.

- Quando um novo contratado começar, ajude-o a conhecer as outras pessoas. Quando apresentá-lo para alguém, não diga apenas: "Você dois deveriam conversar!" Em vez disso, encontre e mencione um interesse em comum (idealmente que não tenha relação com o trabalho), para que possam começar a conversar de algum lugar.

- Quando alguém entrar para a conversa, pare um pouco para inteirá-lo.

- Se um colega parar o que está fazendo para ajudá-lo, agradeça!

- Quando alguém estiver falando com você, não faça outras coisas. Pare o que estiver fazendo e dê atenção completa.

- Se observar que alguém foi interrompido no meio de uma frase, intervenha e peça que continue compartilhando os pensamentos.

Senso de pertencimento não é o mesmo que se sentir semelhante à outra pessoa (nosso desejo de pertencimento geralmente nos leva a esconder quem somos). O pertencer é sentir-se seguro e valorizado por aceitar o que o torna diferente, e é assim que nos sentimos quando temos confiança de que a equipe não acatou nossa ideia simplesmente porque ela não era a melhor escolha, e não porque há algo errado conosco. O *não* pertencimento ou um senso de isolamento está entre um dos maiores previsores de rotatividade. Um estudo que analisou e-mails mostrou que novos empregados que não mudavam do pronome "eu" para "nós" (o que os pesquisadores usaram como um sinal de pertencimento) durante os seis primeiros meses no emprego tinham maior propensão a pedir demissão.

Sentir que você pertence não significa que o trabalho será como um passeio no parque — significa que os altos e baixos normais na vida do escritório não causarão muito estresse. No Pinterest, os gerentes são incentivados a compartilhar suas experiências (boas e ruins) na empresa para ajudar seus subordinados a entender que algumas mudanças emocionais fazem parte do trabalho — e que é possível passar por momentos difíceis e, ainda assim, pertencer. Na próxima seção, discutiremos esses tipos de conversa com mais detalhes. Elas são chamadas de intervenções de pertencimento e não precisam de mais de uma hora para acontecer.

CULTURA | 191

Como criar uma cultura de pertencimento:

- **Presuma que há boas intenções.** Se um colega que você conhece e confia pisar na bola, explique o porquê de o comportamento dele fazer com que você se sinta excluído e proponha outra ação. "As intenções são importantes", observa Pat Wadors. "Dê espaço para as pessoas aprenderem com seus erros."

- **O pertencimento começa com a integração.** Na Warby Parker, os empregados ligam para os novos contratados antes do primeiro dia para contar a eles o que esperar na orientação e responder a quaisquer perguntas. Os novos empregados do Google cujos gerentes os recebem calorosamente são mais produtivos nove meses depois.

- **Atribua "cultura de colegas".** A Buffer, uma empresa de gerenciamento de mídias sociais, une novos contratados com empregados que já entendem a cultura. No fim da primeira semana, esse colega de cultura senta-se com o novo contratado para responder perguntas, dar feedback (por exemplo, como o tom de seu e-mail está sendo percebido) e ajudá-lo a entender que se sentir um pouco deslocado é normal.

- **Faça questão de que o pertencimento não sofra uma queda livre em reuniões.** Atribua uma pessoa para ser um observador objetivo durante todas as reuniões. A função dela é registrar as dinâmicas do grupo, observando quem fala mais, quem não recebe nenhuma oportunidade de fala e quem fica interrompendo outras pessoas. No final da reunião, peça para o observador sugerir maneiras para melhorar a dinâmica do grupo.

Pertencimento e Trabalhadores Remotos

O que a cultura significa para o crescente número de pessoas que trabalham de casa ou como freelancers? Laura Savino é uma desenvolvedora de iOS que mora em Seattle e trabalha remotamente para empresas do mundo inteiro. Quando conversamos, ela foi clara sobre o maior problema de sua carreira: como raramente conhece os colegas fora do trabalho, costuma sentir-se isolada e invisível. "Mas uma empresa", se recorda com um sorriso, "marcou um chá da tarde por vídeo de 30 minutos semanalmente para todos os empregados. Foi explicitamente social e ajudou a nos unir".

Imitações de conversas nos corredores ajudam os trabalhadores remotos a se conectarem uns com os outros. Os 75 empregados da Buffer, que estão distribuídos pelo mundo, compartilham partezinhas de suas vidas pessoais nos Stories do Instagram. Courtney Seiter, diretora de pessoas da Buffer, nos disse: "Agora sei como é o dia de meus colegas e como é o espaço de trabalho deles. Posso vê-los fazendo cookies e passeando com os cachorros. É o tipo de coisa da qual você nunca falaria em ligações de conferência, mas vê-los nos ajuda a entender uns aos outros."

A armadilha "Longe dos olhos, longe do coração" em geral significa que os trabalhadores remotos quase nunca recebem elogios. Quando trabalhamos com nossos colegas pessoalmente, nos cumprimentamos depois das reuniões, nos corredores ou enquanto bebemos alguma coisa. Os trabalhadores remotos têm menos chances de receber esse tipo de feedback informal. "Muitos trabalhadores remotos recebem tarefas, as entregam no prazo e só são contatados novamente quando seus gerentes precisam de mais trabalho dessa área", explica Kristen Chirco, do E Group. Apontar publicamente quando um trabalhador remoto fez um bom serviço é algo raro.

Dicas da Liz para Ajudar os Trabalhadores Remotos a Sentirem-se Pertencentes

LIZ: Como sou freelancer, posso trabalhar em qualquer lugar que tenha Wi-fi. Meu pai é um patologista aposentado; ele tinha que viajar de trem por 40 minutos para chegar ao laboratório. Tenho que lembrá-lo constantemente de que, quando estou vestindo moletom e usando meu notebook na mesa de jantar, estou trabalhando. Uma das manhãs em que visitava meus pais, estava trabalhando deitada na cama. Meu pai deu uma espiadinha no quarto e perguntou, cheio de preocupação: "Quando você vai trabalhar em um escritório?"

O melhor conselho para fazer com que os trabalhadores remotos sintam-se pertencentes: faça as mesmas coisas que faria se estivessem trabalhando pessoalmente.

- **Quando ganharmos confiança, confie em nós.** Como você não nos vê trabalhando, é fácil deduzir que qualquer interrupção de comunicação significa que estamos de braços cruzados. A parte mais legal de trabalhar remotamente é que podemos criar, sem problemas, blocos de concentração ininterruptos no dia. Deixe suas expectativas claras para os trabalhadores remotos, mas não se preocupe se não receber mensagens deles a cada cinco minutos.

- **Lembre-se dos fusos horários.** Para ajudar as pessoas de todos os fusos a sentirem-se incluídas, não tome decisões até que tenha ouvido as opiniões de todos os que deveriam estar envolvidos. E, se pedir para um colega participar de uma reunião às seis da manhã ou às dez da noite, no horário dele, recomendo não ter vídeo. É muito mais fácil fazer uma ligação se não tiver que passar maquiagem ou abotoar uma camisa primeiro.

- **Envie-nos coisas!** Um de meus clientes enviou um pequeno bolo no meu aniversário. Eu fiquei animadíssima! Outro enviou meus pagamentos em cartões de agradecimento ilustrados. Quando tudo é digital, um pacote físico (pense em brindes da empresa, livros, lanchinhos ou recados escritos à mão) é fantástico.

- **Ajude-nos a nos conhecer.** Pode ser por meio de almoços ou chás da tarde virtuais, ou o que a Buffer chama de "Ligações de Parceiros". Para as Ligações de Parceiros, os empregados da Buffer são emparelhados aleatoriamente com outra pessoa da empresa uma vez por semana. As ligações não têm um objetivo definido; os colegas podem se conhecer falando de suas famílias, hobbies ou séries favoritas.

TENDO CERTEZA DE QUE ACERTAMOS NO PERTENCIMENTO

"Não importa o quanto alguns de meus colegas e professores brancos tentem ser liberais ou mente aberta comigo, eu por vezes me sinto uma visitante no campus; como se aqui não fosse o meu lugar", escreveu Michelle Obama quando estudava em Princeton. "Parece que, para eles, sempre serei negra em primeiro lugar, e só depois estudante."

☐ TRABALHANDO ☐ SE PREOCUPANDO

QUANDO VOCÊ SE SENTE PERTENCENTE

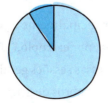

QUANDO NÃO

Embora todo mundo passe por períodos de dúvidas sobre si mesmo, membros de grupos minoritários têm uma propensão maior a sentirem-se alienados no trabalho. Indivíduos de comunidades marginalizadas não apenas se perguntam "Aqui é meu lugar?", mas lutam com uma pergunta além: "Aqui é o lugar do meu grupo?" Muitos profissionais minoritários admitem sentir pressão para mostrar uma identidade no local de trabalho que contemple os padrões dominantes e combata estereótipos de seu próprio grupo. "Homens negros geralmente dizem que gerenciar suas emoções para que outras pessoas não os vejam como o estereótipo do 'homem negro bravo' é parte da função deles", disse a socióloga Adia Harvey Wingfield. E mulheres negras e latinas dizem sofrer para falar sem sotaque ou evitar gírias.

Sentir que tem que cultivar contínua e cuidadosamente uma identidade no trabalho é cansativo. E, se *não* for minoria, as pesquisas revelam que você provavelmente subestima o quanto isso pode isolar. As minorias que não podem falar sobre os preconceitos que encontram na vida profissional e pessoal têm duas vezes mais chances do que as não minorias de se sentirem sozinhas — e de sair da empresa durante o período de um ano. Pesquisas mostram também que empregados negros com desvantagem em sua experiência e que trabalham arduamente para ser bem-sucedidos têm uma expectativa de vida menor — talvez por ser muito estressante tentar se encaixar em ambientes profissionais não inclusivos.

Essas dinâmicas significam que muitas pessoas carregam em silêncio um fardo emocional pesado no trabalho. Depois do tiroteio da polícia no verão de 2016, a executiva técnica Leah McGowen-Hare não se sentia confortável demonstrando quão chateada estava. "Tinha que entrar no banheiro, porque eu não conseguia me controlar e todo mundo agia como se nada estivesse acontecendo", recorda ela. "A empatia pela comunidade negra não existia."

Sessões de treinamento de diversidade, principalmente aquelas em que "diversidade" é definida de forma ampla (como, por exemplo, "diversidade de pensamento"), não são a resposta. Na verdade, essas sessões geralmente se tornam outra fonte de estresse emocional para os membros de grupos com menor representatividade. Nas entrevistas, profissionais negros disseram para Adia que havia pouca ou nenhuma igualdade em termos de quem podia expressar emoções. "Enquanto os trabalhadores brancos sentiam-se livres para articular preconceitos raciais", disse-nos ela, "seus colegas negros não ficavam confortáveis para expressar suas respostas emocionais. A sessão de treinamento se tornava outro lugar no qual as minorias tinham de esconder seus sentimentos". Essa desigualdade na expressão emocional geralmente ocorre quando sessões de treinamento de diversidade são usadas como uma tentativa de corrigir uma cultura emocional doentia. "As organizações não podem simplesmente demandar confiança", escreve Erica Baker, gerente de engenharia sênior na Patreon. "A confiança deve ser conquistada."

Trabalho Emocional

Com que frequência você escolhe suas palavras com cuidado para que não seja percebido como ameaçador? E sorrir e acenar quando seu chefe não disse nada especialmente esclarecedor? Perdemos a conta há um tempão. É uma forma de trabalho emocional o trabalho geralmente invisível e não pago que fazemos para preencher as expectativas emocionais de um emprego. O trabalho emocional geralmente envolve a ação superficial ou expressão de emoções que não sentimos. O autor Seth Godin descreve isso como "ouvir quando preferiríamos gritar". A ação superficial nos esgota, e as pessoas que fazem isso com frequência têm mais probabilidade de sentirem-se estressadas e eventualmente sofrer de burnout.

Embora todo mundo tenha algum grau de trabalho emocional no emprego, mulheres e minorias sentem mais pressão do que seus colegas para não parecerem ameaçadores e serem empáticos. Nas universidades, os alunos costumam usar as horas de plantão das professoras como "confessionário" e são mais propensos a contar com elas para apoio emocional. Escritora do *The Toast*, Jess Zimmerman argumenta que as mulheres deveriam começar a cobrar por "aliciar o ego de um homem" (US$100) e "fingir que o acha fascinante" (US$150). Nadia, redatora da indústria tecnológica, contou a *The Out Line* que, em um emprego recente, gastava uma parcela significativa de energia mental escolhendo cuidadosamente as palavras. "Era uma das mais jovens da equipe, sou mulher e negra", explicou. "Via outras pessoas falarem coisas e pensava 'Ah, meu deus, se essas palavras saíssem da minha boca, as pessoas ficariam aterrorizadas'."

Então como criamos um ambiente de trabalho em que todos os empregados sentem-se realmente pertencentes? Primeiro, comprometa-se com a criação de uma força de trabalho diversa em todos os níveis. Quando membros de todos os grupos são visivelmente representados e apoiados entre os gerentes seniores, há menos necessidade de indivíduos deixarem seu eu verdadeiro do lado de fora. Na primavera de 2018, a Domo, empresa de software baseada em Utah, colocou seis novos outdoors perto de suas sedes que diziam: "DOMO ❤ LGBTQ+ (e todo o resto também)." Os executivos da Domo decidiram lançar a campanha depois de ouvir histórias de indivíduos da comunidade LGBTQ+ que estavam sendo ostracizados pela comunidade conservadora local. "Precisamos fazer com que nossos ambientes profissionais sejam inclusivos para todo mundo", escreveu o CEO Josh James.

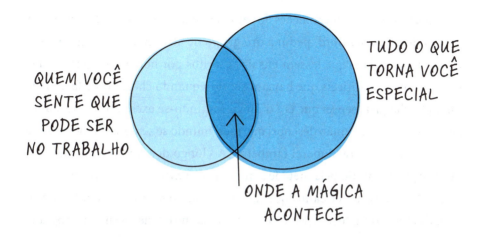

Depois, observe as intervenções de pertencimento. Em um estudo, o professor Greg Walton, da Stanford, pediu a um grupo de afro-americanos do primeiro ano da faculdade que lessem ensaios escritos por homens de outros anos sobre as emoções difíceis que haviam sentido quando chegaram à faculdade. "Quando cheguei, pensei que era o único sentindo-se excluído", escreveu um dos veteranos. "Mas então descobri que todo mundo se sente assim no começo, e todo mundo supera. Superei também." Ao longo dos três anos seguintes, a intervenção diminuiu pela metade a diferença na média de notas entre alunos brancos e os afro-americanos que faziam parte do grupo. Uma intervenção parecida eliminou a diferença na média de notas entre gêneros em um programa de engenharia altamente seletivo.

Finalmente, crie normas emotivas que incentivem as minorias a falar como se sentem. Depois do tiroteio da polícia no verão de 2016, a Pricewaterhouse Coopers (PwC) uniu seus empregados em pequenos grupos para discutir abertamente as questões raciais. Um executivo afro-americano descreveu seu terno como sua capa: quando o usa, ele é um cara bom, mas quando o tira, é mais provável que seja visto como ameaçador. O presidente da PwC, Tim Ryan, e a gerente de talentos e iniciativas de minorias Elena Richards discutiram sobre o que aprenderam nas conversas em vídeo, e então usaram as mídias sociais para incentivar os empregados a continuar compartilhando suas histórias uns com os outros. "A discussão desses assuntos complicados geralmente é vista como responsabilidade dos líderes comunitários, políticos e ativistas", escreveu Ryan. "Mas nosso pessoal passa boa parte da vida entre as paredes dessas empresas, e, mais do que tudo, quero que consigam trazê-los inteiros para o trabalho."

Como ajudar a garantir que todos se sintam pertencentes:

- **Reconheça que membros de diferentes grupos enfrentam desafios diferentes.** "Vamos começar com gênero" é uma abordagem fracassada para criar uma cultura de pertencimento para todos os empregados. Conversas sobre mulheres no ambiente de trabalho geralmente focam mulheres brancas e ignoram as experiências de outros grupos sub-representados.

- **Lembre-se de que nunca "não é problema seu".** "Até hoje nenhum grupo marginalizado conseguiu advogar em benefício próprio — sozinho — para iniciar a mudança", escreve a conteudista da CNN Cameron Hough. Muitas pessoas que são progressistas na vida pessoal dão um passo em sua vida profissional. Se alguém de seu time diz algo que levanta algumas sobrancelhas, mas não é diretamente preconceituoso com você, manifeste-se e converse com ele de lado depois. As pessoas terão maior propensão a sentir-se culpadas e pedir desculpas se o comentário preconceituoso for apontado por alguém de fora do grupo.

- **Identifique vozes faltantes.** Em todas as reuniões, Pat Wadors pergunta aos participantes que vozes eles desejariam que participassem da conversa e como envolvê-las. "Tem a ver com cuidar dos indivíduos mesmo que não estejam presentes", disse-nos ela.

- **Faça perguntas, em vez de tentar resolver o problema imediatamente.** Você não entenderá a perspectiva da outra pessoa a menos que a escute e demonstre compaixão. "Atenha-se bem às suas ideias, assim você poderá mudar seu pensamento e ser tocado pelo que alguém diz", aconselha Mellody Hobson, presidente da Ariel Investments. "Ao fazer perguntas... não há mais limites." Seu instinto pode ser rapidamente arrumar as coisas, como se a questão fosse apenas um conflito emocional instantâneo. Mas a realidade é que geralmente são questões estruturais, não interpessoais.

- **Fique no seu quadrado.** Hobson incentiva as pessoas a trabalharem com o poder que têm. Se for gerente, comece a conversar e crie uma norma de equipe para fazer perguntas. Se for membro de uma equipe, aproxime-se de quem for diferente de você.

Para mais fontes sobre gênero e liderança: *Recomendamos o TED talk da Mellody Hobon's "Be Color Brave, Not Color Blind"; as pesquisas e livros das professoras Adia Harvey Wingfield e Kira Hudson Banks; "The Belonging Guide", do professor Greg Walton; a pesquisa sobre diversidade e inclusão da empresa de consultoria Paradigm; e as fontes nos sites CODE2040, Kapor Center e Catalyst* [conteúdos em inglês].

APRENDIZADOS

1. Seja gentil; as emoções são contagiosas, o que significa que suas ações podem ter uma influência positiva na cultura emocional de toda sua organização.

2. Crie uma cultura de pertencimento por meio de microações: diga "oi", convide as pessoas para participar das conversas ou ajude novos contratados a conhecer outras pessoas.

3. Compartilhe histórias sobre quem você é, não o que faz, e convide outras pessoas a fazerem o mesmo.

4. Não ignore os fardos emocionais que seus colegas talvez carreguem.

É UM MUNDO SELVAGEM, MAS ESTOU COM VOCÊ

CAPÍTULO 8

LIDERANÇA

Seja seletivamente vulnerável:
A maneira como você compartilha é importante

A VIDA DE UM LÍDER

OUTRA SITUAÇÃO POTENCIALMENTE DESASTROSA VEIO VER VOCÊ

Laszlo Bock sentou-se em um sofá na sala de conferência parcamente mobiliada e ouviu o último de seus empregados na reunião atualizar o grupo sobre seu trabalho. Então foi a vez de Laszlo. "Na semana passada, meu irmão morreu inesperadamente."

Laszlo Bock, que liderou o RH do Google por dez anos, é o fundador e CEO do Humu, uma empresa de aprendizado de máquina que pretende deixar o trabalho melhor. Em uma manhã de agosto em 2017, ele recebeu uma ligação com notícias de seu irmão. Dizendo que tinha uma emergência pessoal, Laszlo imediatamente largou tudo e foi para a Flórida ficar com sua família.

Quando voltou para a Califórnia, uma semana depois, decidiu contar para seus empregados sobre a morte de seu irmão. "Eu tinha que avisá-los sobre a possibilidade de eu estar instável pelos próximos meses e o porquê disso", disse. "Eu sabia que, se não o fizesse, me sentiria culpado por parecer menos focado. Essas pessoas pediram demissão de empregos incríveis para trabalhar comigo, e, meses depois, senti que estava quebrando um contrato implícito com elas."

Depois que Laszlo falou, seus empregados ficaram ao seu redor. Embora cada membro tenha respondido de maneira diferente — alguns não falaram mais sobre isso, outros perguntavam de vez em quando como ele e sua família estavam —, todos estavam presentes de uma maneira que o fez se sentir apoiado. "Isso fez com que ir trabalhar fosse mais fácil", recorda-se. "Foi um alívio estar lá trabalhando arduamente, e algumas vezes oprimir meus sentimentos e saber que as pessoas entendiam o porquê de eu estar fazendo aquilo, e ficar tudo bem." A vulnerabilidade dele também criou um ambiente em que os empregados também podiam compartilhar e apoiar uns aos outros. Alguns meses depois, Laszlo viu uma funcionária hesitar em contar alguma coisa para outra. "Não quero encher você com isso", disse ela. A colega respondeu: "Não fica pesado quando compartilha."

VULNERABILIDADE SELETIVA

Laszlo não é a primeira figura poderosa a usar sua plataforma para desestigmatizar a vulnerabilidade, nem é o primeiro CEO a entender o poder de abaixar sua guarda. O CEO da Apple, Tim Cook, gosta de almoçar com funcionários aleatórios. O TED talk viral de Simon Sinek, "Why Good Leaders Make You Feel Safe" [Por que bons líderes fazem você se sentir seguro, em tradução livre], indica que o gerenciamento de comando e controle — que usa a dominação para obter resultados — está saindo de cena. Um estilo de liderança relacional tem benefícios emocionais *e* financeiros. Pesquisas mostram que nosso cérebro responde mais positivamente a chefes empáticos. Quando sentimos uma conexão pessoal com um líder, tentamos mais, desempenhamos melhor e somos mais gentis com nossos colegas.

A vulnerabilidade é importante porque somos muitos bons em captar a falsidade, principalmente em nossos líderes. Os funcionários já estão predispostos a questionar a sinceridade dos líderes quando mostram emoção, mas a confiança entre os líderes e os trabalhadores é totalmente quebrada se os líderes nunca mostram nenhuma emoção, principalmente depois de um período de demissão em massa ou quando a empresa não vai bem. Temos uma habilidade excepcional de captar o humor de outras pessoas. Pesquisas feitas por James Gross, de Stanford, mostram que, quando alguém está chateado mas não libera os sentimentos, nossa pressão sanguínea sobe ao estarmos ao redor dessa pessoa — mesmo que nem percebamos conscientemente que ela está nervosa.

MINHA LINGUAGEM CORPORAL? TÔ TE FALANDO, TÁ TUDO BEM

O único problema que os líderes enfrentam é ter de pensar mais e por mais tempo do que o resto de nós sobre quando ser transparentes. Muita abertura pode diminuir o quanto as pessoas o respeitam e fazê-las questionar sua habilidade de cumprir sua função. Pesquisas demonstraram que compartilhar histórias pessoais que expõem uma fraqueza pode prejudicar a autoridade de um líder (compartilhar com um parceiro não desencadeia a mesma resposta negativa no ouvinte).

Então qual o limite entre compartilhar, que cria confiança, e compartilhar demais, que a destrói? Nossa sétima nova regra da emoção no emprego é: **seja seletivamente vulnerável**. Este capítulo é um guia sobre como se abrir ao mesmo tempo em que prioriza a estabilidade emocional e a segurança psicológica para você mesmo e seus colegas. Nosso objetivo é parar de agonizar sobre o que e quando dizer.

Se está prestes a pular este capítulo porque acha que não é um líder, pense novamente. A liderança é uma habilidade, não um papel. Você influencia as pessoas ao seu redor? Elas pedem a sua ajuda para tomar decisões? Julie Zhuo, vice-presidente de Design no Facebook, escreve que "todo mundo pode exibir liderança, independentemente de seu papel específico. Pense em um vendedor de loja calmamente direcionando os clientes para um lugar seguro quando o alarme de incêndio dispara em um shopping". Ou pense em "um colaborador que recebe reclamações importantes de um consumidor e então coordena a solução entre equipes múltiplas". Não importa qual seja seu cargo, seu trabalho oficial é quase certamente o de um líder, de certa forma.

Gerenciando as Emoções de Outras Pessoas

A transição bem-sucedida de um colaborador individual para líder requer uma grande mudança de mindset. Além de gerenciar suas emoções, você tem de começar a ajudar outras pessoas a gerenciar e expressar eficazmente as emoções.

Se você for um colaborador individual e alguém chegar chorando, pode ser um ombro para essa pessoa chorar e então voltar para o trabalho. Mas, se for um líder, precisa pensar sobre o próximo melhor passo para essa pessoa, tanto pessoal quanto profissionalmente. É necessário ser empático, mas, ainda assim, conseguir avaliar a situação objetivamente.

Evite dizer às pessoas o que devem sentir. Tente não dizer "Não fique com raiva", "Não é pessoal" ou "Vai ficar tudo bem" (e nunca, nunca use "nós", como em "Nós achamos que você deveria chegar mais cedo..."). Se um empregado ficar emotivo, tente entender a origem de seus sentimentos. Pode perguntar "O que ajudaria agora?". "Você já sabe reagir a uma emoção com compaixão", aponta a autora do livro *Empatia Assertiva*, Kim Scott. "Faz isso o tempo todo na vida pessoal. De certa forma, no trabalho, acabamos nos esquecendo desses detalhes básicos." Não faça com que seus funcionários se sintam mal por se sentirem mal.

Não enrole. Ser um gerente empático não é o mesmo que ser permissivo. Honre suas decisões, discuta e crie expectativas com seus colaboradores assim que souber que há um problema. Pode ser simplesmente dizer: "Não estou feliz com seu trabalho. O que está acontecendo?" Se permitir que alguém tenha um desempenho abaixo do esperado durante meses ou até mesmo anos sem dizer nada, falhou enquanto gerente.

Ouça. Parece simples, mas merece ser repetido. A questão que Adam Grant, professor da Wharton, mais analisa é como fazer com que suas sugestões sejam ouvidas quando não está no comando. "Não são perguntas feitas por líderes", observa Grant. "São questões fundamentais de seguidores." Ouvir ajuda os líderes a entender a fonte dos problemas ou emoções intensas. O professor Bill George, da Harvard Business School, nos disse: "De 90% a 95% do que ensinamos na HBS é intelectual [não emocional]. Nossos docentes não ficam confortáveis pedindo para os alunos analisarem motivações emocionais em estudos de caso, como: 'Por que essa pessoa fez o que fez? Por que isso aconteceu?' Realmente penso que podemos ensinar as pessoas do jeito errado nos dois anos [na faculdade de administração]."

Gerencie individualmente. Depois de entrevistar quase 80 mil pessoas, o maior insight do pesquisador Marcus Buckingham foi: "Gerentes medianos jogam damas, enquanto os ótimos jogam xadrez." Nas damas, todas as peças são

> iguais. Mas, para ganhar um jogo de xadrez, é necessário entender todas as forças e fraquezas de cada peça. Seus colaboradores não gostarão todos das mesmas tarefas ou verão situações da mesma maneira, então é importante tratá-los como indivíduos.

FORNEÇA UM CAMINHO A SER SEGUIDO

Os melhores líderes mostram vulnerabilidade quando avaliam uma situação, mas apresentam um caminho claro a ser seguido. Jerry Colonna é um ex-capitalista de risco que se tornou um coach amado pelos empresários (ele é conhecido como "Sussurro ao CEO") por meio da Reboot, a empresa de coaching que ele cofundou. Jerry nos deu o seguinte exemplo: "Imagine que você é o CEO de uma startup e está prestes a ficar sem dinheiro, mas prestes a conseguir outra rodada de investimento. Você provavelmente está aterrorizado. Agora imagine-se em uma reunião com todos os seus 12 empregados dizendo: 'Estou aterrorizado.' Essa estratégia é inútil. O melhor seria dizer: 'Estou assustado, mas ainda acredito — em vocês, no nosso produto e na nossa missão.' Será autêntico em ambas as estratégias." Mas dizer "Acredito em nosso produto" é uma maneira de apresentar um caminho claro a ser seguido. É uma promessa de trabalhar para uma solução, *apesar das* emoções. "A liderança não requer apenas que você seja verdadeiro, mas também que gerencie e acalme suas próprias ansiedades, para que não afete outras pessoas."

Cynthia Danaher conhece em primeira mão os perigos de colocar as emoções acima de uma chamada para a ação. Depois de ser promovida a gerente-geral na Hewlett Packard's Medical Products Group, ela falou a seus 5.300 funcionários: "Quero fazer o trabalho, mas estou com medo e preciso da ajuda de vocês." Na época, em 1999, revelar o que ela realmente sentia fazia sentido; agora, a memória disso a arrepia. Cynthia contou ao *Wall Street Journal* que queria ter expressado os objetivos de crescimento para a empresa. "As pessoas dizem que querem um líder vulnerável como elas, mas no fundo elas querem acreditar que você tem as habilidades para fazer e consertar o que elas não podem." (É claro, o gênero pode ter sido um fator que pesou muito na reação negativa que recebeu — falaremos mais sobre isso na próxima seção.)

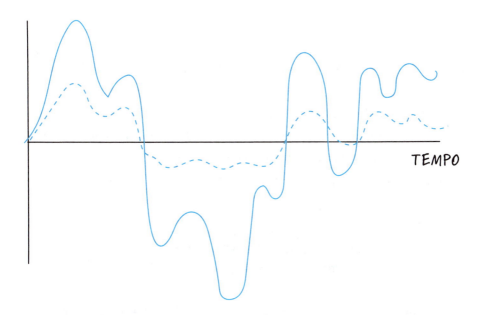

"Uma parte importante de ser líder é entender o quanto as pessoas ao seu redor aguentam", disse Laszlo. "Não se pode sobrecarregar os empregados com mais do que eles conseguem fazer nem esperar que segurem você o tempo todo." Como disse um amigo: "Os melhores gerentes são bons guarda-chuvas de merda. Quando ela bate no ventilador, eles fazem o que podem para proteger o time do abalo emocional."

Outra maneira de usar a fórmula "vulnerabilidade + siga em frente" é se perguntar: "Como posso ser realista *e* otimista?" Tony Schwartz, CEO do The Energy Project, descreve o otimismo realista como o que confronta e lida com fatos difíceis enquanto mantém autoconfiança e fé na habilidade da equipe de contar a história mais estimulante e empoderadora possível.

ISSO NÃO É NADA. NO MEU ANTIGO EMPREGO, TINHA QUE CARREGAR OS FARDOS EMOCIONAIS DO MEU CHEFE

A seguir, você encontrará dicas adicionais de como praticar a vulnerabilidade seletiva e fornecer um caminho. É claro, ótimos gerentes precisam fazer mais do que essas duas coisas (também deveriam definir objetivos estratégicos, se comunicar claramente e dominar as habilidades técnicas necessárias), mas focaremos as ações emotivas.

Como ser seletivamente vulnerável e fornecer um caminho a seguir:

- **Entenda-se.** Os melhores líderes conseguem apertar o botão de pausa quando ficam emotivos. Em vez de agir imediatamente, se perguntam: "O que exatamente estou sentindo? Por quê? Qual é a necessidade por trás dessa emoção?" Um gerente mediano pode até responder a essas perguntas rapidamente com "Estou tão chateado com esse projeto", mas um ótimo gerente perceberá que a causa raiz de sua irritabilidade é a ansiedade gerada por um prazo iminente. Entendendo isso, pode voltar à equipe e colocar as estruturas no lugar, o que garante que o trabalho seja feito a tempo.

A MONTANHA RUSSA EMOCIONAL DE SEUS SUBORDINADOS

- **Regule suas emoções.** No *Empatia Assertiva*, a autora Kim Scott relembra uma manhã em que um colaborador disse a ela: "Sei como será meu dia por causa do seu humor assim que vejo você passar pela porta." Gerenciar seus sentimentos é tão importante quanto gerenciar seus colaboradores; o que você considera um comentário inofensivo ou um mau humor momentâneo pode arruinar o dia de alguém. Gerentes reativos e de sangue quente magoam e desmoralizam, e são o principal motivo por alguém sair do emprego. Em um experimento de laboratório, empregados confrontados por um gerente raivoso ficavam menos dispostos a trabalhar com afinco — principalmente se não sabiam o porquê de o gerente estar com raiva. Por outro lado, depois que um grupo de gerentes aprendeu a controlar as palavras e a linguagem corporal durante situações tensas, o nível de estresse de seus colaboradores caiu mais de 30%.

- **Aborde seus sentimentos sem se tornar sentimental.** "A ideia de que você nunca terá um péssimo dia como chefe é besteira", contou Kim Scott. "O melhor a fazer é lidar com isso. Diga para sua equipe: 'Estou num mau dia, e estou tentando ao máximo não descontar em vocês. Se parecer que estou num dia ruim, é verdade. Mas não é por causa de vocês. A última coisa que quero é que meu dia ruim torne ruim o dia de vocês'."

- **Encontre tempo para se priorizar.** Gerenciar significa cozinhar uma coisa em cada boca do fogão sem queimar nada. Sua função é ferver o fusilli (al dente, por favor), manter o risoto em fogo médio, saltear alguns vegetais e adicionar a quantia exata de sal no molho. Você também tem de contar o tempo de cada passo perfeitamente para que a refeição saia ao mesmo tempo. Isso é exaustivo! Tente tirar um tempo para você. Quando ele estava no escritório, o ex-secretário de Estado George Shultz mantinha uma hora por semana para uma reflexão solitária com papel e caneta. Ninguém podia interrompê-lo, a não ser o presidente ou a esposa dele.

- **Se você se sente isolado, procure apoio.** Manter uma vulnerabilidade seletiva pode ser um exercício que esgota; metade dos líderes relata sentir-se sozinha em seus papéis. Procure apoio de pares com quem você sinta segurança para falar abertamente sobre problemas pessoais e profissionais. Como Liz Koenig, que gerenciou os professores do programa Teach for America, disse: "Nenhuma gota cai de um copo vazio."

- **Não fique chateado quando seus empregados seguem em frente.** Pode ser que eles se tornem contatos valiosos em outra empresa ou até mesmo voltem. A antropóloga Ilana Gershon diz que os melhores gerentes comunicam isso aos novos contratados. Uma líder com que Gershon conversou disse que leva todos os novos membros de sua equipe para almoçar na semana em que começam e diz coisas como: "Você não trabalha para mim, eu trabalho para você… minha função é garantir que você possa cumprir bem a sua. E, um dia, você deixará esse emprego… Quando quiser isso, espero estar aqui para ajudá-lo a seguir para o próximo." A McKinsey e a Ernst & Young cultivam as comunidades de ex-alunos como uma grande fonte de novos empregos e referências.

Quando Seu Gerente Não Sabe Gerenciar

PRIMEIRO, VAMOS ATRIBUIR UM MICROGERENTE A VOCÊS

E se trabalha para alguém cujas reações maldosas e rápidas tornam o trabalho miserável? Como você não consegue demiti-lo, sua melhor aposta é gerenciá-lo

- **Diga o que sente... cuidadosamente.** Se acha que seu chefe será receptivo a feedback, tenha uma conversa sobre como o humor dele o afeta. Descreva calmamente um comportamento específico que observou e pergunte como pode melhorar a situação. Por exemplo, digamos que seu gerente fica nervoso com você toda vez que você precisa de ajuda. Poderia dizer: "Percebi que, quando passo para fazer uma pergunta, você parece irritado. Como posso melhor abordá-lo?" Com frequência, os gerentes não sabem como a reação deles é vista, e como os dias são tão cheios, não têm tempo de refletir ou pedir desculpas pelas reações negativas. Nossa amiga e assistente social Julia Byers explica: "Se tiver um desentendimento com seu parceiro pela manhã enquanto está saindo, ele pode enviar uma mensagem depois: 'Me desculpe, te amo.' Mas, em um ambiente profissional, seu chefe não vai enviar uma mensagem."

- **Não seja sugado.** Os pesquisadores Shawn Achor e Michelle Gielan recomendam tentar neutralizar os efeitos negativos de um chefe esgotado. "Em vez de responder a gestos não verbais rabugentos de um colega de trabalho com uma careta", escrevem, "retorne com um sorriso ou um aceno". Se tiver uma reunião com seu chefe, use um tom positivo. Se disser: "É ótimo me reunir com você aqui hoje" (é claro, precisa dizer com sinceridade, não sarcasmo), será difícil para seu chefe responder a esse comentário positivo com um: "Estou muito mal-humorado."

- **Use sua agenda com sabedoria.** Procure padrões no humor de seu chefe. Ele sempre está estressado às quintas-feiras antes de sua ligação semanal com um cliente pentelho? Parece inatingível até que tenha tomado a segunda xícara de café? Se sabe quando seu chefe estará ansioso ou preocupado, agende reuniões em outros momentos. Um dos ex-chefes da Mollie sempre era brusco pela manhã, então ela tentava evitar reuniões com ele antes das dez horas.

- **Proteja sua autoestima.** A menos que possa identificar facilmente algo que tenha feito e que possa estar causando o mau humor de seu chefe, não presuma que tenha a ver com você. Dito isso, ainda é fácil ter um encontro tempestuoso pessoalmente. Proteja-se. A autoconfiança ou amigos podem ajudar a lidar melhor com as emoções negativas de seu chefe — pense neles como uma proteção emocional. A autoestima também o ajuda a lembrar que você ainda é capaz, mesmo que seu chefe esteja diminuindo você. Ter uma pasta do sorriso (a pasta de feedback positivo que mencionamos no Capítulo 6, "Comunicação") pode dar um gás no humor quando precisar.

- **Se nada mais funcionar, siga em frente.** Se seu gerente o faz se sentir completamente miserável e você não consegue mudar de equipe, talvez seja a hora de procurar um novo emprego. Como diz o ditado: "As pessoas não pedem demissão de empregos, mas de gerentes."

ESTILOS DIFERENTES DE LIDERANÇA

Quando o professor Bill George, da Harvard Business School, analisou mais de mil estudos de liderança, ele descobriu que um único perfil excelente de líder não existe. Isso porque a chave para ser um ótimo líder não tem muito a ver com traços de personalidade. Tem a ver com inteligência emocional.

"Todo mundo pode melhorar a inteligência emocional", disse Bill George. "A chave é o autoconhecimento. É necessário desenvolver uma compreensão de quem você é no mundo." Nesta seção, analisaremos desafios que diferentes tipos de líderes encaram e como enfrentá-los. Novamente, nossa intenção não é colocar indivíduos em caixas — gênero, raça, idade, cultura e nível de extroversão (para não mencionar a etnia, religião, orientação sexual e classe) podem moldar identidades e percepções de formas complexas —, mas contextualizar algumas experiências.

Gênero

Líderes mulheres geralmente sentem-se pressionadas a evitar parecer ou muito emotivas ou muito sem emoção para liderar. Já ouvimos histórias de líderes mulheres cujos gerentes as orientaram a ser mais "comedidas" durante as reuniões. Mas estudos também mostram que, conforme as mulheres sobem de cargo em uma organização, seus colegas podem começar a percebê-las como menos amigáveis ou abertas e mais competitivas.

OBRIGADO, JÚLIA, MAS PARA ME CONVENCER TOTALMENTE PRECISAREI OUVIR O JOHN REAFIRMAR A SUA IDEIA

Como líderes mulheres podem encontrar o equilíbrio correto? Primeiro, elas não deveriam temer ser decididas e diretas ao delegar. Faça os pedidos com confiança e clareza. Em vez de perguntar "Seria possível que você termine um memorando de uma página até amanhã?", tente: "O cliente precisa do memorando para amanhã até o final do dia. Consegue completar até lá?" Sua equipe gostará da clareza e ficará feliz por sua gerente estar trabalhando para garantir que não deixem nenhuma bola cair.

Mas as líderes também não deveriam evitar as oportunidades de demonstrar emoções. Uma das antigas chefes da Mollie expressava abertamente seu deleite com as conquistas de sua equipe, o que motivava seus membros. A emoção pode ser uma ferramenta extremamente eficaz para ajudar a unir e inspirar os colaboradores. "Não reprima suas emoções ou ambições", escreve a autora Jennifer Palmieri. "Os homens passaram séculos construindo o mundo profissional, criando regras para garantir que fosse um lugar confortável para eles e que fosse controlado por suas qualidades e habilidades específicas. Como qualquer bom convidado, as mulheres procuram dicas sobre como se comportar nessa terra estrangeira. Intuímos que nesse mundo temos que ser amáveis, calmas sob pressão, diligentes e sempre manter nossas emoções no lugar." Mas agora vivemos em um mundo diferente, que precisa de líderes que estejam de acordo com suas emoções — e com as emoções de sua equipe. "Vamos abraçar uma nova forma de trabalhar que seja igualmente controlada por nossas próprias qualidades e habilidades", deseja Palmieri.

"CONFIANTE"   "AGRESSIVA"

Líderes homens também se beneficiam de investir em empatia. Uma pesquisa feita por Daniel Goleman, autor de *Inteligência Emocional*, mostra que o cérebro dos homens tem mais propensão a desligar a emoção e começar a solucionar falhas quando recebem um problema. A habilidade de bloquear as dificuldades de outras pessoas trabalha a seu favor durante uma crise, mas pode deixar quem está a seu redor sentindo-se perdido ou sem apoio em uma situação emocionalmente difícil. Estudos mostram que uma inteligência emocional alta faz com que um líder tenha alto desempenho, não importa o gênero.

Infelizmente, isto ainda precisa ser dito: trate seus colegas igualmente. Não pergunte para seus colegas homens apenas sobre o emprego e suas colegas mulheres apenas sobre a família. Lembre-se de recompensar funcionárias competentes, mesmo que elas não peçam promoção ou aumento com a mesma frequência que os homens. E dirija-se a todos com os mesmos títulos. Quando homens apresentam palestrantes em conferências médicas, tendem a apresentar os médicos como "Doutor [Sobrenome]", mas apresentam as mulheres pelo primeiro nome.

Para mais fontes sobre gênero e liderança: *Recomendamos os livros* Dear Madam President *["Querida Senhora Presidente", em tradução livre], de Jennifer Palmieri;* Ouse Crescer, *de Tara Mohr; e* That's What She Said *["Foi o que Ela Disse", em tradução livre], de Joanne Lipman. Os sites Catalyst e LeanIn.Org e o relatório anual Women in the Workplace [Mulheres no Mercado de Trabalho, em tradução livre], da McKinsey [conteúdos em inglês], também contêm informações valiosas.*

Quando as Mulheres Se Diminuem

Você preferiria ter um chefe homem ou mulher? Nas pesquisas, mais de metade das mulheres escolhem um chefe homem. Mesmo as que são gerentes têm maior propensão a querer trabalhar para um homem (eles também preferem chefes homens, mas é uma margem menor). Quando perguntadas por que, algumas mulheres explicaram que não queriam trabalhar para outra mulher por medo de que ela fosse "muito emotiva", "traiçoeira" ou "mal-intencionada".

Para o *The Atlantic*, a jornalista Olga Khazan escreve suas entrevistas com mulheres que foram subestimadas por ambos os gêneros, mas "parecia diferente — pior — quando acontecia pelas mãos de uma mulher, uma suposta aliada". Uma das mentoras da própria Khazan disse que ela "divide as ex-gerentes mulheres em 'Dragões' e 'Molengas que Conseguem Subir'". Ela diz que preferiria trabalhar para homens porque são mais incisivos. "Com as mulheres, estou parcialmente sendo julgada por minhas habilidades e parcialmente sendo julgada por ser ou não 'amiga' ou 'gentil' ou 'divertida'."

Uma falta de oportunidades de liderança pode fazer com que as mulheres sintam que têm de competir umas com as outras — e faz com que as jovens ambiciosas pareçam ameaçadoras. Pesquisas mostram que as mulheres que são otimistas com relação a sua carreira têm menor propensão a puxar o tapete umas das outras. "Precisamos mudar nossa

> sociedade de modo que seja uma norma ver mulheres sendo bem-sucedidas em todos os tipos de papéis", escreve a psicóloga Laurie Rudman.

Etnia

Estudos mostram que somos mais propensos a ver pessoas brancas como gerentes, o que introduz o preconceito no processo de promoção. Leve em conta o "teto de bambu", uma frase cunhada pela coach executiva Jane Hyun: enquanto os nipo-americanos têm mais propensão a ter um diploma de faculdade do que uma pessoa mediana, e são, por baixo, um entre cinco alunos em faculdades de administração de elite, estão notadamente ausentes da lista Fortune 500 de CEOs. As minorias raciais geralmente sentem que devem agir e parecer com o modelo prevalecente de liderança branca e masculina se quiserem ser levadas a sério. "Para muitos profissionais negros, manter-se em posições de liderança pode ser um desafio emocional", disse a socióloga Adia Harvey Wingfield. Principalmente se for a primeira pessoa que faz parte de uma minoria a ser líder da organização, pode ser que você limite o quão aberto é com seus colegas brancos, para evitar prejudicar sua credibilidade.

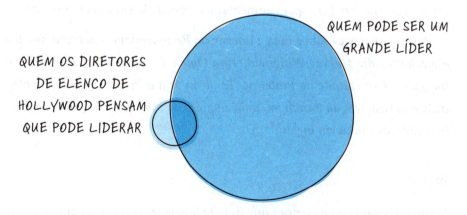

Gênero e raça se cruzam para criar desvantagens para mulheres de minorias étnicas. As mulheres negras podem ser punidas desproporcionalmente por cometer erros em um papel de liderança. E as líderes latinas tendem a ser vistas como emotivas em excesso: "Sempre [nos] dizem: 'Fica calma. Você tem que relaxar mais. Cuidado com sua voz, cuidado com as suas mãos'", descreve uma executiva latina.

Os mentores ajudam as minorias líderes a manter um senso positivo de si mesmas e obter um feedback honesto. Conversar com alguém que enfrentou desafios parecidos e pode oferecer apoio emocional tende a reduzir dúvidas sobre sua habilidade de ter sucesso. Mas, é claro, é difícil encontrar um mentor que entenda sua experiência, porque não há muitas pessoas como você em posições de liderança. Mulheres negras, latinas e asiáticas têm menos probabilidade de encontrar mentores em grandes corporações. O que nos leva ao próximo tópico.

Se estiver em uma posição de liderança, faça com que a diversidade seja sua prioridade. De 2005 a 2011, 8 executivos negros, 12 latinos e 13 asiáticos foram promovidos a CEOs em empresas da Fortune 500. Mas, em anos mais recentes, esses números diminuíram novamente à medida que homens brancos substituíram os CEOs de minorias étnicas que se aposentaram ou foram demitidos. Uma teoria é a de que as tentativas de diversidade não deram certo; quando pareceu que havia um sucesso, as empresas sentiram menos pressão para ter representações iguais em todos os níveis. Os líderes devem avaliar continuamente o que podem fazer para aumentar a diversidade em sua organização.

Para mais fontes sobre raça e liderança: *Recomendamos os trabalhos dos professores Adia Harvey Wingfield, Tina Opie e Candice Morgan, líderes de Inclusão e Diversidade no Pinterest. Também veja o Project Include e o blog Inclusion Insights, da Paradigm, uma empresa de consultoria de diversidade e inclusão [conteúdos em inglês].*

Idade

Historicamente, não é comum que um chefe seja mais novo do que seus colaboradores — e isso pode deixar jovens líderes desconfortáveis. Conforme o professor Peter Cappelli, da Wharton, explicou, jovens líderes podem ficar preocupados: "Não posso gerenciar alguém mais velho do que eu."

Afastar-se de papéis tradicionais é valioso para empregados e gerentes em todas as idades. Para os líderes que são mais jovens do que seus colaboradores: esteja aberto, mas confiante, e demonstre maturidade. Não caia na tentação de provar por que merece estar em um papel de liderança; acelerar conversas ou ignorar feedback apenas fará com que pareça arrogante e criará uma divisão entre você e seu time. "Admita honestamente para seus colaboradores seniores o que sabe e o que não sabe, e trabalhem juntos em um plano para que você os apoie", aconselha Julie Zhuo, que tinha saído da faculdade há apenas alguns anos quando se tornou gerente do Facebook.

Para os líderes que são mais velhos do que seus colaboradores: perceba que empregados mais jovens podem mantê-lo atualizado. A CEO da SoulCycle, Melanie Whelan, de 41 anos, se reúne mensalmente com um mentor mais jovem que a ajuda a "conhecer o que as crianças fazem hoje em dia", sugerindo o que Whelan deveria ler e quais apps deveria usar.

OUVI DIZER QUE ELE ESTÁ TRABALHANDO COM UM MILLENNIAL

Não é um novo fenômeno. Em 1990, o ex-CEO Jack Welch reuniu 500 de seus melhores gerentes com empregados mais jovens para que pudessem aprender com eles.

Introvertidos e extrovertidos

Embora possamos rapidamente presumir que os melhores líderes devem querer ser o centro das atenções, os que ficam nos bastidores têm a mesma probabilidade de ganhar o mundo. Alguns dos líderes mais poderosos, incluindo Bill Gates, Warren Buffett e Larry Page, são descritos como "quietos", "falam baixo" e "modestos". Em escritórios nos quais os empregados tendem a dar ideias, os líderes introvertidos ficam atados a lucros maiores. E, quando economistas analisaram os padrões linguísticos dos CEOs, descobriram que líderes reservados estavam ligados a resultados melhores.

Mas líderes introvertidos enfrentam desafios. Os papéis de liderança são altamente visíveis e requerem muito tempo no gerenciamento e na construção de conexões. É fácil sentirem-se exaustos se não agendarem algum tempo sozinhos para recarregar. Mas essa tendência de solidão (e longe de eventos de networking) pode fazer com que os introvertidos pareçam distantes ou até mesmo rudes. Isso também é um risco ao trilharem suas carreiras. E um preconceito contra promover introvertidos à liderança ainda existe: mais da metade dos executivos veem a introversão como uma barreira à liderança (embora essa pesquisa tenha sido feita em 2006, seis anos antes de o livro de Susan Cain, *O Poder dos Quietos,* ser publicado; assim, esperamos que essa visão tenha sido alterada).

Os líderes introvertidos obtêm sucesso sendo abertos sobre suas preferências e se forçando para superar a tendência de querer ficar sozinhos. Isso não significa que você *nunca* mais poderá ficar sozinho — sua criatividade e o tempo em silêncio que passa pensando foram provavelmente o motivo pelo qual foi promovido —, mas significa que precisa ser estrategicamente social. Não evite oportunidades de falar em público. "Apenas o ato de estar diante de um grupo de pessoas pode mudar as percepções sobre você e fazer com que comecem a pensar em você como um líder", alerta Susan Cain. O ex-CEO da Campbell Soup, Doug Conant, fornecia uma "orientação DRC (Doug R. Conant)" às pessoas com quem trabalhava: ele explicava que era introvertido e como isso afetava seu estilo de trabalho. Isso o ajudou a "ir além das danças superficiais que as pessoas fazem quando começam a trabalhar juntas".

Quanto mais os introvertidos se preparam e se forçam a ser um pouquinho mais extrovertidos, mais fácil será. Quando os introvertidos gerenciam os extrovertidos quase exclusivamente por e-mail, do silêncio e segurança de seu escritório, os extrovertidos não recebem o contato pessoal de que precisam. Eles sentem que a batata quente está sempre em seus colos, quando é sempre eles que têm de interromper o chefe introvertido para discutir o trabalho ou fazer perguntas. Introvertidos, se vocês gerenciarem extrovertidos, marquem reuniões todos os dias ou semanalmente, para que saibam que terão oportunidades de conversar com você.

Líderes extrovertidos, tomem ciência de sua tendência de gerenciar "caminhando por aí". Embora você seja bom em perguntas e respostas improvisadas, garantimos que seus colegas introvertidos adorariam um pouco mais de tempo para pensar sobre as respostas as suas perguntas. Até mesmo papo-furado é exaustivo para introvertidos. Pesquisas mostram que os extrovertidos são mais produtivos quando há muito barulho, enquanto os introvertidos trabalham melhor em lugares silenciosos. Algumas dicas: se fizer uma pergunta difícil, espere até o dia seguinte para que o introvertido responda. Saiba quando parar. Se passou a manhã inteira com um introvertido, ele provavelmente precisa de um pouco de tempo. E, finalmente, faça reuniões privadas ou caminhando.

Ótimos líderes despertam o melhor em quem está a seu redor — e isso significa acomodar tanto os extrovertidos quanto os introvertidos. "Sua personalidade é uma tendência que é parte biológica, parte adquirida", explica Adam Grant, professor da Wharton. "Mas podemos escolher superar essa tendência no momento certo, e acho que todos precisamos ficar confortáveis com isso... acho que os melhores líderes acabam operando como ambivertidos."

APRENDIZADOS

1. Mostre vulnerabilidade ao avaliar uma situação difícil, mas apresente um caminho claro a ser seguido.
2. Torne-se aluno das pessoas que gerencia; evite dizer às pessoas o que sentir, ouça com cuidado e gerencie individualmente.
3. Priorize-se e procure apoio de outros líderes para evitar dar vazão a sentimentos que afetem negativamente seus colaboradores.
4. Entenda os desafios que você e outras pessoas podem enfrentar nas posições de liderança e faça o necessário para reduzi-los.

Conclusão

A maioria de nós foi criada com a ideia de que misturar sentimentos e trabalho é uma receita para o desastre. Escrevemos este livro para desbancar esse mito. Você *pode* levar emoções para o trabalho sem causar caos, mas o momento, o contexto e a maneira de expressar contam. Tente não marcar reuniões com seu chefe nos dias em que sabe que ele estará estressado ou frustrado. Durante uma conversa difícil, fale calmamente sobre como se sente; não levante a voz nem revire os olhos. Guarde recados gentis ou engraçados em uma pasta que você pode revisitar quando o trabalho ficar difícil. Essas são maneiras de melhorar sua vida no trabalho — e são todas centradas pelos sentimentos. O sucesso (sucesso *verdadeiro*, o tipo que não é calculado apenas em dólares e benefícios) acontece quando você se abre para as emoções.

Esperamos que vá trabalhar amanhã e comece a ouvir, aprender e expressar suas emoções de maneiras mais eficazes e satisfatórias (você pode usar as sete Novas Regras para a Emoção no Trabalho como sua folha de cola). Nem sempre é fácil aceitar e discutir emoções no trabalho, mas, quando o fizer, perceberá que os sentimentos param de ser um problema e começam a ser guias para sua carreira. Afinal de contas, a antecipação e o arrependimento permitem que estreitemos nossas escolhas e tomemos decisões melhores. A inveja pode ser uma bússola interna que revela o que nós valorizamos. A gratidão e um senso de propósito nos dão a força de vontade para ir ao escritório nas manhãs de segunda-feira.

Se busca mais maneiras de entender melhor seus sentimentos, veja estas três fontes que separamos para você:

- Para ter uma referência sempre à mão, unimos todos os aprendizados dos capítulos na próxima seção.
- Um guia para habilidades emocionais úteis (incluindo a inteligência, equilíbrio e agilidade emocionais) e uma olhadinha detalhada em como os cientistas definem emoção, na página 235.

- Uma avaliação sobre tendências emocionais em nosso site: lizand mollie.com/assessment [conteúdo em inglês]. É possível encontrar uma versão curta da avaliação na página 247.

Sinta os sentimentos!

Liz e Mollie

Novas Regras da Emoção no Trabalho

U fa — este livro tem muitas páginas. Veja estes dois resumos superúteis:

Resumo do Twitter: *Sem Neura* é um guia visual sobre como lidar com as emoções no trabalho e ser mais autêntico e realizado — enquanto se mantém profissional.

Resumo um pouquinho mais longo: *Sem Neura* é um guia ilustrado engraçado, que tem o objetivo de aliviar suas emoções no trabalho; buscar alternativas para lidar até mesmo com a inveja e ansiedade; desmistificar interações digitais e estilos de comunicação entre colegas; e permitir que você leve seu melhor para o trabalho.

APRENDIZADOS DE TODOS OS CAPÍTULOS

Saúde

1. Faça o intervalo que puder, sejam férias, seja um dia de folga, seja um mini-intervalo.
2. Tire um tempo para ser completamente improdutivo, ver amigos e família, e ficar longe de seu celular e e-mail.

3. Pare de se sentir mal por se sentir mal. Ressignifique seu estresse como motivação ou empolgação.

4. Evite a ruminação ao ver seus pensamentos como simplesmente pensamentos, não verdades inevitáveis. Fique no presente e controle o que for acessível.

Motivação

1. Para aumentar sua autonomia, inclua pequenas mudanças em sua agenda.

2. Job crafting: responsabilize-se pelas coisas de que gosta para deixar sua função mais significativa.

3. Adquira novas habilidades. Quanto mais souber, mais gostará de seu emprego.

4. Invista em amizades no trabalho para que tenha outro motivo para querer trabalhar.

Tomada de Decisões

1. Reconheça que ouvir seus sentimentos não é o mesmo que agir de acordo com eles.

2. Manter emoções relevantes (as relacionadas à decisão); jogar fora emoções irrelevantes (as que não estão relacionadas com a decisão).

3. Não confie na emoção ao decidir se deve contratar um candidato ou não. Use entrevistas estruturadas para reduzir vieses nas decisões de contratação.

4. Antes de uma negociação externa, entre em consenso interno.

Equipes

1. Crie segurança psicológica incentivando discussões abertas, respondendo às perguntas sem ser condescendente e fazendo com que correr riscos e admitir erros seja aceitável.

2. Não se esconda do conflito de tarefa, mas crie estruturas para prevenir que batalhas criativas se tornem pessoais.

3. Para o conflito de relacionamento, ouça a outra pessoa e, calmamente, divida sua perspectiva.

4. Livre-se (ou, se não puder, contenha) de laranjas pobres, para preservar a segurança psicológica em sua equipe.

Comunicação

1. Durante uma conversa difícil, aborde seus sentimentos calmamente, sem supor nada.

2. Saiba das tendências de comunicação para entender melhor a intenção por trás das palavras de alguém.

3. Faça com que a crítica seja específica e útil. Pergunte ao receptor como ele prefere receber o feedback.

4. Revise emocionalmente o que escreve antes de enviar.

Cultura

1. Seja gentil. As emoções são contagiosas, o que significa que suas ações podem ter uma influência positiva na cultura emocional de toda sua organização.

2. Crie uma cultura de pertencimento por meio de microações: diga "oi", convide as pessoas para participar das conversas ou ajude novos contratados a conhecer outras pessoas.

3. Compartilhe histórias sobre quem você é, não o que você faz, e convide outras pessoas a fazerem o mesmo.

4. Não ignore os fardos emocionais que seus colegas talvez carreguem.

Liderança

1. Mostre vulnerabilidade ao avaliar uma situação difícil, mas apresente um caminho claro a ser seguido.

2. Torne-se aluno das pessoas que gerencia. Evite dizer aos outros o que sentir, ouça com cuidado e gerencie individualmente.

3. Priorize-se e procure apoio de outros líderes, para evitar dar vazão a sentimentos que afetem negativamente seus subordinados.

4. Entenda os desafios que você e outras pessoas podem enfrentar nas posições de liderança e faça o necessário para reduzi-los.

Mais Fontes Sobre as Emoções

inda está curioso? Criamos um guia para as habilidades mais comuns necessárias para o trabalho: inteligência emocional, equilíbrio emocional e agilidade emocional. Mas primeiro...

O QUE É UMA EMOÇÃO?

Os psicólogos Beverley Fehr e James Russell disseram: "Todo mundo sabe o que é uma emoção, até que alguém peça para defini-la." O aspecto mais visível de uma emoção é uma expressão facial. Se pedirmos que você nos mostre "medo", você provavelmente arregalará os olhos e abrirá sua boca. Mas será que qualquer pessoa, não importa como ou onde cresceu, conseguirá interpretar sua expressão como "medo"?

Cientistas se dividem. Alguns argumentam que os humanos compartilham um conjunto inato de emoções, que expressam da mesma maneira. Eles tendem a ver as emoções como produtos de instintos evolucionários que nos motivam a agir de forma a promover a sobrevivência. O enredo do filme *Divertida Mente* é baseado nessa teoria. Os cinco principais personagens, Alegria, Tristeza, Medo, Raiva e Nojo, representam as emoções que moram em nosso cérebro como entidades separadas e apertam botões para controlar nosso comportamento.

Outro grupo de cientistas aponta para evidências científicas de que as emoções não são universais, mas aprendidas e moldadas pela cultura. A psicóloga e neurocientista Lisa Feldman Barrett, uma pioneira desta visão, nos explicou: "As emoções não são suas reações ao mundo; são a maneira de seu cérebro dar significado."

Digamos que seu coração comece a bater loucamente. Você está com medo ou animado? Se seu chefe acabou de enviar um e-mail dizendo "Precisamos conversar sobre seu desempenho ultimamente", pode ser que atribua os batimentos acelerados ao medo. Mas se seu crush acabou de confessar o quanto gosta de você, pode ser que entenda o tum-tum em seu peito como ânimo (embora Liz diga que, para ela, essa é outra situação de "medo").

GRUPO 1: AS EMOÇÕES SÃO UNIVERSAIS

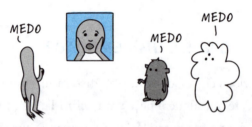

GRUPO 2: AS EMOÇÕES SÃO MOLDADAS PELA CULTURA

Barrett explica: "Os esquimós Utku não têm um conceito para 'raiva'. Os taitianos não têm um conceito para 'tristeza'. Este item é muito difícil para os ocidentais aceitarem... vida sem tristeza? Sério? Quando os taitianos estão em uma situação que os ocidentais descreveriam como triste, eles sentem-se doentes, com problemas, fatigados, desestimulados, tudo o que é descrito pelo termo amplo *pe'ape'a*." Os ocidentais, por outro lado, aprendem os conceitos de "raiva" e "tristeza" quando são crianças. Por que isso importa? Quando está julgando a emoção de alguém com base em sua expressão facial, essa percepção parte de você, não da outra pessoa. De acordo com Barrett, podemos perceber um rosto "feliz" como feliz porque fomos ensinados a isso, não por causa da evolução.

A pesquisa de Barrett também mostra que não tem nada inerentemente "antipático" em ter uma cara de bunda. Em 2015, o *New York Times* relatou que as mulheres estavam recorrendo à cirurgia plástica para escapar da tirania da cara de bunda. "Quando você olha para o rosto de alguém, parece que lê emoções", disse Barrett. "Mas os lê com base em sua experiência. Esses rostos são estruturalmente neutros. Quando vê uma cara de bunda, a percepção vem de você." Então, da próxima vez que alguém mencionar uma cara de bunda, pode corrigir: "Na verdade, é uma cara neutra."

Lidando com Emoções, Dia a Dia; Três Habilidades Emocionais Centrais

Veja estas três habilidades emocionais centrais que o ajudarão a entender e expressar emoções com eficácia.

Inteligência Emocional

A inteligência emocional (EQ) é a habilidade de reconhecer, entender e expressar suas emoções e lidar empaticamente com relacionamentos. Os trabalhadores com alto EQ são melhores na cooperação, no gerenciamento de conflito e na tomada de decisões pensadas. Sem inteligência emocional, alerta o psicólogo Daniel Goleman, "nenhuma quantia de atenção ao resultado protegerá sua carreira".

A EQ *não* envolve compartilhar tudo o que você sente com quem quer que encontre. As pessoas com alto EQ canalizam e filtram as emoções de maneira que as ajudam a ser mais eficazes. Isso requer:

CHECKLIST DO TRABALHO
- ☑ REVISAR PPT
- ☑ PESQUISAR
- ☑ ESCREVER MEMORANDO
- ☐ E-MAIL CLIENTE
- ☐ MARCAR REUNIÕES
- ☐ RECONHECER EMOÇÃO
- ☐ ENTENDER EMOÇÃO
- ☐ EXPRESSAR EFICAZMENTE A EMOÇÃO

• **Reconhecimento.** Mollie acorda e se sente ansiosa. Ela não reprime (ou expressa) essa emoção, apenas se permite sentir e observar.

• **Compreensão.** Mollie percebe que está nervosa por causa do prazo do livro. Liz está trabalhando em um capítulo, mas não envia e-mails para Mollie há alguns dias.

• **Expressão.** Naquela manhã, Mollie envia uma mensagem amigável para Liz: "Oi!", escreve. "Tenho certeza de que vai fazer isso, mas você me conhece — fico ansiosa com os prazos. Queria respeitar seu processo, mas acha que podemos revisar o capítulo juntas nesta tarde?" Depois de alguns minutos, Liz responde: "É claro que sim! Não queria deixá-la ansiosa." E Mollie sente a tensão sair de seus ombros.

Equilíbrio da Emoção

Pesquisas sobre o medo revelam que temos mais medo de falar em público do que de morrer. Digamos que você tenha de fazer uma apresentação diante de 50 de seus colegas. Sua ansiedade pode fazer você tropeçar nas palavras, suar abundantemente ou paralisar.

A habilidade de equilibrar suas emoções pode ser um salvador de vidas (e de trabalho). Você consegue gerenciar quais emoções sente, quando as sente e como reagir a elas. Apesar de as emoções serem sinais úteis, elas também podem magoar, surgir na hora errada ou ser muito intensas. Três maneiras comuns de equilibrar suas emoções são ressignificar (quando você muda a maneira de ver uma situação), oprimir (quando ativamente evita uma emoção mudando seu foco) e com o controle de resposta (quando abafa sua gargalhada ou respira fundo para acalmar seu corpo).

Digamos que você seja o orador ansioso que descrevemos. Se praticar ostensivamente, ganhará confiança e diminuirá a ansiedade que sente durante a apresentação (e a quantia de emoções que precisa equilibrar). Se memorizar as primeiras poucas frases de sua apresentação, poderá começar a palestra sem as ansiedades de início.

Agilidade Emocional

LIZ: Meu parceiro e eu temos uma regra de contar um para o outro quando estamos presos em uma emoção. Por exemplo, se me sinto irritada, digo: "Estou ranzinza agora, mas não tem nada a ver com você — acho que tem a ver com o prazo iminente ou a umidade." Isso evita que entremos em uma espiral de mau humor na qual ele sente que estou chateada com ele, e então fica confuso e irritado, o que me deixa confusa e mais ranzinza.

No trabalho, entramos em contato com um fluxo constante de emoções. Algumas delas são positivas e algumas são extremamente difíceis. A psicóloga Susan David nos aconselha a, em vez de tentar nos distrair das emoções difíceis com afirmações e listas de tarefas a fazer, libertar-se delas.

Isso não significa que devemos ignorá-las, mas trabalhar com elas para que sua existência não defina nosso humor. Há quatro passos para nos libertar de emoções difíceis:

1. Perceba as emoções difíceis

Digamos que está em um projeto e um dos membros de sua equipe sugere grandes mudanças bem perto do prazo final. Você começa a ficar irritado. Em vez de descontar em seu colega, pause e observe o sentimento.

2. Rotule cada emoção

PÁSSARO DA GRANULARIDADE EMOCIONAL

NÃO ESTOU COM RAIVA, APENAS DESAPONTADO

A habilidade de descrever sentimentos complexos, de distinguir deslumbre de felicidade, contentamento ou empolgação, é chamada de granularidade emocional. A granularidade emocional está ligada a um equilíbrio emocional melhor e a uma menor probabilidade de ficar vingativo quando estressado. As pessoas que têm essa habilidade "têm uma textura na maneira de falar sobre as emoções: não somente o que estão sentindo, mas a intensidade que estão sentindo", diz LeeAnn Renninger, neurocientista e fundadora da empresa de treinamento de ambiente de trabalho LifeLabs Learning.

No exemplo da equipe do projeto, sem a granularidade emocional você pode dizer algo sem ser específico. "Tenho um mau pressentimento e não gosto da maneira como este projeto está indo." Mas, com a granularidade emocional, você conseguirá perceber que, ao dizer "Estou chateado", quer dizer "Estou preocupado com não termos tempo de fazer as mudanças".

Palavras do vocabulário emocional: Para ajudá-lo a começar a expandir seu vocabulário emocional, estas são três de minhas palavras menos conhecidas favoritas. Ilinx (francês): a desorientação causada por atos aleatórios de destruição, como chutar a máquina de xerox do escritório. Malu (povo Dusun Baguk, da Indonésia): o sentimento de estranheza que se sente ao redor de pessoas de status mais elevados, como subir de elevador com o CEO de sua empresa. Paranoia (português): o sentimento assustador de que todo mundo está em uma conspiração.

3. *Entenda a necessidade por trás de cada emoção*

Assim que rotulou cada emoção, mude sua perspectiva e diga explicitamente o que gostaria de sentir. Duelar com um sentimento difícil somente o aumentará. Em vez disso, pergunte-se: "O que eu *quero* sentir?" Se gostaria de sentir-se calmo, em vez de ansioso, descubra o que tem de fazer para conseguir relaxar. No exemplo da equipe do projeto, pode ser que seja garantir a estabilidade: você quer que o plano do projeto continue no caminho certo.

4. *Expresse suas necessidades*

Quando identificar sua necessidade, articule. Não diga: "Estou irritado com esse pedido de mudanças de última hora." Tente: "Suas mudanças são boas, mas, como estamos na reta final, estabilidade e previsibilidade são importantes. Que mudanças temos tempo de fazer agora? Como podemos fazer isso dar certo?"

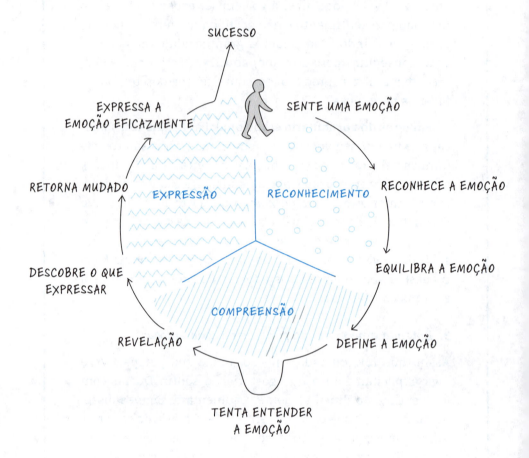

Avaliação de Tendências Emocionais

Como aplico tudo o que aprendi?

Para ajudá-lo a colocar as habilidades deste livro em prática, criamos uma avaliação em três partes. Ela o ajudará a aprender sobre:

1. Suas tendências emocionais.
2. A cultura emocional de sua equipe.
3. As normas emotivas de sua organização.

Ter o conhecimento dessas três áreas significa que você saberá em que focar sua energia à medida que aplica o que leu neste livro.

Para fazer a avaliação completa, acesse lizandmollie.com/assessment [conteúdo em inglês].

Recomendamos a versão completa, mas incluímos uma avaliação rápida em três áreas no livro.

Avaliação rápida

Avalie: Sua tendência de expressão emocional

1. Você acabou de perder parte de seu trabalho devido a um problema de salvamento bem perto de um prazo final. Está chateado. Qual das seguintes opções o descreve melhor?
    a. Estou irado por dentro, mas não mostro nem verbalizo nada.
    b. Expresso aflição em meu rosto, respiro fundo e digo para meu colega mais próximo que estou irritado.
    c. Fico visivelmente chateado e desabafo com todos a meu redor.

2. Sua equipe acabou de completar um marco importante. Qual das seguintes opções o descreve melhor?

   a. Orgulhoso, mas sorrio sutilmente.

   b. Enviando mensagem com muito entusiasmo para meu parceiro.

   c. No topo do Universo. Abraço minha equipe, contando para todos que vemos nos corredores.

3. Como seus colegas o descreveriam melhor?

   a. Misterioso.

   b. Previsível.

   c. Um livro aberto.

Maioria A: Você demonstra pouco suas emoções. As pessoas sentem que podem se aproximar de você se tiverem um problema ou estiverem chateadas, porque conseguirá indicar um caminho calmamente. No entanto, algumas vezes, entendem seu silêncio como falta de urgência ou animação. Pode demorar para as pessoas confiarem em você, porque é difícil interpretá-lo.

Sua principal oportunidade: Tente encontrar momentos em que possa ser mais vulnerável (**principalmente se for um líder — veja a seção sobre vulnerabilidade seletiva no Capítulo 8: "Liderança"**). Tenha cuidado para não oprimir tanto seus sentimentos negativos a ponto de o afetarem ou aparecerem de maneiras nada sadias. **Veja a seção sobre o paradoxo da positividade no Capítulo 2: "Saúde".**

Maioria B: Você expressa emoções de certa forma. Pode ficar visivelmente animado, mas geralmente oprime sua animação ou frustração.

Sua principal oportunidade: Entenda quais situações o deixam confortável para expressar suas emoções e quais não. **Veja a seção sobre vulnerabilidade seletiva no Capítulo 8: "Liderança".**

Maioria C: Você é altamente expressivo emocionalmente. As pessoas sempre sabem como está se sentindo e procuram-no quando têm notícias ótimas ou precisam de uma injeção de ânimo. Sua expressividade emocional tão aberta demonstra confiança, mas também pode ser percebida como instável.

Sua principal oportunidade: Entenda quando é produtivo expressar suas emoções não filtradas e quando pode ser que você esteja inconscientemente afetando as pessoas a seu redor. Em vez de ser varrido por suas emoções, acalme-se antes de agir. **Veja a seção sobre contágio emocional no Capítulo 7: "Cultura", e a sobre equilíbrio emocional no Capítulo 8: "Liderança".**

(Fonte: LeeAnn Renninger, LifeLabs Learning)

Avalie: A segurança psicológica de sua equipe

Responda a cada frase selecionando um número para concordar ou discordar da declaração.

1. Se cometo um erro em minha equipe, geralmente isso recai sobre mim.

    Discordo totalmente 1 — 2 — 3 — 4 — 5 — 6 — 7 Concordo totalmente

2. Membros da minha equipe conseguem abordar problemas e situações difíceis.

    Discordo totalmente 1 — 2 — 3 — 4 — 5 — 6 — 7 Concordo totalmente

3. É seguro arriscar nessa equipe.

    Discordo totalmente 1 — 2 — 3 — 4 — 5 — 6 — 7 Concordo totalmente

4. É difícil pedir ajudar de outros membros dessa equipe.

    Discordo totalmente 1 — 2 — 3 — 4 — 5 — 6 — 7 Concordo totalmente

5. Trabalhando com os membros dessa equipe, minhas habilidades e talentos únicos são valorizados e utilizados.

    Discordo totalmente 1 — 2 — 3 — 4 — 5 — 6 — 7 Concordo totalmente

Pontuação: Passo 1: Adicione os pontos de 2, 3 e 5 a um subtotal. Passo 2: 1 e 4 são pontuações reversas, então subtraia cada uma de suas respostas de 8 (8 menos o número de sua escolha na resposta) e então o adicione ao subtotal.

Pontuação de 0-15: Sua equipe não é segura psicologicamente! Os membros da equipe não se sentem confortáveis para dar novas ideias ou apontar problemas em potencial.

A principal oportunidade para você e sua equipe: Comece aos poucos e modele o comportamento que deseja ver. Convide alguém de sua equipe para apresentar um ponto de vista ou ideia nova, mesmo que seja um desafio para o grupo. Então reconheça e agradeça à pessoa da equipe por se arriscar. **Veja a seção sobre segurança psicológica no Capítulo 5: "Equipes".**

Pontuação de 16-30: Sua equipe tem um pouco de segurança psicológica, mas poderia melhorar. Você e/ou outros membros da equipe às vezes, mas nem sempre, sentem que podem sugerir ideias, admitir erros e se arriscar sem se sentirem envergonhados pelo grupo.

A principal oportunidade da equipe: Identifique os comportamentos que contribuem para um senso de segurança psicológica e tente aumentá-los. Tente pedir para cada membro da equipe escrever seus pensamentos e depois compartilhar em voz alta com todos. Além disso, faça perguntas como "Pode falar mais sobre isso?" **Veja a seção sobre segurança psicológica no Capítulo 5: "Equipes".**

Pontuação de mais de 30: Sua equipe tem uma boa segurança psicológica. Você e os membros de sua equipe sentem que podem compartilhar os pensamentos e ideias e sabem que serão respeitados.

A principal oportunidade de sua equipe: Sempre é possível aumentar a segurança psicológica tentando novos métodos. Tente fazer atividades de construção de equipes não usuais para criar confiança. Ou tente fazer perguntas como "Quando pensa em sua infância, que refeição vem a sua mente e por quê?", para aprender uma história mais profunda sobre a vida e a família de alguém. **Veja a seção sobre segurança psicológica no Capítulo 5: "Equipes".**

(Fonte: Modificado de Team Psychological Safety Assessment, de Amy Edmondson)

Avalie: Seu senso de pertencimento em sua organização

Responda a cada frase selecionando um número para indicar o quanto você concorda ou discorda da declaração.

1. Geralmente sinto que as pessoas me aceitam em minha organização.
   Discordo totalmente 1 — 2 — 3 — 4 — 5 — 6 — 7 Concordo totalmente

2. Sinto-me como uma peça mal encaixada que não faz parte do quebra-cabeça da organização.
   Discordo totalmente 1 — 2 — 3 — 4 — 5 — 6 — 7 Concordo totalmente

3. Gostaria de fazer a diferença para as pessoas no trabalho, mas não sinto que o que tenho a oferecer é valioso.
   Discordo totalmente 1 — 2 — 3 — 4 — 5 — 6 — 7 Concordo totalmente

4. Sinto-me um peixe fora d'água na maioria das situações em minha organização.
   Discordo totalmente 1 — 2 — 3 — 4 — 5 — 6 — 7 Concordo totalmente

5. Fico desconfortável por minha experiência ser tão diferente daquela de pessoas próximas a mim na organização.
   Discordo totalmente 1 — 2 — 3 — 4 — 5 — 6 — 7 Concordo totalmente

Pontuação: Passo 1: 2, 3, 4 e 5 são pontuações reversas, então subtraia cada uma de suas respostas de 8 (8 menos o número da resposta de sua escolha), e então os some para obter um subtotal. Passo 2: Some sua resposta número 1 ao subtotal.

Pontuação de 0–15: Você não se sente pertencente. Você não se sente seguro e valorizado por expressar seu eu verdadeiro.

Sua principal oportunidade: Entenda que é normal não ter um senso de pertencimento no primeiro ano de um novo emprego. Tente identificar as situações nas quais não se sente pertencente: são situações específicas (como videoconferência) ou com grupo de pessoas? Então tente encontrar um colega de cultura ou um mentor que possa ajudá-lo a decodificar essas situações. Alguém que entenda a cultura e possa responder às suas perguntas e dar feedback sobre pequenas (por exemplo, como o tom de seus e-mails está sendo percebido) e grandes coisas (por exemplo, ajudá-lo a entender que se sentir deslocado é normal). **Observação:** se ainda sente essa falta de pertencimento depois de dois anos, é hora de pensar em mudar de grupo ou organização. **Veja a seção sobre pertencimento no Capítulo 7: "Cultura".**

Pontuação de 16-30: Você tem algum senso de pertencimento. Você se sente seguro e valorizado por expressar seu eu verdadeiro, mas ainda há espaço para melhorias.

Sua principal oportunidade: Lembre-se de que sentir que você pertence não significa que o trabalho de repente será um passeio no parque — significa que os altos e baixos normais da vida do escritório não serão muito estressantes para você. Procure maneiras de modelar a criação de um senso de pertencimento em sua equipe. Por exemplo, presuma boas intenções. Se um colega que você conhece e em quem confia cometer um deslize, explique por que o comportamento dele fez você se sentir excluído e proponha outra ação. **Veja a seção sobre pertencimento no Capítulo 7: "Cultura".**

Pontuação de mais de 30: Você tem um bom senso de pertencimento. Você sente que geralmente pode compartilhar seus pensamentos e sabe que será respeitado e ouvido.

Sua principal oportunidade: Sempre se pode aumentar o senso de pertencimento para outras pessoas. Se ofereça para ser um colega de cultura ou mentor para outra pessoa. Ajude as pessoas a entender a cultura respondendo às suas perguntas e dando feedback com relação a pequenas coisas, como o tom do e-mail. Lembre-os de que é normal não ter um senso de pertencimento nos primeiros meses de um novo emprego. **Veja a seção sobre pertencimento no Capítulo 7: "Cultura".**

(Fonte: Modificado de Sense of Belonging Inventory)

Agradecimentos

É preciso muita ajuda para escrever um livro. Mollie e Liz gostariam de agradecer às seguintes pessoas:

Leah Trouwborst, que acreditou de verdade e foi uma editora extraordinária, foi generosa com o tempo, ideias e entusiasmo. Lisa DiMona, agente e amiga fenomenal, foi nossa primeira parceira de ideias. Julie Mosow, nossa inteligente parceira de edição, que nos ajudou a moldar nossa narrativa e trouxe o melhor de nossas vozes.

Equipe da Writers House: Nora Long foi uma editora paciente e prudente que nos ajudou a tornar nossa mensagem mais clara. Alessandra Birch, Natalie Medina, Maja Nikolic, Katie Stuart, Peggy Boulos Smith e todos da agência, com quem foi uma alegria trabalhar.

Equipe da Penguin: Adrian Zackheim, cuja elegante articulação acerca da necessidade de nosso livro nos inspirou; Niki Papadopoulos, Will Weisser, Helen Healey, Tara Gilbride, Chris Sergio, Karl Spurzem, Alyssa Adler, Cassie Pappas, Madeline Montgomery, Margot Stamas e Lillian Ball foram prestativos do início ao fim.

Todos os especialistas que nos cederam tempo e ideias valiosos: Angela Antony, Erica Baker, Lisa Feldman Barrett, Sigal Barsade, Matt Breitfelder, Laszlo Bock, Julia Byers, B. Byrne, Jerry Colonna, Susan David, Brian Fetherstonaugh, Bill George, Chris Gomes, Paul Green, James Gross, Frans Johansson, Sarah Kalloch, Rem Konig, Anne Kreamer, Tom Lehman, Niki Lustig, Cade Massey,

Jonathan McBride, Patty McCord, Julianna Pillemer, Daniel Pink, LeeAnn Renninger, Kisha Richardson, Jonathan Roiser, Carissa Romero, Julia Rozovsky, Gretchen Rubin, Laura Savino, Jill Schwartzman, Kim Scott, Courtney Seiter, Jo Shapiro, Ashleigh Showler, Deborah Stamm, Deborah Tannen, Emily Stecker Truelove, Giles Turnbull, Pat Wadors, Greg Walton, Hannah Weisman, Brian Welle, Megan Wheeler, Cameron White, Adia Harvey Wingfield, Keith Yamashita e Ilan Zechory.

Pelas conversas que nos ajudaram a trilhar o caminho de nosso livro desde o começo: Dana Asher, Mette Norgaard, Wendy Palmer, Duncan Coombe, Art Markman, Karl Pillemer e Kate Earle.

Susan Cain, por nos ajudar a aceitar nossa introversão e nos dar a oportunidade de compartilhar com sua comunidade da Quiet Revolution.

Gabe Novais, por nos apresentar e pelos vários anos de amizade.

DE LIZ:

A Mollie, pelo equilíbrio perfeito de paciência e estímulos, e por fazer dessa jornada a coisa mais divertida e satisfatória que já fiz na vida.

Mamãe e Papai, por sempre atenderem o telefone, por me dizerem que minhas frases de efeito são engraçadas e (quando não conseguem entendê-las) que meus desenhos são fofos, por me apoiarem em todas as minhas aventuras criativas e me fazerem feliz quando estou triste. Sou grata por ser sua filha e orgulhosa por vocês serem meus pais.

Maxim, pelos brainstorms de ilustrações, melhorias de sintaxe e revisões de pesquisas. Suas edições, conselhos, paciência e humor melhoraram este livro. Você faz minha vida melhor. Sou muito sortuda!

Todos meus ex-colegas e chefes, principalmente Andy Wong, por me orientar; à equipe da Rap Genius (#beehive) pelas risadas; e Peter Sims por todo seu apoio e generosidade.

Todos que ajudaram a fazer este livro acontecer. Alguns leram esboços dele, outros compartilharam seus altos e baixos do dia a dia de trabalho, e alguns me fizeram sorrir quando tive bloqueios criativos. Agradeço a Marina Agapakis, Carmen Aiken, Vivek Ashok, Mat Brown, B. Byrne, Meghan Casserly, Amit Chatwani, Misha Chellam, Mathew Chow, Nick DeWilde, Ryan Dick, Elicia Epstein, Tomi Fischer, Kevin Frick, Brenna Hull, Becca Jacobs, Iris Jong, Hee-Sun Kang, Clare Lambert, Maya Lopuch, Nathalie Miller, Lila Murphy, Jason Nemirow, The Red Wine Society, Jess Seok, Natalie Sun, Erik Torenberg, Christine Tsang, Charley Wang e Hannah Yung.

Finalmente, não agradeço ao Reddit por me distrair tanto ao longo deste processo.

DE MOLLIE:

A Liz, pela amizade, compromisso com o trabalho em altos e baixos para construir uma parceria dos sonhos, e por todos os sorrisos que suas ilustrações me trazem. Para todos os professores das escolas públicas de Seattle que me encorajaram a escrever: Molly Peterson, Norm Hollingshead, Tara McBennett, Mark Lovre, Laura Strentz e Steve Miranda. Três professores na Brown foram minha inspiração para estudar organizações: Barrett Hazeltine, Danny Warshay e Alan Harlam. Ainda lembro o que aprendi com cada um, e não estaria aqui hoje sem vocês.

Minha irmandade 444, por ser uma fonte constante de ideias, risadas e positividade. Para minhas damas de Seattle, por me inspirar e me trazer de volta à realidade. Sophie Egan, obrigada por me encorajar e sempre estar a um telefonema de distância. Para meus amigos da Culture Lab: Liza Conrad, Kelly Ceynowa, Allie Mahler, Aimee Styler, Josh Levine e Emily Tsiang.

Todos meus atuais e antigos colegas da IDEO, que me ajudaram a esclarecer minhas ideias sobre as emoções no trabalho. Principalmente Duane Bray, Roshi Givechi, Ingrid Fetell Lee, Diana Rhoten, Heather Currier Hunt, Anna Silverstein e Mat Chow, que foram caixas de ressonância excelentes. Loren Flaherty Blackman, que foi uma guia valiosíssima para o design da capa. Debbe Stern, Whitney Mortimer e Hailey Brewer, obrigada por me ajudar na escrita e pelo apoio durante meu tempo na IDEO.

Todos meus ex-colegas e gerentes pela expertise e orientação ao longo dos anos.

Um muito obrigada a minha família por acreditar em mim e me ensinar o que é importante. Em particular a Laura, por conhecer e amar a versão mais sincera de mim mesma, e por nosso senso de humor compartilhado que só irmãs entendem; Kate, pelo apoio incondicional, por me ensinar o valor da curiosidade e pela inspiração para fazer o que amo; David, por um forte conjunto de valores, interesse no mundo do trabalho e por me lembrar de não levar a vida tão a sério; Jackie, pela sabedoria emocional e zelo; e os Duffy, pela generosidade, positividade e gargalhadas.

Acima de tudo: Chris, minha melhor metade, por instigar o melhor de mim e por aguentar esse processo de escrita. Você é uma fonte constante de admiração, gentileza e humor a quem quer que tenha a sorte de estar ao seu redor. Você me faz mais feliz.

Notas

CAPÍTULO 1: O FUTURO É EMOTIVO

9 **IE é um indicador de sucesso profissional melhor do que o QI:** Harvey Deutchen dorf, "Why Emotionally Intelligent People Are More Successful", *Fast Company*, 22 jun. 2015, www.fastcompany.com/3047455/why-emotionally-intelligent-people-are-more-successful.

9 **capacidade de sentir emoções produtivamente:** Chip Conley, *Emotional Equations* (Nova York: Atria, 2013).

10 **capacidade de se comunicar verbalmente com outras pessoas:** Susan Adams, "The 10 Skills Employers Most Want in 2015 Graduates", *Forbes*, 12 nov. 2014, www.forbes.com/sites/susanadams/2014/11/12/the-10-skills-employers-most-want-in-2015-graduates/#6920eae42511.

10 **"colaboração está perto da divindade":** "The Collaboration Curse", *The Economist*, 23 jan. 2016, www.economist.com/news/business/21688872-fashion-making-employees-collaborate-has-gone-too-far-collaboration-curse.

CAPÍTULO 2: SAÚDE

19 **hora de seguir o conselho do Drake:** o rapper, não Sir Francis.

22 **entrada da matriz em Manhattan:** Joseph Heath, *The Efficient Society* (Toronto: Penguin Canada, 2002), 153.

22 **"Você trabalha, depois morre":** Andrea Peterson, "Metaphor of Corporate Display: 'You Work, and Then You Die'", *The Wall Street Journal*, 8 nov. 1996.

23 **depois de 50 horas de trabalho por semana:** Gretchen Rubin, "The Data Revealed a Big Surprise: Top performers do less", GretchenRubin.com. Acesso em: 8 abr. 2018, https://gretchenrubin.com/2018/02/morten-hansen.

23 **"desconectar, recarregar e se renovar":** Grace Nasri, "Advice from 7 Women Leaders Who Navigated the Male-Dominated Tech Scene", *Fast Company*, 12 jun. 2014, www.fastcompany.com/3031772/advice-from-7-women-leaders-who-navigated-the-male-dominated-tech-scene.

24 **um tempo maior fora do emprego nos mantém saudáveis e produtivos:** "A 20-Year Retrospective on the Durfee Foundation Sabbatical Program from Creative Disruption to Systems Change", set. 2017, https://durfee.org/durfee-content/uploads/2017/10/Durfee-Sabbatical-Report-FINAL.pdf.

24 **mais da metade dos norte-americanos não tira todas as férias pagas:** Quentin Fottrell, "The Sad Reason Half of Americans Don't Take All Their Paid Vacation", *MarketWatch*, 28 maio 2017, www.marketwatch.com/story/55-of-american-workers-dont-take-all-their-paid-vacation-2016-06-15.

24 **quase todo mundo usaria mais tempo de férias:** "The High Price of Silence: Analyzing the business implications of an under-vacationed workforce", *Project: Time Off*. Acesso em 8 abril 2018, www.projecttimeoff.com/research/high-price-silence.

25 **"cuidamos uns dos outros para que ninguém tenha burnout"**: "Remaking the Workplace, One Night Off at a Time", *Knowledge@Wharton*, 3 jul. 2012, http://knowledge.wharton.upenn.edu/article/remaking-the-workplace-one-night-off-at-a-time.

26 **expressões amigáveis como se fossem ameaçadoras:** Matthew Walker, *Why We Sleep: Unlocking the power of sleep and dreams* (Nova York: Scribner, 2017), Kindle.

26 **ajuda a relaxar — e ficar focado:** "Brief Diversions Vastly Impro e Focus, Researchers Find", *Science Daily*, 8 fev. 2011, www.sciencedaily.com/releases/2011/02/110208 131529.htm.

26 **alunos dinamarqueses que tiveram um pequeno intervalo:** Hans Henrik Sievertsen, Francesca Gino e Marco Piovesan, "Cognitive Fatigue Influences Students' Performance on Standardized Tests", *Proceedings of the National Academy of Sciences*, 16 fev. 2016, www.pnas.org/content/early/2016/02/09/1516947113.

26 **ajuda a desestressar mais rápido:** Dan Pink, *When: The scientific secrets of perfect timing* (Nova York: Riverhead, 2018), Kindle.

26 **treino de força melhora mais seu estado de espírito do que cárdio:** Bertheussen GF et al., "Associations between Physical Activity and Physical and Mental Health — a HUNT 3 Study", *Med Sci Sports Exerc*ise 43, n. 7 (jul. 2011): 1220–28, www.ncbi.nlm.nih.gov/pubmed/21131869.

27 **"disse a frase de encerramento":** Cal Newport, "Drastically Reduce Stress with a Work Shutdown Ritual", CalNewport.com, 8 jun. 2009, http://calnewport.com/blog/2009/06/08/drastically-reduce-stress-with-a-work-shutdown-ritual.

28 **contar os passos ou calcular os quilômetros corridos**: Jordan Etkin, "The Hidden Cost of Personal Quantification", *Journal of Consumer Research* 42, n. 6 (1º abr. 2016): 967–84, https://academic.oup.com/jcr/article-abstract/42/6/967/2358309.

28 **disse Beyoncé à GQ em uma entrevista**: Amy Wallace, "Miss Millennium: Beyoncé", *GQ*, 10 jan. 2013, www.gq.com/story/beyonce-cover-story-interview-gq-february-2013.

28 **"ter tempo para si mesmo":** Rebecca J. Rosen, "Why Do Americans Work So Much?" *The Atlantic*, 7 jan. 2016, www.theatlantic.com/business/archive/2016/01/inequality-work-hours/422775.

29 **pessoas de quem gostamos nos deixa mais felizes:** Cristobal Young and Chaeyoon Lim, "Time as a Network Good: Evidence from unemployment and the standard workweek", *Sociological Science* 1, n. 2 (18 fev. 2014), www.sociologicalscience.com/time-network-good.

29 **pesquisadora-líder de burnout:** Kenneth R. Rosen, "How to Recognize Burnout before You're Burned Out," *New York Times*, 5 set 2017, www.nytimes.com/2017/09/05/smarter-living/workplace-burnout-symptoms.html.

31 **"pode trabalhar enquanto estou fora":** Sarah Green Carmichael, "Millennials Are Actually Workaholics, According to Research", *Harvard Business Review*, 17 ago. 2016, https://hbr.org/2016/08/millennials-are-actually-workaholics-according-to-research.

31 **prazer em nosso cérebro:** Annie McKee e Kandi Wiens, "Prevent Burnout by Making Compassion a Habit", *Harvard Business Review*, 11 mao 2017, https://hbr.org/2017/05/prevent-burnout-by-making-compassion-a-habit.

32 **autor de *Onde Vivem os Monstros*:** Emma Brockes, entrevista com Maurice Sendak, *The Believer*, nov. 2012, www.believermag.com/issues/201211/?read=interview sendak.

32 **duas vezes mais do que ela pensa que o faz:** Sally Andrews et al., "Beyond Self-report: Tools to compare estimated and real-world smartphone use", *PLoS ONE* 10, n. 10 (out. 2015), https://doi.org/10.1371/journal.pone.0139004.

32 **se dá conta de que ele nem está lá:** Michelle Drouin, "Phantom Vibrations among Under graduates: Prevalence and associated psychological characteristics", *Computers in Human Behavior* 28, n. 4 (jul. 2012): 1490–96, www.sciencedirect.com/science/article/pii/S07475 63212000759.

33 **fique cansado e sem foco**: Daniel J. Levitin, "Hit the Reset Button in Your Brain", *The New York Times*, 9 ago. 2014, www.nytimes.com/2014/08/10/opinion/sunday/hit-the-reset-button-in-your-brain.html.

34 **"SUGIRO: GUARDE SEU CELULAR":** Shonda Rhimes, *Year of Yes* (Nova York: Simon & Schuster, 2016), Kindle.

34 **empregados não podem enviar e-mails uns aos outros depois das 10 horas da noite:** "Zzzmail", Vynamic.com, acessado em 8 abr. 2018, https://vynamic.com/zzzmail.

34 **escreve o psicólogo Donald Campbell:** Steven Pinker, *How the Mind Works* (Nova York: W. W. Norton, 1997), Kindle.

35 **algo ruim aconteceu, mas resultou em algo bom:** Brad Stulberg, "Become More Resilient by Learning to Take Joy Seriously", *New York*, 28 abr. 2017, http://nymag.com/scienceofus/2017/04/become-morresilient-by-learning-to-take-joy-seriously.html.

36 **vários funcionários ficaram muito satisfeitos com essa regra:** T-Mobile USA, Inc. v. NLRB, n. 16-60284 (5th Cir. 2017), https://law.justia.com/cases/federal/appellate-courts/ca5/16-60284/16-60284-2017-07-25.html.

37 **bem-estar pior do que aqueles que aceitavam melhor os sentimentos:** Brett Q. Ford et al., "The Psychological Health Benefits of Accepting Negative Emotions and Thoughts: Laboratory, diary, and longitudinal evidence", *Journal of Personality Social Psychology*, jul. 2017, www.ncbi.nlm.nih.gov/pubmed/28703602.

37 **"conseguem lidar melhor com o estresse":** Yasmin Anwar, "Feeling bad about feeling bad can make you feel worse", *Berkeley News*, 10 ago. 2017, http://news.berkeley.edu/2017/08/10/emotionalacceptance.

38 **trabalhar para evitar essas situações:** Julie K. Norem e Nancy Cantor, "Defensive Pessi mism: Harnessing anxiety as motivation", *Journal of Personality and Social Psychology* 51, n. 6 (1986): 120817, http://psycnet.apa.org/record/1987-13154-001.

38 **pessimistas são forçados a ficar animados:** Julie K. Norem e Edward C. Chang, "The Positive Psychology of Negative Thinking", *Journal of Clinical Psychology* 50, n. 9 (2002): 993-1001, http://homepages.se.edu/cvonbergen/files/2012/12/The-Positive-Psychology-of-Negative-Thinking.pdf.

38 **idêntica à resposta de nosso corpo à empolgação:** Olga Khazan, "Can Three Words Turn Anxiety into Success?" *The Atlantic*, 23 mar. 2016, www.theatlantic.com/health/archive/2016/03/can-three-words-turn-anxiety-into-success/474909.

38 **reformulando o estresse como empolgação:** Alison Wood Brooks, "Get Excited: Reappraising pre-performance anxiety as excitement", *Journal of Experimental Psychology* 143, n. 3 (2014): 114458, www.apa.org/pubs/journals/releases/xge-a0035325.pdf.

39 **lidar melhor com o estresse:** Emma Janette Rowland, "Emotional Geographies of Car Work in the NHS", *Royal Holloway University of London*, https://pure.royalholloway.ac.uk/portal/files/23742468/final_submission_1st_december_2014.pdf.

39 **pessoa que está ouvindo se sintam pior:** Margot Bastin et al., "Brooding and Reflecting in an Interpersonal Context", *Personality and Individual Differences* 63 (2014): 100-105, https://lirias.kuleuven.be/bitstream/123456789/439101/2/post+print+Brooding+and+Reflecting+in+an+Interpersonal+Context_Bastin+(2014).pdf.

39 **mulheres se sintam mais ansiosas e deprimidas:** Amanda J. Rose, "Co-rumination in the Friendships of Girls and Boys", *Child Development* 73, n. 6 (nov.-dez. 2002): 1830-43, www.ncbi.nlm.nih.gov/pubmed/12487497.

40 **forçarão a resolver o problema:** Adam Grant, "*The Daily Show*'s Secret to Creativity", *WorkLife Podcast*, 7 mar. 2018, www.linkedin.com/pulse/daily-shows-secret-creativity-adam-grant.

40 **A incerteza é ruim:** Achim Peters et al., "Uncertainty and Stress: Why it causes diseases and how it is mastered by the brain", *Progress in Neurobiology* 156 (set. 2017): 164-88, www.sciencedirect.com/science/article/pii/S0301008217300369.

40 **falta de direcionamento de nossos chefes:** Morten Hansen, *Great at Work* (Nova York: Simon & Schuster, 2018).

40 **sai de férias duas vezes mais do que seus colegas:** Amanda Eisenberg, "Vacation Time Can Boost Employee Performance", *Employee Benefit Advisor*, 31 jul. 2017, www.employeebenefit adviser.com/news/vacation-time-can-boost-employee-performance.

40 **observa a cofundadora do Flikr, Caterina Fake:** Caterina Fake, "Working Hard Is Overrated", *Business In*sider, 28 set. 2009, www.businessinsider.com/working-hard-is-overrated-2009-9.

41 **metade de nosso tempo concentrados no presente:** Matthew A. Killingsworth e Daniel T. Gilbert, "A Wandering Mind Is an Unhappy Mind", *Science* 330, n. 6006 (nov. 2010): 932, www.ncbi.nlm.nih.gov/pubmed/21071660.

41 **mente que vaga geralmente é infeliz:** Ibid.

41 **elementos específicos de um problema para entendê-lo melhor:** Nicholas Petrie, "Pressure Doesn't Have to Turn into Stress", *Harvard Business Review*, 16 mar. 2017, https://hbr.org/2017/03/pressure-doesnt-have-to-turn-into-stress.

43 **Se perceber que está obcecado pelo pessimismo:** Stulberg, "Become More Resilient".

43 **sair dos padrões de pensamento negativo:** LeeAnn Renninger, entrevista por telefone com as autoras, 19 abr. 2018.

44 **deve ser feito no dia seguinte ou no próximo:** Nick Wignall, "How to Fall Asleep Amazingly Fast by Worrying on Purpose", *Medium*, 12 fev. 2018, https://medium.com/swlh/how-to-fall-asleep-amazingly-fast-by-worrying-on-purpose-db0078acc6b6.

CAPÍTULO 3: MOTIVAÇÃO

49 **muito mais felizes:** Cali Ressler e Jody Thompson, *Why Work Sucks and How to Fix It: The results-only revolution* (Nova York: Penguin Press, 2010), Kindle.

49 **empregado em toda a empresa:** Seth Stevenson, "Don't Go to Work", *Slate*, 11 maio 2014, www.slate.com/articles/business/psychology_of_management/2014/05/best buy_s_rowe_experiment_can_results_only_work_environments_actually_be.html.

49 **13 guias para o ROWE:** Ressler, *Why Work Sucks and How to Fix It*.

50 **trabalhadores se sentem engajados no trabalho:** "Employee Engagement", Gallup, http://news.gallup.com/topic/employee_engagement.aspx. Acesso em 17 fev. 2018.

51 **aqueles que lhes davam muita liberdade:** Joris Lammers, "To Have Control over or to Be Free from Others? The Desire for Power Reflects a Need for Autonomy", *Personality and Social Psychology Bulletin* 42, no. 4 (mar. 2016): 498–512, http://journals.sagepub.com/doi/abs/10.1177/0146167216634064?rss=1&

52 **faltas quanto a rotatividade caíram:** Lydia DePillis, "Walmart Is Rolling Out Big Changes to Worker Schedules This Year", *Washington Post*, 17 fev. 2016, www.washingtonpost.com/news/wonk/wp/2016/02/17/walmart-is-rolling-out-big-changes-toworker-schedules-this-year.

52 **ir às atividades extracurriculares:** Stevenson, "Don't Go to Work".

53 **Demissão voluntária diminuiu:** Ibid.

53 **supervisora que havia expressado preocupação:** Ressler, *Why Work Sucks and How to Fix It*.

53 **"A resposta é quase sempre sim":** Daniel Pink, entrevista por telefone com as autoras, 27 fev. 2018.

54 **"intervalos vespertinos de 10 a 15 minutos":** Ibid.

54 **Bezos uma vez disse isso a um engenheiro:** Brad Stone, *The Everything Store: Jeff Bezos and the Age of Amazon* (Nova Yor : Back Bay Books, 2014), Kindle.

54 **liberada quando buscamos uma recompensa:** "Dopamine Regulates the Motivation to Act, Study Shows", *Science Daily*, 10 jan. 2013, www.sciencedaily.com/releases/2013/01/130110094415.htm.

54 **perdiam dinheiro por pouco e quando ganhavam:** Henry W. Chase e Luke Clark, "Gambling Severity Predicts Midbrain Response to Near-miss Outcomes", *Journal of Neuroscience* 30, n. 18 (maio 2010): 6180–87, www.jneurosci.org/content/30/18/6180.full.

56 **lista de afazeres nos energiza:** Karl E. Weick, "Small Wins Redefining the Scale of Social Prob lems", *American Psychologist* 39, n. 1 (jan. 1984): 40–49, http://homepages.se.edu/cvonbergen/files/2013/01/Small-Wins_Redefining-the-Scale-of-Social-Problems.pdf.

56 **mais felizes e engajados com nosso emprego:** Teresa Amabile e Steven Kramer, *The Progress Principle* (Boston: Harvard Business Press, 2011), Kindle.

56 **perder isso de vista diminui a motivação:** Dr. Pranav Parijat e Jaipur Shilpi Bagga, "Victor Vroom's Expectancy Theory of Motivation—An Evaluation", *International Research Journal of Business Management* 7, n. 9 (set. 2014), http://irjbm.org/irjbm2013/Sep2014/Paper1.pdf.

56   **sinaliza inclusão e trabalho em equipe:** Leah Fessler, "Three Words Make Brainstorming Sessions at Google, Facebook, and IDEO More Productive", *Quartz*, 10 jul. 2017, https://qz.com/1022054/the-secret-to-better-brainstorming-sessions-lies-in-the-phrase-how-might-we.

56   **fazerem perguntas:** Pink, *Drive*, 166.

57   **"de que o trabalho em si tem um impacto":** Dan Ariely, Emir Kamenica e Dražen Prelec, "Man's Search for Meaning: The case of Legos", *Journal of Economic Behavior & Organization* (set. 2008): 671–77, www.sciencedirect.com/science/article/pii/S0167268108000127.

57   **"em vez de trabalhar em problemas difíceis":** Paul Graham, "How to Do What You Love", *Paul Graham's Top Business Tips* (blog), www.paulgraham.com/love.html. Acesso em 18 fev. 2018.

57   **momentos felizes frequentes:** "The Most and Least Meaningful Jobs", PayScale, www.payscale.com/data-packages/most-and-least-meaningful-jobs. Acesso em 18 fev. 2018.

57   **dias especialmente difíceis:** Shelley A. Fahlman, "Does a Lack of Meaning Cause Boredom? Results from Psychometric, Longitudinal, and Experimental Analyses", *Journal of Social and Clinical Psychology* 28, n. 3 (2009): 307–40, https://psyc525final.wikispaces.com/file/view/Does+a+lack+of+meaning+cause+boredom+-+Results+from+psychometric,+longitudinal,+and+experimental+analyses.pdf.

57   **breves interações com as pessoas:** Bock *Work Rules!*

58   **alunos angariaram duas vezes mais:** Adam Grant, "How Customers Can Rally Your Troops", *Harvard Business Review*, jun. 2011, https://hbr.org/2011/06/how-customers-can-rally-your-troops.

58   **"melhores elogios que recebi":** Alexandra Petri, "Maurice Sendak and Child hood—We Ate It Up, We Loved It", *The Washington Post*, 8 maio 2012, www.washingtonpost.com/blogs/compost/post/maurice-sendak-and-childhood—we-ate-it-up-we-loved-it/2012/05/08/gIQAhfcwAU blog.html.

59   **não há regras absolutas, nossa mentalidade é importante:** Catherine Bailey e Adrian Madden, "What Makes Work Meaningful—or Meaningless", *MIT Sloan Management Review*, Verão 2016, https://sloanreview.mit.edu/article/what-makes-work-meaningful-or-meaningless.

59   **contando piadas para que os passageiros se sentissem melhor:** Dave Isay, *Callings: The purpose and passion of work* (Nova York: Penguin, 2017), Kindle.

59   **"ambiente o mais animado possível":** "I Am Joi Ito of MIT Media Lab, Ask Me Anything", Reddit, 29 mai. 2015, www.reddit.com/r/IAmA/comments/37qf9h/i_am_joi_ito_director of_mit_media_lab_ask_me.

60   **"plataforma no Atlântico depois do lançamento":** Ali Rowghani, "What's the Second Job of a Startup CEO?" *Y Combinator*, 29 nov. 2016, https://blog.ycombinator.com/the-second-job-of-a-startup-ceo.

62   **linguagem que ainda não foi escrita:** "Human Capital Outlook", World Economic Forum, jun. 2016, http://www3.weforum.org/docs/WEF_ASEAN_HumanCapitalOutlook.pdf.

62   **"com quem você escolhe aprender":** Seth Godin, "17 ideas for the modern world of work", altMBA, https://altmba.com/ideas. Acesso em 18 fev. 2018.

62   **minutos para sair do escritório:** Kim Willsher, "Frenchman Takes Former Employer to Tribunal over Tedious Job", *The Guardian*, 2 maio 2016, www.theguardian.com/world/2016/may/02/frenchman-takes-former-employer-to-tribunal-over-tedious-job.

62   **quase 200 choques:** *HBR Ideacast*, "Episode 592: Why everyone should see themselves as a leader", lançado em 31 ago. 2017, hbr.org/ideacast/2017/08/why-everyone-should-see-themselves-as-a-leader.

63   **memórias e começar a conectar ideias:** Elle Metz, "Why Idle Moments Are Crucial for Creativity", *BBC*, 14 abr. 2017, www.bbc.com/capital/story/20170414-why-idle-moments-are-crucial-for-creativity.

63   **associadas com a memória e a imaginação:** Jennifer Schuessler, "Our Boredom, Ourselves", *The New York Times*, 21 jan. 2010, www.nytimes.com/2010/01/24/books/review/Schuessler-t.html.

63   **marcar um horário para simplesmente pensar:** Ibid.

63   **"encontra o buraco em seu telhado":** Graham, "How to Do What You Love".

63   **combater o estresse do que simplesmente relaxar:** Chen Zhang et al., "More Is Less: Learning but not relaxing buffers deviance under job stressors", *Journal of Applied Psychology* 103, n. 2 (21 set. 2017): 123–36, www.ncbi.nlm.nih.gov/labs/articles/28953921.

64   **"Usando o que tinha aprendido no curso":** Niki Lustig, entrevista pelo telefone e e-mail com as autoras, 10 jan. 2017.

64 **para estar em uma equipe vencedora:** Thomas Zimmerfaust, "Are Workers Willing to Pay to Join a Better Team?" *Economic Inquiry*, 26 dez. 2017, http://onlinelibrary.wiley.com/doi/10.1111/ecin.12543/abstract.

64 **valorizam mais os produtos que construíram:** Michael Norton et al., "The 'IKEA Effect': When labor leads to love", Harvard Business School Working Paper, 2011, www.hbs.edu/faculty/Publication%20Files/11-091.pdf.

64 **desempenho melhor do que os colegas:** Paul P. Baard et al., "Intrinsic Need Satisfaction: A motivational basis of performance and well-being in two work settings", *Journal of Ap plied Social Psychology* 34, n. 10 (2004): 2045–68, https://selfdeterminationtheory.org/SDT/documents/2004BaardDeciRyan.pdf.

64 **livro somente aos 51 anos:** Ruth Reichl, "Julia Child's Recipe for a Thoroughly Modern Marriage", *Smithsonian*, jun. 2012, www.smithsonianmag.com/history/julia-childs-recipe-for-a-thoroughly-modern-marriage-86160745.

65 **resultaria em um desempenho melhor:** Carol Dweck, *Mindset: The new psychology of success* (Nova York: Random House, 2006), kindle.

66 **ansiosos ou deprimidos não aprendem:** Bruce D. Perry, "Fear and Learning: Trauma related factors in adult learning", *New Directions for Adult and Continuing Education*, n. 110 (2006): 21–27; 67–68.

67 **pessoas que têm amigos no trabalho:** Christine M. Riordan e Rodger W. Griffeth, "The Opportunity for Friendship in the Workplace: An underexplored construct", *Journal of Business and Psychology* 10, n. 2 (dez. 1995): 141–54, https://link.springer.com/article/10.1007/BF02249575.

67 **satisfação e são menos afetadas pelo estresse:** Faith Ozbay et al., "Social Support and Resilience to Stress: From neurobiology to clinical practice", *Psychiatry (Edgmont)* (2007): 35–40, www.ncbi.nlm.nih.gov/pmc/articles/PMC2921311.

68 **apresentação e finalmente pedir um aumento:** "The Positive Business Impact of Having a Best Friend at Work", *HR in Asia*, 23 jun. 2016, www.hrinasia.com/hr-news/the-positive-business-impact-of-having-a-best-friend-at-work.

68 **mais bem-sucedidas do que as que iam sozinhas:** Erica Field et al., "Friendship at Work: Can peer effects catalyze female entrepreneurship?" *National Bureau of Economic Research Working Paper* n. 21093, abr. 2015, www.nber.org/papers/w21093.

69 **caído para um terço:** Adam Grant, "Friends at Work? Not So Much", *The New York Times*, set. 4, 2015, www.nytimes.com/2015/09/06/opinion/sunday/adam-grant-friends-at-work-not-so-much.html.

69 **"camaradagem para fora do emprego":** Ibid.

69 **pessoas reservadas:** Shawn Achor, *Before Happiness* (Nova York: Crown Business, 2013), 178.

69 **estratégias corretas para a carreira:** Edith M. Hamilton et al., "Effects of Mentoring on Job Satisfaction, Leadership Behaviors, and Job Retention of New Graduate Nurses", *Journal for Nurses in Professional Development*, jul.–ago. 1989, http://journals.lww.com/jnsdonline/Abstract/1989/07000/Effects_of_Mentoring_on_Job_Satisfaction,.3.aspx.

69 **economista e autor Tyler Cowen:** Ezra Klein, Interview with Tyler Cowen, Longform Podcast, Episode 270, nov. 2017, https://lo gform.org/posts/longform-podcast-270-tyler-cowen.

70 **membros importantes de nosso network:** Bert N. Uchino et al., "Heterogeneity in the Social Networks of Young and Older Adults", *Journal of Behavioral Medicine* 24, n. 4 (ago. 2001): 361–82, https://link.springer.com/article/10.1 23/A:1010634902498.

71 **esforço para serem bem-sucedidos e criarem network:** Jessica R. Methot et al., "The Space Between Us: A social-functional emotions view of ambivalent and indifferent workplace relationships", *Journal of Management* 43, n. 6 (jul. 2017) 1789–1819, http://journals.sagepub.com/doi/abs/10.1177/0149206316685853?journalCode=joma.

71 **É preciso esforço para gerenciar:** David Burkus, "Work Friends Make Us More Productive (Except When They Stress Us Out)", *Harvard Business Review*, 26 maio 2017, https://hbr.org/2017/05/work-friends-make-us-more-productive-except-when-they-stress-us-out.

71 **candidata a Ph.D. na Wharton School:** Julianna Pillemer, entrevista pelo telefone com as autoras, 8 jan. 2017.
72 **integradores não criam limites:** Christena Nippert-Eng, "Calendars and Keys: The classification of 'home' and 'work'", *Sociological Forum* 11, n. 3 (set. 1996): 563-82, https://link.springer.com/article/10.1007/BF02408393.
72 **Infelizmente para os segmentadores, está ficando cada vez mais difícil:** Robert Half, "Many Employees Think It's OK to Connect with Colleagues on Social Media, but Not All Managers Agree", Robert Half, http://rh-us.mediaroom.com/2017-09-12-Should-You-Friend-Your-Coworkers. Acesso em 18 fev. 2018.
72 **pedido de amizade de um colega:** Adam Grant, "Why Some People Have No Boundaries Online", *Huffington Post*, 11 nov. 2013, www.huffingtonpost.com/adam-grant/why-some-people-have-no-b_b_3909799.html.
72 **negativamente pelos colegas:** Leslie K. John, "Hiding Personal Information Reveals the Worst", Harvard Business School, 26 jan. 2016, www.hbs.edu/faculty/Pages/item.aspx?num=50432.
72 **"colegas de trabalho fora do contexto do emprego":** Pillemer, entrevista.
74 **início de uma relação significativa:** Grant, "Friends at Work?"
74 **"conectadas com colegas semelhantes":** Ibid.

CAPÍTULO 4: TOMADA DE DECISÕES

80 **e não o contrário:** Myeong-Gu Seo e Lisa Feldman Barrett, "Being Emotional During Decision Making — Good or Bad? An Empirical Investigation", *Academy of Management Journal* 50, n. 4. (ago. 2007): 923-40, www.ncbi.nlm.nih.gov/pmc/articles/PMC2361392.
81 **William James descreveu a intuição:** Beryl W. Holtam, *Let's Call It What It Is: A Matter of Conscience: A new vocabulary for moral education* (Berlin: Springer Science & Business Media, 2012).
81 **diminuir e priorizar:** Marcel Zeelenberg et al., "On Emotion Specific ity in Decision Making: Why feeling is for doing", *Judgment and Decision Making* 3, n. 1 (jan. 2008): 18-27, http://journal.sjdm.org/bb2/bb2.html.
82 **pode pensar que todas as ideias de seus colegas são ruins:** Scott S. Wiltermuth e Larissa Z. Tiedens, "Incidental Anger and the Desire to Evaluate", *Organizational Behavior and Human Decision Processes* 116 (2011): 55-65, https://pdfs.semanticscholar.org/53d4/6c8475881cf8911e235418f9a13acf56d4cd.pdf.
83 **opções que não podem ser comparadas muito bem:** Michel Cabanac, "Pleasure: The common currency", *Journal of Theoretical Biology* 155, n. 2 (abr. 1992): 173-200, www.ncbi.nlm.nih.gov/pubmed/12240693.
84 **bom indício de que é uma emoção relevante:** Scott S. Wiltermuth e Larissa Z. Tiedens, "Incidental anger and the desire to evaluate", *Organizational Behavior and Human Decision Processes* 116, n. 1 (set 2011): 55-65, https://pdfs.semanticscholar.org/53d4/6c8475881cf8911e235418f9a13acf56d4cd.pdf.
84 **escolher entre opções:** Amitai Shenhav e Randy L. Buckner, "Neural Correlates of Dueling Affective Reactions to Win-win Choices", *Proceedings of the National Academy of Science* 111, n. 3 (29 jul. 2014): 10978-83, www.ncbi.nlm.nih.gov/pubmed/25024178.
84 **"correlatos neurais de problemas do primeiro mundo":** Maria Konnikova, "When It's Bad to Have Good Choices", *New Yorker*, ago. 1º, 2014, www.newyorker.com/science/maria-konnikova/bad-good-choices.
84 **ansiedade geralmente dura dias ou meses:** "When Fear Is a Competitive Advantage — 4 Steps to Make It Work for You", *First Round Review*, http://firstround.com/review/when-fear-is-a-competitive-advantage-4-steps-to-make-it-work-for-you. Acesso em 21 abr. 2018.
85 **"encontrar outro caminho com base na realidade":** Ibid.
86 **opção que minimizará o arrependimento:** Michael Lewis, *The Undoing Project* (Nova York: W. W. Norton, 2016), Kindle.

86 **"mudança acabasse em desastre":** Ibid.
86 **decisão importantíssima:** Steven D. Levitt, "Heads or Tails: The impact of a coin toss on major life decisions and subsequent happiness", *NBER Working Paper* n. 22487 (ago. 2016), www.nber.org/papers/w22487.
87 **"eu morria de inveja":** Gretchen Rubin, entrevista ao telefone com as autoras. 23 fev. 2018.
87 **"perto dela, sou completamente inadequada":** "Envy at the Office: A Q&A with Tanya Menon, Ph.D.", http://goop.com/envy-at-the-office. Acesso em 21 abr. 2018.
87 **fotocopiadora pode afetar nosso estado de espírito:** Daniel Västfjäll et al., "The Arithmetic of Emotion: Integration of incidental and integral affect in judgments and decisions", *Frontiers in Psychology* 7 (mar. 2016): 325, www.ncbi.nlm.nih.gov/pmc/articles/PMC4782160.
88 **rapidamente descontá-los:** Ibid.
88 **momentos mais felizes com ele:** Seo e Barrett, "Being Emotional", 923-40.
89 **regular melhor as emoções:** Christina Zelano et al., "Nasal Respiration Entrains Human Limbic Oscillations and Modulates Cognitive Function", *Journal of Neuroscience* 36, n. 49 (7 dez. 2016): 12448-67.
89 **Esperamos menos de nós:** Jennifer S. Lerner et al., "The Financial Costs of Sadness", *Psychological Science* 24, n. 1 (13 nov. 2012): 72-79, http://journals.sagepub.com/doi/abs/10.1177/0956797612450302?-journalCode=pssa.
89 **tem o efeito oposto da tristeza:** Jennifer S. Lerner et al., "Emotion and Decision Making", *Annual Review of Psychology* 66 (jan. 2015): 799-823, http://scholar.harvard.edu/files/jenniferlerner/files/emotion_and_decision_making.pdf.
89 **benefícios que duram mais de um mês:** Martin Seligman et al., "Positive Psychology Progress: Empirical validation of interventions", *American Psychology* 60, n. 5 (jul. 2005): 410-21, www.ncbi.nlm.nih.gov/pubmed/16045394.
90 **tivesse o direito de demitir Stanton:** Alex Crippen, "Warren Buffett: Buying Berkshire Hathaway was $200 billion blunder", *CNBC*, 18 out. 2010, www.cnbc.com/id/39710609.
90 **valer US$100 bilhões mais do que vale hoje:** Modesto A. Maidique, "Intuition Isn't Just about Trusting your Gut", *Harvard Business Review*, 13 abr. 2011, https://hbr.org/2011/04/intuition-good-bad-or-indiffer.
90 **dê de ombros para conselhos:** Daphna Motro et al., "Investigating the Effects of Anger and Guilt on Unethical Behavior: A dual-process approach", *Journal of Business Ethics* (2016), https://link.springer.com/article/10.1007/s10551-016-3337-x.
91 **fizessem escolhas piores:** Francesca Gino, *Sidetracked: Why our decisions get derailed, and how we can stick to the plan* (Cambridge, MA: Harvard Business Review Press, 2013), 45-47.
91 **decisões de maneira diferente:** Eddie North-Hager, "When Stressed, Men Charge Ahead, Women More Cautious", *USC News*, 2 jun. 2011, http://news.usc.edu/30333/When-Stressed-Men-Charge-Ahead-Women-More-Cautious.
91 **mulheres tendem a escolher a opção de baixo risco:** Ruud van den Bos et al., "Stress and Decision making in Humans: Performance is related to cortisol reactivity, albeit differently in men and women", *Psychoneuroendocrinology* 34, n. 10 (nov. 2009): 1449-58, www.ncbi.nlm.nih.gov/pubmed/19497677.
92 **escreve a psicóloga Therese Huston:** Miranda Green, "Make Better Decisions by Using Stress to Your Advantage", *Financial Times*, 28 ago. 2016, www.ft.com/content/9e751970-6a0b-11e6-a0b1-d87a9fea034f.
92 **"frequentemente a escolha correta":** North-Hager, "When Stressed, Men Charge Ahead, Women More Cautious".
92 **como se um encontro nunca fosse uma bagunça.** Rivera, "Go with Your Gut".
92 **depois dos primeiros dez segundos:** Frank J. Bernieri, "The Importance of First Impressions in a Job Interview", Midwestern Psychological Association Conference, maio 2000, www.researchgate.net/publication/313878823_The_importance_of_first_impressions_in_a_job_interview.
92 **contratar pessoas que nos fazem sentir bem:** Rivera, "Go with Your Gut".
92 **pessoa... para a função:** Ibid.

NOTAS

92 **liderou o RH na Netflix por 14 anos:** Patty McCord, entrevista ao telefone com as autoras, 5 fev. 2018.

92 **o quanto são parecidos com o entrevistador:** Angela Antony, entrevista por telefone com as autoras, 13 mar. 2018.

93 **mulheres sofrem mais:** "Recruiting Men, Constructing Manhood: How health care organizations mobilize masculinities as nursing recruitment strategy", *Gender & Society* (blog), 4 fev. 2014, https://gendersociety.wordpress.com/2014/02/04/recruiting-men-constructing-manhood-how-health-care-organizations-mobilize-masculinities-as-nursing-recruitment-strategy.

93 **"Você é homem o suficiente para ser enfermeiro":** Claire Cain Miller, "Why Men Don't Want the Jobs Done Mostly by Women", *The New York Times*, 4 jan. 2017, www.nytimes.com/2017/01/04/upshot/why-men-dont-want-the-jobs-done-mostly-by-women.html.

93 **que agem assertivamente:** Joan C. Williams et al., "Double Jeopardy? Gender Bias against Women in Science", *Tools for Change in STEM*, 21 jan. 2015, www.toolsforchangeinstem.org/double-jeopardy-gender-bias-women-color-science.

93 **trabalham para chefes sem preconceitos:** Dylan Glover et al., "Discrimination as a Self-Fulfilling Prophecy: Evidence from french grocery stores", *Quarterly Journal of Economics* 132, n. 3 (1º ago. 2017): 1219–60, https://doi.org/10.1093/qje/qjx006.

94 **ética corporativa pobre:** Adia Harvey Wingfield, "Being Black — but Not Too Black — in the Workplace", *The Atlantic*, 14 out. 2015, www.theatlantic.com/business/archive/2015/10/being-black-wor /409990.

94 **"começa definindo o problema":** McCord, entrevista.

94 **audição por trás de uma cortina:** Claudia Goldin e Cecilia Rouse, "Orchestrating Impartiality: The impact of 'blind' auditions on female musicians", National Bureau of Economic Research, jan. 1997, www.nber.org/papers/w5903.

94 **contratou mais mulheres e minorias:** Adam Grant, "The Daily Show's Secret to Creativity".

94 **"Como foi sua abordagem?":** Bock, *Work Rules*.

95 **se concentre em um único candidato:** Iris Bohnet et al., "When Performance Trumps Gender Bias: Joint vs. Separate Evaluation", *Management Science* 62, n. 5 (2016): 1225–34, https://ofew.berkeley.edu/sites/default/files/when_performance_trumps_gender_bias_bohnet_et_al.pdf.

96 **aleatórias e, por vezes, sem sentido:** Jason Dana, "Belief in the Unstructured Interview: The persistence of an illusion", *Judgment and Decision Making* 8, n. 5 (set. 2013): 512–20, http://journal.sjdm.org/12/121130a/jdm121130a.pdf.

96 **estudo foi feito, em 1989:** Marianne Bertrand e Sendhil Mullainathan, "Are Emily and Greg More Employable than Lakisha and Jamal? A Field Experiment on Labor Market Discrimination", National Bureau of Economic Research, jul. 2003, www.nber.org/papers/w9873.

96 **avaliação das habilidades dos candidatos:** John E. Hunter e Ronda F. Hunter, "Validity and Utility of Alternative Predictors of Job Performance", *Psychological Bulletin* 96, n. 1 (1984): 72–98, www.uam.es/personal_pdi/psicologia/pei/diferencias/Hunter1984JobPerformance.pdf.

97 **sexto terá menos probabilidade de:** Uri Simonsohn e Francesca Gino, "Daily Horizons: Evidence of narrow bracketing in judgment from 10 years of MBA-admission interviews", *Psychological Science* 24, n. 2 (2013), https://papers.ssrn.com/sol3/papers.cfm?abstract_id=2070623.

97 **menos do que seus colegas confiantes:** Alison Wood Brooks e Maurice E. Schweitzer, "Can Nervous Nelly Negotiate? How Anxiety Causes Negotiators to Make Low First Offers, Exit Early, and Earn Less Profit", *Organizational Behavior and Human Decision Processes* 115, n. 1 (maio 2011): 43–54, www.sciencedirect.com/science/article/pii/S0749597811000227.

98 **projetos do que seus colegas homens:** Kathy Caprino, "Intimidated to Negotiate for Yourself? 5 Critical Strategies to Help You Nail It", *Forbes*, 2 out. 2014, www.forbes.com/sites/kathycaprino/2014/10/29/intimidated-to-negotiate-for-yourself-5-critical-strategies-to-help-you-nail-it/#1584039173f6.

98 **o mesmo que os homens:** Emily T. Amanatullah e Michael W. Morris, "Negotiating Gender Roles: Gender differences in assertive negotiating are mediated by women's fear of backlash and attenuated when negotiating on behalf of others", *Journal of Personality and Social Psychology* 98, n. 2 (fev. 2010): 256–67, www.ncbi.nlm.nih.gov/pubmed/20085399.

98   **"benefícios não baseados em salário"**: Andreas Jäger et al., "Using Self-regulation to Successfully Overcome the Negotiation Disadvantage of Low Power", *Frontiers in Psychology* 8 (2017): 271, www.ncbi.nlm.nih.gov/pubmed/28382005.
99   **mortes declinaram**: Atul Gawande, "The Checklist", *New Yorker*, 10 dez. 2007, www.newyorker.com/magazine/2007/12/10/the-checklist.
100 **"emprego atual e pedir uma promoção"**: Therese Huston, *How Women Decide: What's true, what's not, and what strategies spark the best choices* (Nova York: Houghton Mifflin Harcourt, 2016).
101 **escreve a psicóloga Tasha Eurich**: Tasha Eurich, "To Make Better Decisions, Ask Yourself 'What,' Not 'Why'", *New York*, 2 maio 2017, www.thecut.com/2017/05/to-make-better-decisions-ask-yourself-what-not-why.html.
101 **objetivamente as melhores opções**: Sheena S. Iyengar et al., "Doing Better but Feeling Worse: Looking for the 'best' job undermines satisfaction", *Psychological Science* 17, n. 2 (fev. 2006): 143–50, http://journals.sagepub.com/doi/abs/10.1111/j.1467-9280.2006.01677.x.
102 **melhor opção da pilha**: Tibor Besedeš et al., "Reducing Choice Overload without Reducing Choices", *Review of Economics and Statistics* 97, n. 4 (out. 2015): 793–802, www.mitpressjournals.org/doi/abs/10.1162/REST_a_00506?journalCOde=rest#.VNI34mTF8rM.
102 **evidências a favor ou contra cada opção**: Stephen M. Fleming, "Hesitate! Quick decision making might seem bold, but the agony of indecision is your brain's way of making a better choice", *Aeon*, 8 jan. 2014, https://aeon.co/essays/forget-being-boldly-decisive-let-your-brain-take-its-time.

CAPÍTULO 5: EQUIPES

108 **"Erros de ortografia irritam você?"**: Stu Woo, "In Search of a Perfect Team at Work", *The Wall Street Journal*, 4 abr. 2017, www.wsj.com/articles/in-search-of-a-perfect-team-at-work-148937 2003.
109 **"equação não importava"**: Charles Duhigg, "What Google Learned from Its Quest to Build the Perfect Team", *The New York Times*, 25 fev. 2016, www.nytimes.com/2016/02/28/magazine/what-google-learned-from-its-quest-to-build-the-perfect-team.html.
109 **constrangidas pelo grupo**: Julia Rozovsky, "The Five Keys to a Successful Google Team", Google re: Work, 17 nov. 2015, rework.withgoogle.com/blog/fiv-keys-to-a-successful-google-team.
109 **duas vezes mais frequência pelos executivos**: Ibid.
109 **não garante uma equipe inteligente**: David Engel et al., "Reading the Mind in the Eyes or Reading between the Lines? Theory of Mind Predicts Collective Intelligence Equally Well Online and Face-to-Face", *PLOS One*, 16 dez. 2014, http://journals.plos.org/plosone/article?id=10.1371/journal.pone.0115212.
109 **levam em conta os sentimentos das outras pessoas**: Ibid.
110 **prescreveram medicamentos errados**: Jennifer Breheny Wallace, "The Costs of Workplace Rudeness", *The Wall Street Journal*, 18 ago. 2017, www.wsj.com/articles/the-costs-of-workplace-rudeness-1503061187.
110 **criação de equipes diversas**: Duhigg, "What Google Learned".
111 **explodirá de criatividade**: Christoph Riedl e Anita Williams Woolley, "Teams vs. Crowds: A field test of the relative contribution of incentives, member ability, and emergent collaboration to crowd-based problem solving performance", *Academy of Management Discoveries* 3, n. 4 (dez. 2016), https://pdfs.semanticscholar.org/6687/637acceb6a73a803d0be60eed2f94aebe631.pdf.
111 **um dos executivos da empresa**: Dara Khosrowshahi, "Uber's New Cultural Norms", LinkedIn, 7 nov. 2017, www.linkedin.com/pulse/ubers-new-cultural-norms-dara-khosrowshahi.
111 **"joguem a merda no ventilador criativamente, mas não na vida real"**: Tim Adams, "Secrets of the TV Writers' Room: Inside Narcos, Transparent and Silicon Valley", *The Guardian*, 23 set. 2017, www.theguardian.com/tv-and-radio/2017/sep/23/secrets-of-the-tv-writers-rooms-tv-narcos-silicon-valley-transparent.
112 **ex-sócio da IDEO**: Daniel Coyle, *The Culture Code: The secrets of highly successful groups* (Nova York: Bantam, 2018).

112 **"andaime de pensamentos":** Ibid.
113 **B. Byrne, um gerente de produtos:** B. Byrne, entrevista com as autoras, 14 jan. 2018.
114 **"não conheceria em cinco minutos":** Jonathan McBride, entrevista por telefone com as autoras, 29 nov. 2017.
115 **boneco de cowboy chamado Woody:** Bryan Bishop, "Toy Story, 20 Years Later: How Pixar made its first Blockbuster", *The Verge*, 17 mar. 2015, www.theverge.com/2015/3/17/8229891/sxsw-2015-toy-story-pixar-making-of-20th-anniversary.
115 **demissão com raiva:** Debra Gilin Oore, "Individual and Organizational Factors Promoting Successful Responses to Workplace Conflict", *Canadian Psychology* 56, n. 3 (2015): 301–10, www.researchgate.net/profile/Michael_Leiter/publication/282295599_Individual_and_Organizational_Factors_Promoting_Successful_Responses_to_Workplace_Conflict/links/5645f7a008ae451880aa2295.pdf.
115 **se todos trabalhassem sozinhos:** Ibid.
116 **negativos do filme *Divertida Mente*:** "*Inside Out* Animation Dailies at Pixar", *Arts & Craft Family*, 26 maio 2015, www.artcraftsandfamily.com/inside-out-animation-dailies-at-pixar-animation-studios.
117 **escreve o animador da Pixar Victor Navone:** Victor Navone, "Inside Dailies at Pixar: Expressing your opinion about changes in animation", *Animation Mentor*, 20 set. 2017, http://blog.animationmentor.com/inside-dailies-at-pixar-expressing-your-opinion-about-changes-in-animation.
117 **Quando as equipes discutem:** Kristin J. Behfar et al., "The Critical Role of Conflict Resolution in Teams: A close look at the links between conflict type, conflict management strategies, and team outcomes", *Journal of Applied Psychology* 93, n. 1 (2008): 170–88, www.socialresearchmethods.net/research/JAP%20Conflict%20Resolution%202008.pdf.
117 **os prós e contras:** Tony L. Simons e Randall S. Peterson, "Task Conflict and Relationship Conflict in Top Management Teams: The pivotal role of intragroup trust", *Journal of Applied Psychology* 85, n. 1 (2000): 102–111, http://scholarship.sha.cornell.edu/cgi/viewcontent.cgi?article=1723&context=articles.
117 **para que a colaboração fosse mais fácil:** David Politis, "This Is How You Revolutionize the Way Your Team Works Together: And all it takes is 15 minutes", LinkedIn, 29 mar. 2016, www.linkedin.com/pulse/how-you-revolutionize-way-your-team-works-together-all-david-politis.
117 **tirar uma hora para responder às perguntas:** Ibid.
119 **Larry David, a matá-la:** Joe Tacopino, "'Seinfeld' cast hated Susan so Larry David killed he off", *New York Post*, 4 jun. 2015, https://nypost.com/2015/06/04/seinfeld-cast-didnt-like-susan-so-larry-david-killed-her-off.
120 **atitude individualista verbal para testar ideias:** Amy Gallo, "Dealing with Conflict Avoiders and Seekers", *Harvard Business Review*, 6 abr. 2017, https://hbr.org/ideacast/2017/04/dealing-with-conflict-avoiders-and-seekers.
120 **conflito como uma tentativa de validação:** Joseph Grenny, "How to Save a Meeting That's Gotten Tense", *Harvard Business Review*, 29 dez. 2017, https://hbr.org/2017/12/how-to-save-a-meeting-thats-gotten-tense.
121 **"poderem falar sobre isso":** Kim Scott, *Radical Candor* (Nova York: St. Martin's, 2017). Publicado no Brasil como *Empatia Assertiva*.
121 **membros que estão discutindo:** Laura Delizonna, "High-performing Teams Need Psychological Safety. Here's How to Create It", *Harvard Business Review*, 24 ago. 2017, https://hbr.org/2017/08/high-performing-teams-need-psychological-safety-heres-how-to-create-it.
121 **colega ainda deixa você doido:** Amy Gallo, "4 Types of Conflict and How to Manage Them", *Harvard Business Review*, 25 nov 2015, https://hbr.org/ideacast/2015/11/4-types-of-conflict-and-how-to-manage-them.
122 **desvirtuam sua visão da realidade:** Barbara L. Fredrickson e Christine Branigan, "Positive Emotions Broaden the Scope of Attention and Thought-action Repertoires", *Cognition and Emotion* 19, n. 3: 313–32 (1º maio 2005), www.ncbi.nlm.nih.gov/pmc/articles/PMC3156609.
122 **"talvez possamos resolvê-los juntos":** Delizonna, "High-performing Teams Need Psychological Safety".

123 **"rotulado como desleal ou estraga-prazeres":** Astro Teller, "The Head of 'X' Explains How to Make Audacity the Path of Least Resistance", *Wired*, 15 abr. 2016, www.wired.com/2016/04/the-head-of-x-explains-how-to-make-audacity-the-path-of-least-resistance.

123 **comportamento ou respostas preconceituosas:** Alexander M. Czopp et al., "Standing Up for a Change: Reducing bias through interpersonal confrontation", *Journal of Personality and Social Psychology* 90, n. 5 (2006): 784-803, https://pdfs.semanticscholar.org/f3c7/4aa95cb2d4ce04cfccbf7298290ce3cbb370.pdf.

123 **modelar seu comportamento:** Amy Gallo, "Why We Should Be Disagreeing More at Work", *Harvard Business Review*, 3 jan. 2018, https://hbr.org/2018/01/why-we-should-be-disagreeing-more-at-work.

124 **quanto gostamos de nosso gerente:** Steven G. Robelberg et al., "Employee Satisfaction with Meetings: A contemporary facet of job satisfaction", *Human Resource Management*, 49, n. 2 (mar.-abr. 2010): 149-72, https://orgscience.uncc.edu/sites/orgscience.uncc.edu/files/media/syllabi/9fcfd510ec7a528af7.pdf.

124 **"dois pedaços muito pequenos para fazer qualquer coisa":** Paul Graham, "Maker's Schedule, Manager's Schedule", PaulGraham.com, jul. 2009, www.paulgraham.com/makersschedule.html.

126 **diminuíram o desempenho do grupo em quase 40%:** "Ruining It for the Rest of Us", *This American Life*, Episode 370, 19 dez. 2008, www.thisamericanlife.org/radio-archives/episode/370/ruining-it-for-the-rest-of-us.

126 **"habilidades ou não é tão mal assim":** Seth Godin, "Let's Stop Calling Them 'Soft Skills'", *Medium*, 31 jan. 2017, https://itsyourturnblog.com/lets-stop-calling-them-soft-skills-9cc27ec09ecb.

127 **"treinar um incompetente":** Tiziana Casciaro e Miguel Sousa Lobo, "Competent Jerks, Lovable Fools, and the Formation of Social Networks", *Harvard Business Review*, jun. 2005, https://hbr.org/2005/06/competent-jerks-lovable-fools-and-the-formation-of-social-networks.

127 **diminuídos e sem energia:** Ellen Simon, "He Wrote the Book on Work Jerks", *The Washington Post*, 15 mar. 2007, www.washingtonpost.com/wp-dyn/content/article/2007/03/15/AR2007031501044_pf.html.

127 **dinâmica e a motivação de uma equipe:** Amy Gallo, "How to Handle the Pessimist on Your Team", *Harvard Business Review*, 17 set. 2009, https://hbr.org/2009/09/how-to-handle-the-pessimist-on.

128 **parecido ou familiar a nós mesmos:** Casciaro e Lobo, "Competent Jerks".

128 **"Se alguém literalmente oferecesse um copo de veneno":** Liz Dolan e Larry Seal, "Sexism: from annoyance to conspiracy", *I Hate My Boss* podcast, Season 1, Episode 13, 19 jun. 2017, https://itunes.apple.com/us/podcast/i-hate-my-boss/id1148704291?mt=2.

128 **contando para os outros suas limitações:** Casciaro e Lobo, "Competent Jerks".

129 **que fique... a 18 metros:** Thomas J. Allen, *Managing the Flow of Technology* (Cambridge, MA: MIT Press, 1984).

129 **"Imagine que é um dia, uma semana ou um ano depois":** Bob Sutton, "The Asshole Survival Guide: The backstory", *Quiet Rev*, www.quietrev.com/asshole-survival-guide-backstory. Acesso em 22 abr. 2018.

129 **"anulavam competências técnicas":** Jo Shapiro, entrevista ao telefone com as autoras, 16 jan. 2018.

129 **"'Isso nunca vai dar certo' é o lema deles":** Mark Suster, "Lead, Follow or Get the Fuck Out of the Way", *Medium*, 28 abr. 2016, https://bothsidesofthetable.com/lead-follow-or-get-the-fuck-out-of-the-way-668000be6e47.

131 **Poderíamos chegar a um resultado melhor?:** Peter M. Senge, *The Fifth Discipline: The art and practice of the learning organization* (Nova York: Doubleday, 2006).

131 **cinco comentários positivos para um negativo:** Amy Gallo, "How to Handle the Pessimist".

131 **Já ouviu falar do *efeito trouxa*?:** Min Zhu, "Perception of Social Loafing, Conflict, and Emotion in the Process of Group Development", University of Minnesota Ph.D. dissertation, ago. 2013, https://conservancy.umn.edu/handle/11299/160008.

132 **contribuirão para um resultado significativo:** Steven J. Karau e Kipling D. Williams, "Social Loafing: A meta-analytic review and theoretical integration", *Journal of Personality and Social Psychology* 65, n. 4 (out 1993), https://pdfs.semanticscholar.org/dbfb/3c9153d3aa75d98460e83fa180bc9650d6fd.pdf.

132 **anônimo e irrelevante:** James A. Shepperd e Kevin M. Taylor, "Social Loafing and Expectancy-Value Theory", *Personalityand Social Psychology Bulletin* 25, n. 9 (1º set. 1999): 114758, http://journals.sagepub.com/doi/abs/10.1177/01461672992512008?journalCode=pspc.

132 **pizzas não forem o suficiente:** Alan Deutschman, "Inside the Mind of Jeff Bezos", *Fast Company*, 1º ago. 2004, www.fastcompany.com/50106/inside-mind-jeff-bezos.

132 **"unidade atômica de confiança":** Keith Yamashita, "Keith Yamashita on the 9 Habits of Great Creative Teams", *Rethinked*, 10 jun. 2013, http://rethinked.org/?tag=duos.

132 **e não em sua contribuição individual:** Karau e Williams, "Social Loafing: A meta analytic review".

132 **fazendo o trabalho a tempo:** Christel G. Rutte, "Social Loafing in Teams", *International Handbook of Organizational Teamwork and Cooperative Working* (Chichester, UK: Wiley, 2008), 1372–75, https://onlinelibrary.wiley.com/doi/10.1002/9780470696712.ch17.

133 **"não fique choramingando":** Liz Dolan e Larry Seal, "After Hours 8: The slacker and the over-sharer", *I Hate My Boss* podcast, 15 jun. 2017, www.stitcher.com/podcast/wondery/i-hate-my-boss/e/50486806.

CAPÍTULO 6: COMUNICAÇÃO

137 **explicou Ilan ao *New York Times*:** Laura M. Holson, "Anger Management: Why the genius founders turned to couples therapy", *The New York Times*, 17 abr. 2015, www.nytimes.com/2015/04/19/fashion/anger-management-why-the-genius-founders-turned-to-couples-therapy.html.

137 **"discordâncias sobre nossa empresa":** Tom Lehman, entrevista com as autoras, jul. 2017.

137 **Ilan ter saído tão abruptamente sem ele:** Holson, "Anger Management".

138 **"sempre são problemas interpessoais":** Lehman, entrevista.

138 **escreve o filósofo Alain de Botton:** Alain de Botton, "Why You Will Marry the Wrong Person", *The New York Times*, 28 maio 2016, www.nytimes.com/2016/05/29/opinion/sunday/why-you-will-marry-the-wrong-person.html.

138 **"Elas são as janelas para um mundo":** Jenna Goudreau, "Harvard Psychologist Steven Pinker: The no. 1 communication mistake that even smart people make", *CNBC*, 20 fev. 2018, www.cnbc.com/2018/02/20/harvard-psychologist-steven-pinker-shares-no-1-communication-mistake.html.

139 **conversas difíceis:** Matt Scott, "Top 10 Difficult Conversations: New (surprising) research", *Chartered Management Institute*, 29 jul. 2015, www.managers.org.uk/insights/news/2015/july/the-10-most-difficult-conversations-new-surprising-research.

140 **tentados a evitá-las:** Douglas Stone, Bruce Patton e Sheila Heen, *Difficult Con versations: How to discuss what matters most* (Nova York: Penguin, 2010).

140 **"porque ele estará lá de qualquer maneira":** Holson, "Anger Management".

140 **não está pronto para ter uma conversa difícil:** Laura Delizonna, "High-performing Teams Need Psychological Safety. Here's How to Create It", *Harvard Business Review*, 24 ago. 2017, https://hbr.org/2017/08/high-performing-teams-need-psychological-safety-heres-how-to-create-it.

141 **avô de Ilan disse a ele:** Lehman, entrevista.

141 **Em estudos com casais casados:** Joyce W. Yuan, "Physiological Down-regulation and Positive Emotion in Marital Interaction Emotion", *American Psychological Association* 10, n. 4 (2010): 467–74, www.gruberpeplab.com/teaching/psych231_fall2013/documents/231_Yuan 2010.pdf.

141 **lidem com os problemas com mais rapidez:** Yuan, "Physiological Down-regulation".

142 **estudantes da faculdade de administração de Stanford:** Chris Gomes, entrevista ao telefone com as autoras, 22 fev. 2018.

142 **Chris Gomes, um ex-aluno que agora preside uma startup:** Ibid.

142 **"me atrasei em meu passeio":** Holson, "Anger Management".

145 **no ciclo de promoções seguinte, a lacuna de gênero:** Laszlo Bock, entrevista com as autoras, 8 mar. 2018.

145 **Se falam com confiança:** Deborah Tannen, *Talking from 9 to 5: Women and men at work* (Nova York: William Morrow, 1991).

145 **estando ou não em minoria:** Christopher Karpowitz e Tali Mendelberg, *The Silent Sex: Gender, deliberation, and institutions* (Princeton, NJ: Princeton University Press, 2014).

146 **falando por cima uns dos outros:** Adrienne B. Hancock e Benjamin A. Rubin, "Influence of Communication Partner's Gender on Language", *Journal of Language and Social Psychology* 34, n. 1 (2015), http://journals.sagepub.com/doi/abs/10.1177/0261927X1453319 7?papetoc=.

146 **rapidamente se dizem especialistas:** Muriel Niederle e Lise Vesterlund, "Do Women Shy Away from Competition? Do Men Compete Too Much?" *Quarterly Journal of Economics* 122, n. 3 (ago. 1º, 2007): 1067–1101, https://doi.org/10.1162/qjec.122.3.1067.

146 **"não se declararam especialistas":** Susan Chira, "Why Women Aren't C.E.O.s, According to Women Who Almost Were", *The New York Times*, 21 jul. 2017, www.nytimes.com/2017/07/21/sunday-review/women-ceos-glass-ceiling.html.

146 **Obama percebeu e começou a:** "The Clever Strategy Obama's Women Staffers Came Up with to Make Sure They Were Being Heard", *Women in the World*, 14 set. 2016, http://nytlive.nytimes.com/womenintheworld/2016/09/14/the-clever-strategy-obamas-women-staffers-came-up-with-to-make-sure-they-were-being-heard.

147 **perceberem discriminação ou assédio:** Alexander M. Czopp, "Standing Up for a Chang : Reducing bias through interpersonal confrontation", *Journal of Personality and Social Psychology* 90, n. 5 (2006): 784–803, https://pdfs.semanticscholar.org/f3c7/4aa95cb2d4ce04cfccbf7298290ce3cbb370.pdf.

147 **"ouvir o que você achou de detalhes específicos":** Francesca Gino, "How to Handle Interrupting Colleagues", *Harvard Business Review*, 22 fev. 2017, https://hbr.org/2017/02/how-to-handle-interrupting-colleagues.

147 **Anne Kreamer, autora de *It's Always Personal*:** Anne Kreamer, entrevista por telefone com as autoras, 6 mar. 2018.

147 **que possa fornecer apoio emocional:** Lorna Collier, "Why We Cry", *Monitor on Psychology* 45, n. 2 (fev. 2014), www.apa.org/monitor/2014/02/cry.aspx.

148 **paixão faz com que outros vejam suas lágrimas mais favoravelmente:** Elizabeth Baily Wolf, Jooa Julia Lee, Sunita Sah e Alison Wood Brooks, "Managing Perceptions of Distress at Work: Reframing emotion as passion", *Organizational Behavior and Human Decision Processes* 137 (nov. 2016): 1–12, www.hbs.edu/faculty/Pages/item.aspx?num=51400.

148 **"quem tinha que usar a sala do choro":** Jennifer Palmieri, *Dear Madam President* (Grand Central Publishing: Nova York, 2018).

148 **"gritando, berrando e ficando com raiva":** Eric Johnson, "Six Things We Can Do Today to Help Women Succeed in the Workplace", *Recode*, 26 mar. 2018, www.recode.net/2018/3/26/17162636/six-things-help-women-succeed-workplace-diversity-training-what-she-said-joanne-lipman-recode-decode.

149 **qualquer outro membro da equipe:** Kisha Richardson, entrevista com as autoras, 14 maio 2018.

149 **"habilidade de ouvir uns aos outros":** Kira Hudson Banks, "Talking about Race at Work", *Harvard Business Review*, 3 mar. 2016, https://hbr.org/ideacast/2016/03/talking-about-race-at-work.html.

149 **"ofensivo para você, agora e depois":** "Engaging in Conversations about Gender, Race, and Ethnicity in the Workplace", *Catalyst*, 2016, www.catalyst.org/system/files/engaging_in_conversations_about_gender_race_and_ethnicity_in_the_workplace.pdf.

150 **referirem explicitamente a eles:** Ian Haney Lopez, *Dog Whistle Politics: How coded racial appeals have reinvented racism and wrecked the middle class* (Oxford: Oxford University Press, 2015).

150 **tendemos a ser mais preconceituosos:** Victoria C. Plaut, Kecia M. Thomas e Matt J. Goren, "Is Multi-culturalism or Color Blindness Better for Minorities?" *Psychological Science* 20, n. 4 (2009): 444–46.

150 **preconceitos em potencial:** Seval Gündemir e Adam D. Galinsky, "Multicolored Blindfolds: How organizational multiculturalism can conceal racial discrimination and delegitimize racial discrimination claims", *Social Psychological and Personality Science* (ago. 2017), http://journals.sagepub.com/doi/abs/10.1177/1948550617726830.

NOTAS

150 **Dixon, CEO da Founder Gym:** Mandela SH Dixon, "My White Boss Talked about Race in America and This Is What Happened", *Medium*, 9 jul. 2016, https://medium.com/kapor-the-bridge/my-white-boss-talked-about-race-in-america-and-this-is-what-happened-fe10f1a00726.

150 **mais do que duplicou desde os anos 2000:** Chip Conley, "I Joined Airbnb at 52, and Here's What I Learned about Age, Wisdom, and the Tech Industry", *Harvard Business Review*, 18 abr. 2017, https://hbr.org/2017/04/i-joined-airbnb-at-52-and-heres-what-i-learned-about-age-wisdom-and-the-tech-industry.

151 **Geração Z, nascida depois de 1997:** Jeanne C Meister e Karie Willyerd, "Are You Ready to Manage Five Generations of Workers?" *Harvard Business Review*, 16 out. 2009, https://hbr.org/2009/10/are-you-ready-to-manage-five-g.

151 **lamentou um ranzinza em 1624:** Jon Seder, "15 Historical Com laints about Young People Ruining Everything", *Mental Floss*, 15 ago. 2013, http://mentalfloss.com/article/52209/15-historical-complaints-about-young-people-ruining-everything.

151 **incompetentes digitais que não largam o emprego:** "Generation Stereotypes", *Monitor on Psychology* 36, n. 6 (jun. 2005): 55, www.apa.org/monitor/jun05/stereotypes.aspx.

151 **"deixam de ser tão individualistas":** Carolyn Baird, "Myths, Exaggerations, and Uncomfortable Truths: The real story behind millennials in the workplace", IBM Institute for Business Value, http://www-935.ibm.com/services/us/gbs/thoughtleadership/millennialworkplace. Acesso em 21 abr. 2017.

152 **horizontes mentais dos dois:** Meister and Willyerd, "Are You Ready . . . ?"

152 **"lançasse uma funcionalidade e ninguém a usasse":** Conley, "I Joined Airbnb at 52".

152 **pico aos 40 e 50:** Joshua K. Hartshorne e Laura T. Germine, "When Does Cognitiv Functioning Peak? The Asynchronous Rise and Fall of Different Cognitive Abilities Across the Life Span", *Psychological Science* 26, n. 4 (abr. 2015): 433–43, http://journals.sagepub.com/doi/abs/10.1177/0956797614567339.

152 **"atenções em uma reunião com muitas pessoas":** Erin Meyer, "Managing Confrontation in Multicultural Teams", *Harvard Business Review*, 6 abr. 2012, https://hbr.org/2012/04/how-to-manage-confrontation-in.

153 **emoções expressamos confortavelmente:** Lydia Itoi, "Distinguished Lecture: How does culture shape our feelings?", Stanford Distinguished Lecture by Jeanne Tsai, 25 set. 2015, https://bingschool.stanford.edu/news/distinguished-lecture-how-does-culture-shape-our-feelings.

154 **"pensam que está deprimido":** Itoi, "Distinguished Lecture".

154 **tendências de confronto:** Erin Meyer, "Getting to Si, Ja, Oui, Hai, and Da", *Harvard Business Review*, dez. 2015, https://hbr.org/2015/12/getting-to-si-ja-oui-hai-and-da.

154 **"Não entendo completamente seu ponto de vista":** Meyer, "Managing Confrontation".

154 **colega pode não agradecer tão abertamente:** Miriam Eisenstein e Jean W. Bodman, "'I Very Appreciate': Expressions of gratitude by native and non-native speakers of american english", *Applied Linguistics* 7, n. 2 (1 jul. 1986): 167–85, https://academic.oup.com/applij/article-abstract/7/2/167/163718.

155 **extrovertidos se saem melhor quando é barulhento:** Russell G. Geen, "Preferred Stimulation Levels in Introverts and Extroverts: Effects on arousal and performance", *Journal of Personality and Social Psychology* 46, n. 6 (1984): 1303–12, www.researchgate.net/publication/232469347_Preferred_stimulation_levels_in_introverts_and_extroverts_Effects_on_arousal_and_performance.

155 **limonada do que os outros:** Susan Cain, *Quiet: The power of introverts in a world that can't stop talking* (Nova York: Broadway Books, 2013).

157 **receber uma crítica:** "The Perils of Performance Appraisals", Association for Psychological Science, 9 jan. 2014, www.psychologicalscience.org/news/minds-business/the-perils-of-performance-appraisals.html.

157 **nossa visão de nós mesmos:** Paul Green Jr. et al., "Shopping for Confirmation: How disconfirming feedback shapes social networks", Harvard Business School Working Paper, set. 2017, https://hbswk.hbs.edu/item/shopping-for-confirmation-how-disconfirming-feedback-shapes-social-networks.

159 **informações de que precisam para serem promovidos:** Harriet B. Braiker, *The Disease to Please: Curing the people-pleasing syndrome* (Nova York: McGraw-Hill Education, 2002).

159 **recebem comentários generalizados:** Shelley Correll e Caroline Simard, "Research: Vague feedback is holding women back", *Harvard Business Review*, 29 abr. 2016, https://hbr.org/2016/04/research-vague-feedback-is-holding-women-back.

159 **"algumas vezes seus comentários perdem o ponto":** Nora Caplan-Bricker, "In Performance Reviews, Women Get Vague Generalities, While Men Get Specifics", *Slate*, 2 maio 2016, www.slate.com/blogs/xx_factor/2016/05/02/stanford_researchers_say_women_get_vague_feedback_in_performance reviews.html.

159 **habilidade de superar essa lacuna:** Cade Massey, entrevista com as autoras, 6 out. 2017.

160 **"Qual é a sua opinião":** McCord, entrevista.

160 **"certeza de que consegue chegar lá":** "The Unexpected Sparks of Creativity, Confrontation and Office Culture", Goo Podcast entrevista com Adam Grant, 29 mar. 2018, https://itunes.apple.com/us/podcast/the-goop-podcast-debuts-march-8th/id1352546554?i=10004035319 27&mt=2.

161 **boca, mas pelo ouvido da outra pessoa:** Kim Scott, entrevista por telefone com as autoras, 22 jan. 2018.

161 **feedback no momento, para que possa melhorar imediatamente:** Elaine D. Pulakos et al., "Performance Management Can Be Fixed: An on-the-job experiential learning approach for complex behavior change", *Industrial and Organizational Psychology* 8, n. 1 (mar. 2015): 51-76, www.cambridge.org/core/services/aop-cambridge-core/content/view/S1754942614000029.

162 **Rabkin, vice-presidente do Facebook:** Mark Rabkin, "Awkward 1:1s: The art of getting honest feedback", *Medium*, 21 maio 2017, https://medium.com/@mrabkin/awkward-1-1s-the-art-of-getting-honest-feedback-2843078b2880.

163 **confiança e acessibilidade, em vez da expertise:** David A. Hofmann et al., "Seeking Help in the Shadow of Doubt: The sensemaking processes underlying how nurses decide whom to ask for advice", *Journal of Applied Psychology* 94, n. 5 (2009): 1261-74. http://psycnet.apa.org/record/2009-12532-010.

163 **melhorar somente quando parte de um expert:** Arie Nadler, "To Seek or Not to Seek: The relationship between help seeking and job performance evaluations as moderated by task-relevant expertise", *Journal of Applied Social Psychology* 33, n. 1 (31 jul. 2006): 91-109, https://onlinelibrary.wiley.com/doi/abs/10.1111/j.1559-1816.2003.tb02075.x.

163 **"porque não quer ficar desconfortável":** Ilan Zechory e Tom Lehman, "The Genius ISMs", Genius, 6 out. 2014, https://genius.com/Genius-the-genius-isms-annotated.

163 **conselho bem-intencionado pode fornecer uma imagem imprecisa:** Rachel Emma Silverman, "Gender Bias at Work Turns Up in Feedback", *The Wall Street Journal*, 30 set. 2015, www.wsj.com/articles/gender-bias-at-work-turns-up-in-feedback-1443600759.

165 **minar seu profissionalismo:** Lila MacLellan, "The Smiley Face Emoji Has a 'Dark Side,' Researchers Have Found", *Quartz*, 28 ago. 2017, https://qz.co-smiley-face-emoji-has-a-dark-side-researchers-have-found./1063726/the.

165 **mensagem que ela está *muito* brava:** Rachel Sugar, "Your Email Typos Reveal More about You Than You Realize", *Business Insider*, 31 maio 2015, www.businessinsider.com/typos-in-emails-2015-5.

166 **"Todos levantam as mãos":** Brian Fetherstonhaugh, entrevista com as autoras, 11 dez. 2017.

168 **de as informações se perderem:** Stella Garber, "Tips for Managing a Remote Team", *Trello* (blog), 13 maio 2015, https://blog.trello.com/tips-for-managing-a-remote-team.

169 **quando estiver mais calmo:** Lehman, entrevista.

170 **como não confiável e não urgente:** M. Mahdi Roghanizad e Vanessa K. Bohns, "Ask in Person: You're Less Persuasive Than You Think over Email", *Journal of Experimental Social Psychology* 69 (mar. 2017): 223-26, www.sciencedirect.com/science/article/pii/S002210311630292X.

170 **planos de trabalho e cidade natal antes de negociar:** Andrew Brodsky, "The Dos and Don'ts of Work Email, from Emojis to Typos", *Harvard Business Review*, 23 abr. 2015, https://hbr.org/2015/04/the-dos-and-donts-of-work-email-from-emojis-to-typos.

170 **quase todos no segundo grupo:** Michael Morris, "Schmooze or Lose: Social friction and lubrication in e-mail negotiations", *Group Dynamics: Theory, Research, and Practice* 6, n. 1 (2002): 89-100, www.law.northwestern.edu/faculty/fulltime/nadler/Morris_Nadler_SchmoozeOrLose.pdf.

170 **conta de paródia AcademicsSay:** Nathan C. Hall (@academicssay), "I am away from the office and checking email intermittently. If your email is not urgent, I'll probably still reply. I have a problem", Twitter, 4 maio 2014, https://twitter.com/academicssay/status/463113312709124096.

CAPÍTULO 7: CULTURA

175 **"franze os lábios... Catástrofe":** "The Devil Wears Prada Quotes", IMDB.com, www.imdb.com/title/tt0458352/quotes. Acesso em 11 abr. 2018.
176 **internalizará a emoção que ela expressou:** Ella Glikson e Miriam Erez, "Emotion Display Norms in Virtual Teams", *Journal of Personnel Psychology* n. 12 (2013): 22–32, http://econtent.hogrefe.com/doi/full/10.1027/1866-5888/a000078.
176 **tamanho da mensagem, pontuação, GIFs e emoji:** Ibid.
176 **espalhar para os colegas do marido dela:** Winnie Yu, "Workplace Rudeness Has a Ripple Effect", *Scientific American*, 1º jan. 2012, www.scientificamerican.com/article/ripples-of-rudeness.
176 **escrever e enviar a resposta, e então voltar:** Anese Cavanaugh, *Contagious Culture: Show up, set the tone, and intentionally create an organization that thrives* (Nova York: McGraw-Hill, 2015).
177 **"produtividade do que se estivéssemos todos nervosos":** Gretchen Rubin, entrevista por telefone com as autoras, 23 fev. 2018.
177 **"Conte-me uma história sobre o que aconteceria":** Adam Grant, "The One Question You Should Ask about Every New Job", *The New York Times*, 19 dez. 2015, www.nytimes.com/2015/12/20/opinion/sunday/the-one-question-you-should-ask-about-every-new-job.html.
180 **nossa habilidade de trabalhar bem e no prazo:** Sigal Barsade, "Balancing Emocional and Cognitive Culture", *Wharton Magazine*, Primavera/Verão 2016, http://whartonmagazine.com/issues/spring-2016/balancing-emotional-and-cognitive-culture.
180 **não enfrentem conflitos necessários:** Sigal Barsade e Olivia A. O'Neill, "Manage Your Emotional Culture", *Harvard Business Review*, fev. 2016, https://hbr.org/2016/01/manage-your-emotional-culture.
180 **gratidão não são incentivadas tendem a ter taxas mais altas de rotatividade de pessoal:** Kim Cameron et al., "Effects of Positive Practices on Organizational Effectiveness", *Journal of Applied Behavioral Science* (26 jan. 2011), http://journals.sagepub.com/doi/10.1177/0021886310395514.
180 **menos dinheiro do que seus colegas mais gentis:** Leanneten Brinke et al., "Hedge Fund Managers with Psychopathic Tendencies Make for Worse Investors", *Personality and Social Psychology Bulletin*, 19 out. 2017, http://journals.sagepub.com/doi/full/10.1177/0146167 217733080.
180 **maior probabilidade de tomar decisões ruins:** Barry M. Staw et al., "Threat-rigidity Effects in Organizational Behavior: A multilevel analysis", *Administrative Science Quarterly 26*, n. 4 (1981): 501–24, www.jstor.org/stable/2392337?seq=1#page_scan_tab_contents.
180 **lidamos melhor com o estresse no trabalho:** Emily D. Heaphy e Jane E. Dutton, "Positive Social Interactions and the Human Body at Work: Linking organizations and physiology", *Academy of Management Review* 22, n. 1 (2008): 137–62, http://webuser.bus.umich.edu/janedut/POS/Heaphy%20and%20Dutton%20amr.pdf.
180 **paciência, em vez de fúria, confiamos mais neles:** Kim Cameron, "Leadership through Organizational Forgiveness", University of Michigan Ross School of Business, www.bus.umich.edu/facultyresearch/research/TryingTimes/Forgiveness.htm. Acesso em 12 abr. 2018.
181 **influenciar toda sua organização:** James H. Fowler e Nicholas A. Christakis, "Cooperative Behavior Cascades in Human Social Networks", *Proceedings of the National Academy of Science* 107, n. 12 (23 mar 2010): 5334–38, www.pnas.org/content/107/12/5334.full.
181 **"Um sorriso evitará as reclamações dos clientes":** Shawn Achor, *Before Happiness* (Nova York: Crown Business, 2013).
181 **pendurou cópias pelo escritório:** Giles Turnbull, "It's ok to say what's ok", UK Government Blog, https://gds.blog.gov.uk/2016/05/25/its-ok-to-say-whats-ok.
182 **ajudou novos contratados a absorver a cultura rápido e facilmente:** Giles Turnbull, entrevista por e-mail com as autoras, 20 mar. 2017.

182 **felicidade e a motivação no emprego:** Sigal Barsade e Olivia A. O'Neill, "Manage Your Emotional Culture", *Harvard Business Review*, jan.–fev. 2016, https://hbr.org/2016/01/manage-your-emotional-culture.

183 **"como podemos criar um processo melhor?":** Douglas Stone et al., *Difficult Conversations* (Nova York: Penguin, 2010).

183 **"talvez seja melhor pedir demissão":** Sigal Barsade, entrevista pelo telefone com as autoras, 21 jan. 2018.

183 **"Não fique de papo furado com ele":** Paul Kalanithi, *When Breath Becomes Air* (Nova York: Random House, 2016).

183 **explica Kevin Kniffin, professor da Cornell:** Susan Kelley, "Groups That Eat Together Perform Better Together", *Cornell Chronicle*, 19 nov. 2015, http://news.cornell.edu/stories/2015/11/groups-eat-together-perform-better-together.

184 **salto estimado de US$15 milhões ao ano em ganhos de produtividade:** Alex Pentland, *Honest Signals* (Cambridge, MA: MIT Press, 2008).

184 **escrevem seus nomes nos copos de café:** Keith Yamashita, entrevista com as autoras, 19 dez. 2017.

185 **viagem de uma semana com tudo pago:** "Tory Burch: A culture of women's empowerment", *Business of Fashion*, 20 maio 2014, www.businessoffashion.com/articles/careers/tory-burch-culture-womens-empowerment.

185 **chefe do departamento de recursos humanos na ServiceNow:** Pat Wadors, entrevista por telefone com as autoras, 13 dez. 2017.

188 **"como faz com todo mundo":** Yamashita, entrevista.

190 **maiores previsores de rotatividade:** Katie Benner, "Slack, an Upstart in Messaging, Now Faces Giant Tech Rivals", *The New York Times*, 16 abr. 2017, www.nytimes.com/2017/04/16/technology/slack-employee-messaging-workplace.html.

190 **pronome "eu" para "nós":** Gabriel Doyle et al., "Alignment at Work: Using language to distinguish the internalization and self-regulation components of cultural fit in organizations", *Proceedings of the 55th Annual Meeting of the Association for Computational Linguistics*, jul. 2017, 603–12, www.aclweb.org/anthology/P17-1056.

191 **"espaço para as pessoas aprenderem com seus erros":** Wadors, entrevista.

191 **Na Warby Parker, os empregados ligam para os novos contratados:** Krystal Barghelame, "What Maslow's Hierarchy of Needs Can Teach Us About Employee Onboarding", *Gusto*, https://gusto.com/framework/hr/what-maslows-hierarchy-of-needs-can-teach-us-employee-onboarding. Acesso em 13 abr. 2018.

191 **produtivos nove meses depois:** "Inside Google's Culture of Success and Employee Happiness", *Kissmetrics* (blog), https://blog.kissmetrics.com/googles-culture-of-success. Acesso em 13 abr. 2018.

192 **sentir-se isolada e invisível:** Laura Savino, entrevista por telefone com as autoras, 15 jun. 2017.

192 **"ajuda a entender uns aos outros":** Courtney Seiter, entrevista por telefone com as autoras, 15 dez. 2017.

193 **receber esse tipo de feedback informal:** Megan Wheeler, entrevista por telefone com as autoras, 8 jan. 2018.

193 **explica Kristen Chirco, do E Group:** Jon Hainstock, "5 Proven Strategies for Motivating Employees Who Work Remotely", *Hubspot* (blog), 26 jan. 2017, https://blog.hubstaff.com/motivating-employees-who-work-remotely/#1.

195 **Obama quando estudava em Princeton:** Thomas Gilovich e Lee Ross, *The Wisest One in the Room: How you can benefit from social psychology's most powerful insights* (Nova York: Free Press, 2016).

196 **Embora todo mundo passe por períodos de dúvidas sobre si mesmo:** Gregory M. Walton e Geoffrey L. Cohen, "A Question of Belonging: Race, social fit, and achievement", *Journal of Personality and Social Psychology* 92, n. 1 (2007): 82–96, www.goshen.edu/wp-content/uploads/sites/2/2016/08/WaltonCohen2007.pdf.

196 **"Aqui é o lugar do meu grupo?":** Carissa Romero, "Who Belongs in Tech?", *Medium*, 26 jan. 2016, https://medium.com/inclusion-insights/who-belongs-in-tech-9ef3a8fdd3.

NOTAS

196 **disse a socióloga Adia Harvey Wingfield:** Adia Harvey Wingfield, entrevista por telefone com as autoras, 18 abr. 2018.
196 **falar sem sotaque ou evitar gírias:** Adia Harvey Wingfield, "Being Black — but Not Too Black — in the Workplace", *The Atlantic*, 14 out. 2015, www.theatlantic.com/business/archive/2015/10/being-black-work/409990.
196 **subestima o quanto isso pode isolar:** Loran F. Nordgren et al., "Empathy Gaps for Social Pain: Why people underestimate the pain of social suffering", *Journal of Personality and Social Psychology* 100, n. 1 (2011): 120–28, http://psycnet.apa.org/record/2010-26912-002.
196 **não minorias de se sentirem sozinhas:** Sylvia Ann Hewlett et al., "People Suffer at Work When They Can't Discuss the Racial Bias They Face Outside of It", *Harvard Business Review*, 10 jul. 2017, https://hbr.org/2017/07/people-suffer-at-work-when-they-cant-discuss-the-racial-bias-they-face-outside-of-it.
196 **ambientes profissionais não inclusivos:** Gene H. Brody et al., "Resilience in Adolescence, Health, and Psychosocial Outcomes", *Pediatrics* 138, n. 6 (dez. 2016); http://pediatrics.aappublications.org/content/138/6/e20161042.
196 **"A empatia pela comunidade negra não existia":** Emily Chang, *Brotopia* (Nova York: Portfolio, 2018), 125.
197 **"ouvir quando preferiríamos gritar":** Seth Godin, "Emotional Labor", SethGodin.com, http://sethgodin.typepad.com/seths_blog/2017/05/emotional-labor.html. Acesso em 8 abr. 2018.
197 **sentirem-se estressadas e eventualmente sofrer de burnout:** Susan David, "Managing the Hidden Stress of Emotional Labor", *Harvard Business Review*, 8 set. 2016, https://hbr.org/2016/09/managing-the-hidden-stress-of-emotional-labor.
197 **contar com elas para apoio emocional:** Julia Carpenter, "The 'Invisible Labor' Still Asked of Women at Work", CNNMoney, 18 out. 2017, http://money.cnn.com/2017/10/18/pf/women-emotional-labor/index.html.
198 **"fingir que o acha fascinante":** Emilie Friedlander, "The Emotional Labor of Women in the Workplace", *The Outline*, 27 nov. 2017, https://theoutline.com/post/2514/the-emotional-labor-of-women-in-the-workplace.
198 **"Via outras pessoas falarem coisas":** Friedlander, "The Emotional Labor of Women".
198 **escreveu o CEO Josh James:** Josh James, "CEOs: Building a more inclusive culture should be at the top of your 2018 plan", LinkedIn, 4 abr. 2018, www.linkedin.com/pulse/ceos-building-more-inclusive-culture-should-top-your-2018-josh-james.
200 **"todo mundo supera":** Paul Tough, "Who Gets to Graduate?" *New York Times*, 15 maio 2014, www.nytimes.com/2014/05/18/magazine/who-gets-to-graduate.html.
200 **faziam parte do grupo:** Gregory M. Walton e Geoffrey L. Cohen, "A Brief Social-Belonging Intervention Improves Academic and Health Outcomes of Minority Students", *Science 331*, n. 6023 (2011): 1447, http://science.sciencemag.org/content/331/6023/1447.
200 **programa de engenharia altamente seletivo:** Gregory M. Walton et al., "Two Brief Interventions to Mitigate a 'Chilly Climate' Transform Women's Experience, Relationships, and Achievement in Engineering", *Journal of Educational Psychology* 107 (2015): 468–85.
200 **provável que seja visto como ameaçador:** Molly Reynolds, "Should We Talk about Race at Work? PwC Thinks So", *Huffington Post*, 9 ago. 2016, www.huffingtonpost.com/molly-reynolds/should-we-talk-about-race_b_11333870.html.
200 **"trazê-los inteiros para o trabalho":** Timothy F. Ryan, "The Silence Was Deafening"— Why We Need to Talk about Race", LinkedIn, www.linkedin.com/pulse/silence-deafening-why-we-need-talk-race-timothy-f-ryan.
201 **conteudista da CNN:** Cameron Hough, "A Guide for White Allies Confronting Racial Injustice", 23 jun. 2015, https://drive.google.com/file/d/0B2vDBY9AHUjQN0tJYXlLUmtJUVE/view?pref=2&pli=1.
201 **por alguém de fora do grupo:** Alexander M. Czopp et al., "Standing Up for a Change: Reducing Bias Through Interpersonal Confrontation", *Journal of Personality and Social Psychology* 90, n. 5 (2006): 784– 803, https://pdfs.semanticscholar.org/f3c7/4aa95cb2d4ce04cfccbf7298290ce3cbb370.pdf.

201 **"mesmo que não estejam presentes":** Pat Wadors, entrevista por telefone com as autoras, 13 dez. 2017.
201 **"não há mais limites":** Mellody Hobson, "PwC Talks: Mellody Hobson's Advice on Having Conversations about Race", PWC, 7 ago. 2015, www.youtube.com/watch?v=sXXB4NHv5hQ.

CAPÍTULO 8: LIDERANÇA

207 **"quebrando um contrato implícito":** Laszlo Bock, entrevista com as autoras, 7 mar. 2018.
208 **e somos mais gentis com nossos colegas:** Richard E. Boyatzis, "Examination of the Neural Substrates Activated in Memories of Experiences with Resonant and Dissonant Leaders", *The Leadership Quarterly* 23 (2012): 259– 72, www.criticalcoaching.com/wp-content/uploads/2015/04/Boyatzis_LeadershipQuarterl12.pdf.
208 **líderes quando mostram emoção:** Peter H. Kim et al., "Power as an Emotional Liability: Implications for perceived authenticity and trust after a transgression", *Journal of Experimental Psychology* 146, n. 10 (2017): 1379– 1401, http://psycnet.apa.org/record/2017–43117–001.
209 **empresa não vai bem:** Peter J. Jordan e Dirk Lindebaumb, "A Model of Within Person Variation in Leadership: Emotion regulation and scripts as predictors of situationally appropriate leadership", *The Leadership Quarterly* 26 (2015): 594– 605, https://pdfs.semanticscholar.org/0ed1/f04f0b822a611be1ee142e75d32d0323d9b9.pdf.
209 **percebamos conscientemente que ela está nervosa:** James J. Gross e Robert W. Levenson, "Emotional Suppression: Physiology, Self-report, and Expressive Behavior", *Journal of Personality and Social Psychology* 64, n. 6 (1993): 970–986, http://psycnet.apa.org/record/1993–36668–001.
209 **questionar sua habilidade de cumprir sua função:** Rikki Rogers, "TMI: How to deal with an oversharing boss", *The Muse*, www.themuse.com/advice/tmi-how-to-deal-with-an-oversharing-boss. Acesso em 21 abr, 2018,
209 **desencadeia a mesma resposta negativa:** Kerry Roberts Gibson, "When Sharing Hurts: How and why self-disclosing weakness undermines the task-oriented relationships of higher status disclosers", *Organizational Behavior and Human Decision Processes* 144 (jan. 2018): 25–43, www.sciencedirect.com/science/article/pii/S0749597815302521.
210 **"alarme de incêndio dispara em um shopping":** Julie Zhou, The Making of a Manager: What to do when everyone looks to you (Nova York: Portfolio, 2018).
211 **"deveria chegar mais cedo":** Grant Packard et al, "(I'm) Happy to Help (You): The impact of personal pronoun use in customer-firm interactions", *Journal of Marketing Research*, maio 2016, http://journals.ama.org/doi/abs/10.1509/jmr.16.0118?code=amma-site.
211 **"O que ajudaria agora?":** Search Inside Yourself Program, autoras participaram do programa em Nova York, 3 nov. 2017.
211 **sugestões sejam ouvidas quando não está no comando:** Susan Cain, "Not Leadership Material? Good. The World Needs Followers", *The New York Times*, 24 mar. 2017, www.nytimes.com/2017/03/24/opinion/sunday/not-leadership-material-good-the-world-needs-followers.html.
211 **problemas ou emoções intensas:** Pablo Briñol et al., "The Effects of Message Recipients' Power Before and After Persuasion: A self-validation analysis", *Journal of Personality and Social Psychology* 93, n. 6 (2007): 1040–53, http://psycnet.apa.org/record/2007–17941–009.
211 **"do jeito errado nos dois anos":** Bill George, entrevista pelo telefone com as autoras, 2 mar. 2018.
211 **"enquanto os ótimos jogam xadrez":** Marcus Buckingham, "What Great Managers Do", *Harvard Business Review*, mar. 2005, https://hbr.org/2005/03/what-great-managers-do.
212 **"acalme suas próprias ansiedades":** Jerry Colonna, entrevista por telefone com as autoras, 12 dez. 2017.
212 **"com medo e preciso da ajuda de":** Carol Hymowitz, "One Woman Learned to Start Being a Leader," *Wall Street Journal*, 16 mar. 1999, www.wsj.com/articles/SB921531662347678470.
213 **"sobrecarregar os empregados":** Bock, entrevista.

213 **estimulante e empoderadora possível:** Tony Schwartz, "Emotional Contagion Can Take Down Your Whole Team", *Harvard Business Review*, 11 jul. 2012, https://hbr.org/2012/07/emotional-contagion-can-ta.

215 **"você passar pela porta":** Kim Scott, Radical Candor (Nova York: St. Martin's, 2017). Publicado no Brasil como *Empatia Assertiva*.

215 **não sabiam o porquê de o gerente estar com raiva:** Lukas F. Koning e Gerben A. Van Kleef, "How Leaders' Emotional Displays Shape Followers' Organizational Citizenship Behavior", *The Leadership Quarterly* 26, n. 4 (ago. 2015): 489–501, www.sciencedirect.com/science/article/pii/S1048984315000296.

215 **o nível de estresse de seus colaboradores:** Jamil Zaki, "How to Soften the Blow of Bad News", *The Wall Street Journal*, 9 dez. 2016, www.wsj.com/articles/how-to-soften-the-blow-of-bad-news-1481319105.

215 **"péssimo dia como chefe é besteira":** Kim Scott, entrevista por telefone com as autoras, 22 jan. 2018.

216 **interrompê-lo, a não ser o presidente ou a esposa dele:** David Leonhardt, "You're Too Busy, You Need A 'Schultz Hour'", *The New York Times*, 18 abr. 2017.

216 **relata sentir-se sozinha em seus papéis:** Thomas J. Saporito, "It's Time to Acknowledge CEO Loneliness", *Harvard Business Review*, fev. 15, 2012, https://hbr.org/2012/02/its-time-to-acknowledge-ceo-lo.

216 **"ajudá-lo a seguir para o próximo":** Ilana Gershon, "The Quitting Economy: When employees are treated as short-term assets, they reinvent themselves as marketable goods, always ready to quit," *Aeon*, 26 jul. 2017, https://aeon.co/essays/how-work-changed-to-make-us-all-passionate-quitters.

216 **contatos valiosos em outra empresa:** Lindsay Gellman, "Companies Tap Alumni for New Business and New Workers", *Wall Street Journal*, 21 fev. 2016, www.wsj.com/articles/companies-tap-alumni-for-new-business-and-new-workers-1456110347.

217 **"ambiente profissional, seu chefe não vai enviar uma mensagem":** Julia Byers, entrevista por telefone com as autoras, 15 out. 2017.

218 **chefe esteja diminuindo você:** Shawn Achor e Michelle Gielan, "Make Yourself Immune to Secondhand Stress", *Harvard Business Review*, 2 set. 2015, https://hbr.org/2015/09/make-yourself-immune-to-secondhand-stress.

219 **traços de personalidade:** Bill George, "True North: Discover Your Authentic Leadership," BillGeorge.com, 28 mar. 2007, www.billgeorge.org/articles/true-north-discover-your-authentic-leadership.

219 **menos amigáveis ou abertas e mais competitivas:** Dan Goleman, "Are Women More Emotionally Intelligent Than Men?", *Psychology Today*, 29 abr. 2011, www.psychologytoday.com/blog/the-brain-and-emotional-intelligence/201104/are-women-more-emotionally-intelligent-men.

220 **"nossas emoções no lugar":** Jennifer Palmieri, *Dear Madam President* (Nova York: Grand Central Publishing, 2018).

221 **desligar a emoção e começar a solucionar falhas:** Goleman, "Are Women More Emotionally Intelligent?"

221 **sem apoio em uma situação emocionalmente difícil:** Ibid.

221 **tenha alto desempenho, não importa o gênero:** Ibid.

221 **tendem a apresentar os médicos:** Julia A. Mayer, "Speaker Introductions at Internal Medicine Grand Rounds: Forms of address reveal gender bias", *Journal of Women's Health* 26, n. 5 (maio 2017), www.liebertpub.com/doi/abs/10.1089/jwh.2016.6044?journalCode=jwh.

222 **não queriam trabalhar para outra mulher:** Olga Khazan, "Why Do Women Bully Each Other at Work?", *The Atlantic*, set. 2017, www.theatlantic.com/magazine/archive/2017/09/the-queen-bee-in-the-corner-office/534213.

222 **"minhas habilidades e parcialmente sendo julgada":** Ibid.

223 **escreve a psicóloga Laurie Rudman:** Ibid.

223 **pessoas brancas como gerentes:** Ashleigh Shelby Rosette et al., "The White Standard: Racial bias in leader categorization", *Journal of Applied Psychology* 93, n. 4 (2008): 758–77, www.ncbi.nlm.nih.gov/pubmed/18642982.

223 **ausentes da lista Fortune 500 de CEOs:** "Asians in America: Unleashing the potential of the 'model minority'", *Center for Talent Innovation*, 1º jul. 2011, www.talentinnovation.org/publication.cfm?publication=1270.

223 **"pode ser um desafio emocional":** Adia Harvey Wingfield, entrevista por telefone com as autoras, 18 abr. 2018.

224 **cometer erros em um papel de liderança:** Robert W. Livingston, "Backlash and the Double Bind", Gender, Race, and Leadership Symposium: An Examination of the Challenges Facing Non-prototypical Leaders (2013), www.hbs.edu/faculty/conferences/2013-w50-research-symposium/Documents/livingston.pdf.

224 **descreve uma executiva latina:** Sylvia Ann Hewlett et al., "U.S. Latinos Feel They Can't Be Themselves at Work", *Harvard Business Review*, 11 out. 2016, https://hbr.org/2016/10/u-s-latinos-feel-they-cant-be-themselves-at-work.

224 **têm menos probabilidade de encontrar mentores em grandes corporações:** Alexandra E. Petri, "When Potential Mentors are Mostly White and Male", *The Atlantic*, 7 jul. 2017, www.theatlantic.com/business/archive/2017/07/mentorship-implicit-bias/532953.

224 **que se aposentaram ou foram demitidos:** Gillian B. White, "There Are Currently 4 Black CEOs in the Fortune 500", *The Atlantic*, 26 out. 2017, www.theatlantic.com/business/archive/2017/10/black-ceos-fortune-500/543960.

225 **"gerenciar alguém mais velho do que eu":** Peter Cappelli, "Managing Older Workers", *Harvard Business Review*, set. 2010, https://hbr.org/2010/09/managing-older-workers.

225 **se tornou gerente do Facebook:** Julie Zhou, "Managing More Experienced People", *The Looking Glass Email Newsletter*, 9 out. 2017.

225 **para que pudessem aprender com eles:** Kevin Roose, "Executive Mentors Wanted. Only Millennials Need Apply", *The New York Times*, 15 out. 2017, www.nytimes.com/2017/10/15/technology/millennial-mentors-executives.html.

225 **bastidores têm a mesma probabilidade de ganhar o mundo:** Dana Stephens-Craig, "Perception of Introverted Leaders by Mid-to High-level Leaders", *Journal of Marketing and Management* 6, n. 1 (maio 2015), www.questia.com/library/journal/1P3-3687239281/perception-of-introverted-leaders-by-mid-to-high-level.

225 **Bill Gates, Warren Buffett e Larry Page:** Jim Collins, *Good to Great: Why some companies make the leap' — and others don't* (Nova York: Harper Business, 2011).

226 **líderes introvertidos ficam atados a lucros maiores:** Adam M. Grant et al., "Reversing the Extroverted Leadership Advantage: The role of employee proactivity", *Academy of Management Journal* 54, n. 3 (1º jun. 2011), http://amj.aom.org/content/54/3/528.short.

226 **estavam ligados a resultados melhores:** Ian D. Gow et al., "CEO Personality and Firm Policies", *National Bureau of Economic Research Working Paper*, n. 22435 (jul. 2016), www.nber.org/papers/w22435.

226 **o livro de Susan Cain, *O Poder dos Quietos*:** Adam M. Grant et al., "The Hidden Advantages of Quiet Bosses", *Harvard Business Review*, dez. 2010, https://hbr.org/2010/12/the-hidden-advantages-of-quiet-bosses.

227 **"danças superficiais":** Jennifer Kahnweiler, *The Introverted Leader: Building on your quiet strength* (Oakland, CA: Berrett-Koehler Publishers, 2013).

227 **gerenciar "caminhando por aí":** Thomas J. Peters, *In Search of Excellence* (Nova York: Harper Business, 2006).

227 **introvertidos trabalham melhor em lugares silenciosos:** Russell G. Geen, "Preferred Stimulation Levels in Introverts and Extroverts: Effects on arousal and performance", *Journal of Personality and Social Psychology* 46, n. 6 (jun. 1984): 1303–12, www.researchgate.net/publication/232469347_Preferred_stimulation_levels_in_introverts_and_extroverts_Effects_on_arousal_and_performance.

228 **"melhores líderes acabam operando como ambivertidos":** Emma Featherstone, "How Extroverts Are Taking the Top Jobs' — and What Introverts Can Do about It", *The Guardian*, 23 fev. 2018, www.

theguardian.com/business-to-business/2018/feb/23/how-extroverts-are-taking-the-top-jobs-and-what-introverts-can-do-about-it.

MAIS FONTES SOBRE EMOÇÕES

239 **"até que alguém peça para defini-la":** Beverley Fehr e James A. Russell, "Concept of Emotion Viewed from a Prototype Perspective", *Journal of Experimental Psychology* 113, n. 3 (1984): 464.

240 **"maneira de seu cérebro dar significado":** Lisa Feldman Barrett, entrevista por telefone com as autoras, 21 nov. 2017.

241 **pelo termo amplo *pe'ape'a*:** Lisa Feldman Barrett, *How Emotions Are Made: The secret life of the brain* (Nova York: Houghton Mifflin Harcourt, 2017).

241 **escapar da tirania da cara de bunda:** Jessica Bennett, "I'm Not Mad. That's Just My RBF", *The New York Times*, 1º ago. 2015, www.nytimes.com/2015/08/02/fashion/im-not-mad-thats-just-my-resting-b-face.html.

241 **"Quando vê uma cara de bunda":** Barrett, entrevista.

241 **lidar empaticamente com relacionamentos:** Andrea Ovans, "How Emotional Intelligence Became a Key Leadership Skill", *Harvard Business Review*, 28 abr. 2015.

241 **Sem inteligência emocional:** "Breakthrough Ideas for Tomorrow's Business Agenda", *Harvard Business Review*, abr. 2003.

242 **falar em público do que de morrer:** Karen Kangas Dwyer e Marlina M. Davidson, "Is Public Speaking Really More Feared Than Death?", *Communication Research Reports* 29, n. 2 (abr. 2012): 99– 107, www.tandfonline.com/doi/full/10.1080/08824096.2012.667772?src=recsys.

244 **não defina nosso humor:** Susan David e Christine Congleton, "Emotional Agility", *Harvard Business Review*, nov. 2013, https://hbr.org/2013/11/emotional-agility.

244 **chamada de granularidade emocional:** Lisa Feldman Barrett, "Are You in Despair? That's Good", *The New York Times*, 3 jun. 2016, www.nytimes.com/2016/06/05/opinion/sunday/are-you-in-despair-thats-good.html.

244 **vingativo quando estressado:** Ibid.

244 **empresa de treinamento de ambiente de trabalho LifeLabs Learning:** LeeAnn Renninger, entrevista por telefone com as autoras, 19 abr. 2018.

245 **palavras menos conhecidas:** Tiffany Watt Smith, *The Book of Human Emotions* (Nova York: Little, Brown, 2016).

AVALIAÇÃO DE TENDÊNCIAS EMOCIONAIS

249 **sobre equilíbrio emocional no Capítulo 8: "Liderança":** LeeAnn Renninger, entrevista por telefone com as autoras, 19 abr. 2018.

249 **adicione ao subtotal:** Amy C. Edmondson, "Team Psychological Safety" *Administrative Science Quarterly* 44, n. 2 (1999): 350– 83.

251 **número 1 ao subtotal:** Bonnie M. Hagerty e Kathleen M. Patusky, "Developing a Measure of Sense of Belonging", *Nursing Research* 44, n. 1 (jan 1995): 9– 13, www1.researchgate.net/publication/15335777_Developing_a_Measure_Of_Sense_of_Belonging.

Índice

A

Abeer Dubey, 109
Adam Bryant, 117
Adam Grant, 57, 74, 228
Adia Harvey Wingfield, 223
agilidade emocional, 243
Airbnb, 152
Alain de Botton, 138
Alison Wood Brooks, 38
Alistair Shepherd, 108
Amanda Rose, 39
Amazon, 132-134
ambiente profissional, 179-183
amizades
  femininas, 39
  no trabalho, 67
    confidente, 68-69
    exaustão, 71
    inspirador, 68-70
    investir, 60
    lado negativo, 71
    mídias sociais, 72
    nêmesis, 68-73
    panelinhas, 74

amostras do trabalho, 96
Amos Tversky, 86
amplificação, 146
Amy Wrzesniewski, 59
Andrew Brodsky, 165-172
Anese Cavanaugh, 176
angústia, 19
ânimo, 240
Anne Kreamer, 147
ansiedade, 6-7, 37-43
antecipação, 23, 84, 231
apego, 19-46
Apple, 208
aprendizados, 65, 104, 235
  atividade, 63
  contínuo, 62
  e pertencimento, 237
  trabalho, 60
Arianna Huffington, 23
arrependimento, 82, 86, 231
aspectos centrais do trabalho, 13
  comunicação, 13
  cultura corporativa, 13
  liderança, 13

motivação, 13
saúde, 13
tomada de decisão, 13
trabalho em equipe, 13
Astro Teller, 123–134
autoconhecimento, 144–172, 219
autocuidado, 66
autoestima, 34
autonomia, 51–54
avaliação
    expressão emocional, 247–248
    segurança psicológica, 249–250
    senso de pertencimento, 251–252

B
bajule ou perca, 170
Barack Obama, 146
baristas, 59
barreiras linguísticas, 154–172
Barry Schwartz, 102
Berkshire Hathaway, 90
Best Buy, 49
Bill Gates, 63
Bill George, 211, 219
boas intenções, 191
Bob Sutton, 127, 129
brainstorming, 111
Brett Ford, 37
Brian Fetherstonhaugh, 166
brinquedos com LEGO, 56
burnout, 29–31

C
Cade Massey, 159–172
Cal Newport, 26
caminho a ser seguido, 212–219
Campbell Soup, 227
Carly Fiorina, 145–172
Caterina Fake, 40
celebrar emoções, 185
celular, 32
CEOs, 223
    padrões linguísticos, 226
cérebro, 54
    motivação e, 54
Chip Conley, 152–172
choro, 3
    no trabalho, 147
Chris Gomes, 142–172
Christina Maslach, 29
C.O.I.N.S., modelo de feedback, 160–172
colaboração, 10, 117–118
colegas de trabalho, 67–75
    confidentes, 68–69
    inspiradores, 69
    integradores, 72
    mídias sociais, 72
    nêmesis, 70–72
    segmentadores, 72
compaixão, 31, 180, 181
compreensão, 242
comunicação, 10, 113–114, 138, 237
    autoconhecimento, 144
    conversas difíceis, 140
    empregado-gerente, 7
    extrovertidos, 144

gênero, 145
idade, 150
introvertidos, 112
pedindo desculpas, 142
concentrados no presente, 41
confiança, 38-39
construção, 7
conflito, 114
de relacionamento, 119-122
de tarefa, 116-119
conhecimento sentido, 81
conquistas reais, 9
consciência das emoções, 4
contágio emocional, 176
contentamento, 35
contratação, 92
entrevistas, 94
preconceito, 93
processo, 96-98
controle, 43-44
controle de resposta, 243
controle do trabalho, 51
conversas
difíceis, 139-144, 231
problemas, 144-157
críticas, 157-172
estruturadas, 123
cultura, 237
de colegas, 191
emocional, 177
tóxica, 111
curiosidade, 122
currículos, 96
Cynthia Danaher, 212

D

Dan Ariely, 56-57
Dan Calista, 34
Daniel Gilbert, 41
Daniel Goleman, 221, 241
Daniel Kahneman, 84
Daniel Pink, 53
Darryl Zanuck, 114
Deborah Tannen, 145
decisões tendenciosas, 96-100
demissão com raiva, 115
depressão, 62
desabafo crônico, 39
mulheres, 39
descansar, 28
desconectar, 20
designers gráficos, 59
desleixados, 126
como lidar, 132-133
despersonalização, 30
diário das emoções, 84
diferenças
culturais, 154
estilo de negociação, 97
gênero, 145
intergeracionais, 151
dinâmicas emocionais, 4
dissidentes, 129-134
como lidar, 130-131
distanciamento
social, 43
temporal, 129-134
distorções cognitivas, 41
diversão, 59

diversidade, 150-172
   cultural, 150, 152-155
Donald Campbell, 34
dopamina, 54
Doug Conant, 227

E
Eagles, 119-134
efeito cascata, 181
efeito IKEA, 64
Elena Richards, 200
Elizabeth Craft, 128
Elizabeth Newton, 165
elogios
   trabalhadores remotos, 193
Elspeth Reeve, 151
e-mail, 33
emoções, 80-87
   ambiente profissional, 179-183
   definição, 239-241
   flutuações, 29
   habilidades centrais, 241-245
   irrelevantes, 88
   libertar-se, 244-245
   regras, 11
   relevantes, 82-91
emoji, 165
empatia, 128
encorajamento, 64
enrolar, 211
entrevista, 94
equilíbrio emocional, 242-243
   na liderança, 215
equipes, 236
   acordos, 113

conflitos, 114
desleixados, 126
dissidentes, 126
diversidade de gênero, 92
idiotas, 126
líder, 113-134
rotatividade, 190
Erica Baker, 197
Erin Meyer, 152
erros de digitação, 165
escolhas, 84
estratégia "se-então", 98
estresse, 31-38, 259
   acessível, 44
   corpo, 23
   inacessível, 44
   tomada de decisões, 91
estressores
   bloqueio, 40-41
   categorias, 44
etnia, 149, 223-224
eu autêntico, 8
evento negativo, 41
eventos corporativos, 74
exaustão, 30
explosão, 111
expressão emocional, 181
extrovertidos, 144, 155-157, 225-227

F
Facebook, 72
falhas, 165
falta de controle, 44
falta de equilíbrio emocional em
   gerentes, 217

feedback, 157–164
  crítica, 157
  negativo, 29
  pedindo, 162
  positivo, 161
  trabalhadores remotos, 193
felicidade, 20, 34
férias, 24
finais de semana, 29
fluência emocional, 10
folga, 24–27
Frédéric Desnard, 62
freelancers, 191–192
futuro, 41

G
gênero, 9, 219–222
  comunicação, 145
  contratação, 93
  equipes, 92
  estilo de negociação, 97
  liderança, 213
  promoções, 145
  tomada de decisões, 91
generosidade, 181
George Bernard Shaw, 165
George Shultz, 216
gerenciamento de comando e controle, 208
gerenciamento individual
  horas no escritório, 56
gerentes
  falta de equilíbrio emocional, 215
  laranja podre, 126–134
Gerri Elliott, 146

Giles Turnbull, 181
GitHub, 63
glorificar o futuro, 34
Google, 57
granularidade emocional, 244
gratidão, 89, 180, 231
Gretchen Rubin, 87, 177

H
habilidades, 66
habilidades emocionais centrais, 241
Hangouts, 168–172
Heidi Swedberg, 119
Hewlett Packard, 212
Hillary Clinton, 148
hobbies, 27
horas no escritório, 56
Howard Schultz, 3

I
idade, 9
  liderança, 224
ideias ruins, 113
Ilana Gershon, 216
Ilan Zechory, 137–172
imparcialidade, 123
implosões públicas, 119
importância
  superestimar, 31
improdutivo, 28
incerteza, 40–41
inclusão, 185
insegurança, 40
inspiração, 50–52
integração, 191

inteligência emocional, 3, 9, 241
    liderança, 219
interação, 10
interrupções, 111, 147–172
intervalos, 26
intervenções, 200
intervenções de pertencimento, 190
introvertidos, 112–134, 155–156, 226–228
intuição, 80
inveja, 11, 231
iroteio da polícia, verão de 2016 nos EUA, 196–197

J

Jack Welch, 225
James Gross, 209
James Russell, 239
Jane E. Dutton, 74
Jane Hyun, 223
Jason Dana, 96
Jeanne Tsai, 154
Jeff Bezos, 54, 132
Jennifer Palmieri, 148
Jerry Colonna, 212
Jess Zimmerman, 197
Jill Soloway, 111
Joanne Lipman, 148
job crafting, 59, 75
Jody Thompson, 50
John Gottman, 131
Joie de Vivre Hospitality, 152
Jonathan McBride, 114
Jon Katzenbach, 131
Jo Shapiro, 129

Josh James, 198
Julia Byers, 217
Julia Child, 64
Julianna Pillemer, 71
Julie Zhuo, 210
Juniper Networks, 146
Justin Milano, 84

K

Keith Yamashita, 188
Kevin Kniffin, 183
Kim Scott, 120
Kira Hudson Banks, 149
Kristen Chirco, 193

L

laranja podre, 126
Larry David, 119
Larry Page, 226
Laszlo Bock, 207
Laura Rose, 147
Laura Savino, 191
Laurie Rudman, 223
Leah McGowen-Hare, 196
LeeAnn Renninger,, 244
letargia, 30
liberdade, 51
liderança, 33, 237
    estilos, 219–229
    etnia, 223–224
    extrovertidos, 225–227
    gênero, 219–222
    idade, 224
    introvertidos, 226–228
LifeLabs Learning, 244

limites digitais, 33
limites emocionais, 32
linguagem gerativa, 113
linguagem racista codificada, 150
LinkedIn, 74
Lisa Feldman Barrett, 240
Liz Dolan, 133
Liz Koenig, 216
lutar pelo melhor, 122

M

mansplanning, 147
manuais do usuário, 117-118
Marcus Buckingham, 211
Mark Rabkin, 162
Mark Suster, 129
Martin Seligman, 41
Matthew Killingsworth, 41
Maurice Sendak, 32, 58
medo, 84, 242
Melanie Whelan, 225
melhor versão, 13
mentalidade, 59
mentor, 69
Michael Lewis, 86
Michelle Gielan, 218
Michelle Obama, 195
microações, 188
microagressões, 188
mídias sociais, 33
mini-intervalos, 26
minorias, 196, 223-224
momentos de transição, 186
momentos mágicos, 57

motivação, 50-75, 236
   aprendizado, 61
   autonomia, 51
   cérebro, 54
   colegas, 51
   significado, 51
mudança de mindset, 210-212
mulheres
   apoiando, 146
   competição, 222
   Índia, 68

N

necessidades próprias, 245
negatividade, 131
negociando, 97
negros, 223
Nichole Lighthall, 92
Nick Wignall, 44
Nike, 133-134
Niki Lustig, 63
nipo-americanos, 223
noite de folga, 25

O

objetividade, 43
OkCupid, 108
Olga Khazan, 222
onipresença, 41
oportunidades internas, 67
oprimir, 243
orientação, 40
orientação DRC (Doug R. Conant), 227
otimismo realista, 213
otimistas estratégicos, 37

otimizar o tempo, 27
ouvir, 211

P

Pablo Picasso, 151
paixão, 63, 148
Paquita Williams, 59
paradoxo da positividade, 34-46
paradoxo ganha-ganha, 84
Patty McCord, 92, 94, 160
Pat Wadors, 185, 191
Paul Graham, 57, 63
Paulo Coelho, 61
Paul Santagata, 121
pautas, 124
pedir um aumento, 97
pequenas vitórias, 56
perenidade, 41
perguntas, 56
   abertas, 56
   esclarecendo, 113
personalidade, 228
personalização, 41
pertencimento, 185
   diversidade, 196
   intervenções, 200
   microações, 188
   minorias, 196
   reuniões, 191
pessimismo, 37
Peter Cappelli, 224
Peter Senge, 130
Pinterest, 190
Pixar, 117, 116-119
positividade, 35

preconceito, 93-94, 223-224
   contratação, 93
primeiro dia no emprego, 186
priorizar-se, 216
problema na comunicação, 165-172
problemas interpessoais, 138
produtividade, 23
projeto secundário, 67
promoção, 51
propósito, 28
propósito envolvente, 59
puxada de tapete, 111

R

raiva, 37
reapreciação, 38
recessão, 3
reclamões, 185
recompensa, 54
reconhecimento, 242
rede de apoio, 39
refeições, 183
reflexão, 41
regra 10/5, 181
regra das "duas pizzas", 132
regra de não interrupção, 147
rejeição, 29
relacionamentos, 115-134
   ambiente profissional, 69
   conflito, 115
   corporativos, 72
   líder-empregado, 4
   pessoais, 28-34
   positivos, 60
   qualidade, 74

ressignificar, 243
resultados, 56
reunião, 156
reuniões, 123–124
revisão emocional, 166
ritual
  pós-trabalho, 26
Roshi Givechi, 112
rotatividade de pessoal, 180
ruminação, 41, 89

S

salário
  aumento em, 97
saúde, 17–46, 235
  mental, 30
segurança psicológica, 107–111, 119
  ambiente, 112–113
  líder, 113–114
Seinfeld, 10, 119
senso de propósito, 231
sentido, 56
sentimentos, 6
  reprimir, 37
Seth Godin, 62, 126, 197
Shawn Achor, 218
Sheryl Sandberg, 67
Shonda Rhimes, 33
Sigal Barsade, 183
Simon Sinek, 208
sinais sociais, 180
sistema de metrô, 59
soft skills, 8
sono, 26
Southwest Airlines, 67

SpaceX, 59
Starbucks, 3–5
Steelcase, 22
Steven Levitt, 86
Steven Pinker, 138
Susan Cain, 226
Susan David, 243

T

talento, 64
Tanya Menon, 87
tarefa, 115
Tasha Eurich, 101
tecnologia, 22
tédio, 59–63
tempo casual, 74
tendências emocionais
  avaliação, 247–252
tensão, 6
Teresa Amabile, 56
teto de bambu, 223
Therese Huston, 92
Thomas Allen, 129
Tiffany & Co., 36
Tim Cook, 208
Tim Ryan, 200
tomada de decisões, 77–104, 236
  ansiedade, 84
  arrependimento, 82–85
  checklists, 99
  contratação, 92
  decisão final, 103
  entusiamo, 88
  estresse, 91
  inveja, 87

negociações, 97
raiva, 90
satisficers, 101
tristeza, 89
Tom Lehman, 137
Tony Schwartz, 213
Tory Burch, 185
Toy Story, 114-134
trabalhadores remotos, 168-172
    pertencimento, 191
trabalhar em equipe, 10
trabalho
    atraente, 59
    emocional, 197
    excesso, 23, 29
    impacto, 57
    importância, 19

transparência nas fronteiras, 72
Trello, 168
tristeza, 89
Tyler Cowen, 69

U
Uber, 111

V
validação, 121
Victor Navone, 117
videoconferências, 167
viés de impacto, 34
vulnerabilidade seletiva, 208
    dicas adicionais, 214-218

W
Walmart, 52
Walter Anderson, 44
Warren Buffett, 34, 63, 90
Will Felps, 126
William James, 38, 81

Z
Zappos, 36

Sobre as Autoras

Liz Fosslien é consultora de marketing e design cujos clientes incluem Salesforce, Ernst & Young e Stanford d.School. Liz trabalhou como diretora criativa para a Parliament, uma empresa que facilita a colaboração entre executivos, empresários e autores de livros de negócios best-sellers da Fortune 500. Antes disso, trabalhou com marca e produto na Genius, e fazia análises estatísticas para a Analysis Group. Liz também é ilustradora (ela desenhou tudo neste livro!) e diagramadora cujos trabalhos pessoais apareceram no *Economist*, NPR, *The Financial Times*, no blog *Freakonomics* e na CNN. Ela tem bacharelado em Economia Matemática pela Pomona College.

Mollie West Duffy é designer organizacional na empresa de inovação global IDEO. Mollie já trabalhou como pesquisadora associada para Nitin Nohria, o reitor da Harvard Business School, e Michael E. Porter, um renomado professor de estratégia. Já escreveu para *Fast Company, Quartz, Stanford Social Innovation Review, Entrepreneur, Quiet Revolution* e outros meios digitais. Tem bacharelado em Comportamento Organizacional pela Brown University e mestrado em Design pela Parsons School of Design. Já deu aulas na Stanford e na Parsons. Mora no Brooklyn com seu marido.

CONHEÇA OUTROS LIVROS DA ALTA LIFE

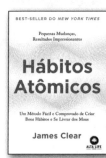
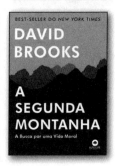

Todas as imagens são meramente ilustrativas.

CATEGORIAS
Negócios - Nacionais - Comunicação - Guias de Viagem - Interesse Geral - Informática - Idiomas

---

SEJA AUTOR DA ALTA BOOKS!

Envie a sua proposta para: autoria@altabooks.com.br

Visite também nosso site e nossas redes sociais para conhecer lançamentos e futuras publicações!

www.altabooks.com.br

ALTA BOOKS
E D I T O R A

/altabooks • /altabooks • /alta_books

Este livro foi impresso nas oficinas gráficas da Editora Vozes Ltda.,
Rua Frei Luís, 100 – Petrópolis, RJ.